Hermann Bauer

FERNWEH-TRÄUME

Hermann Bauer

FERNWEH-TRÄUME

Kriminalroman

Wir machen's spannend

Bibliografische Information
der Deutschen Bibliothek
Die Deutsche Bibliothek verzeichnet diese
Publikation in der Deutschen Nationalbibliografie;
detaillierte bibliografische Daten sind im Internet
über http://dnb.ddb.de abrufbar.

Personen und Handlung sind frei erfunden.
Ähnlichkeiten mit lebenden oder toten Personen
sind rein zufällig und nicht beabsichtigt.

Besuchen Sie uns im Internet:
www.gmeiner-verlag.de

© 2008 – Gmeiner-Verlag GmbH
Im Ehnried 5, 88605 Meßkirch
Telefon 0 75 75/20 95-0
info@gmeiner-verlag.de
Alle Rechte vorbehalten
1. Auflage 2008

Lektorat: Claudia Senghaas, Kirchardt
Umschlaggestaltung: U.O.R.G. Lutz Eberle, Stuttgart
unter Verwendung eines Fotos von photocase.de
Gesetzt aus der 9,5/13 Punkt GV Garamond
Druck: Fuldaer Verlagsanstalt, Fulda
Printed in Germany
ISBN 978-3-89977-750-5

Für Elisabeth, die an dieses Buch geglaubt hat.

1

Wir dürfen Floridsdorf nicht mit London vergleichen – schon gar nicht das Uhrwerk der Kirche am Pius-Parsch-Platz mit dem Big Ben. Dennoch kroch am Abend des 6. November ein Nebel an den Häusern hoch, der wie in einem Edgar-Wallace-Film den gesamten Stadtteil nördlich der Donau umhüllte und nur mehr das Zifferblatt besagter Kirche über die dicke Suppe, die Floridsdorf bedeckte, schauen ließ.

Lockt so ein Nebel die Menschen eher ins oder aus dem Kaffeehaus? Das lässt sich schwer beurteilen. Fest steht nur, dass sich die Gäste, die schon drinnen sitzen, vorerst einmal durch nichts von der warmen, gepolsterten Sitzbank wegbewegen lassen.

So war es auch im Café Heller, nicht weit entfernt vom Pius-Parsch-Platz und damit dem sogenannten Zentrum Floridsdorfs gelegen, das wohl vor allem deshalb diese Bezeichnung für sich in Anspruch nahm, weil hier alle möglichen öffentlichen Verkehrsmittel aus den verschiedensten Richtungen wie durch ein Wunder zusammentrafen. Leopold, der Ober, der schon irgendwie zum Inventar gehörte, betrachtete die Szene gelassen, aber missmutig. Dass die Leute sitzen blieben, ohne etwas in entsprechender Quantität zu konsumieren, nur, weil es draußen unwirtlich war, passte ihm gar nicht.

Die heutige Besetzung des Café Heller ließ für den Rest des Abends tatsächlich das Schlimmste befürchten. Im hinteren Teil des u-förmig gebauten Lokals saß nur eine Kartenpartie – der Herr Kammersänger *(ein verkrachter ehemaliger Heurigensänger mit Gesangsausbildung)* spielte Tarock mit dem pensionierten Herrn Kanzleirat, dem Herrn Adi und dem Herrn Hofbauer. Als unverwüstlicher Kiebitz *(Zuschauer beim Kartenspiel)* saß noch der Herr Ferstl, eine Kaffeehauslegende unbestimmten, aber sehr hohen Alters, dabei, ein Gast, bei dem man immer Acht geben musste, dass er nicht unversehens einschlief, was oft ein sehr strapaziöses Aufweckritual zur Sperrstunde zur Folge hatte.

Keine sehr ergiebige Runde. Vielleicht würde jeder noch ein Achtel trinken, das war aber auch schon das höchste der Gefühle.

Am zweiten der drei Billardbretter im Mittelteil versuchten sich drei junge Burschen an einer Partie Karambole. Sie hatten sich erst unlängst Leopolds Unwillen zugezogen, da sie immer wieder, trotz seiner Ermahnungen, auch die rote Kugel als Spielball verwendeten. Das war nach Leopolds Wissensstand auf allen Billardbrettern der Welt untersagt. »Wir können aber trotzdem so spielen, wie wir wollen!«, hatte sich im Laufe des Disputs einer von ihnen erfrecht, ausgerechnet der Kleinste, der den Queue noch immer so hielt, als ob er damit ein lästiges Insekt an der Wand zerdrücken wollte. »Nicht da bei uns im Kaffeehaus. Da herrscht eine Ordnung!«, hatte Leopold mit gespielter Strenge erwidert. Denn streng musste man sein, um auch die jüngeren Gäste, zum Großteil Schüler des angrenzenden Gymnasiums, an die herrschenden Sitten und Gebräuche zu gewöhnen.

Nun schienen sich die Burschen absichtlich bei der Getränkekonsumation zurückzuhalten und schlürften nur langsam an ihren Cola- und Biergläsern.

Im vorderen Teil des Kaffeehauses, rechts vom Eingang, herrschte eine beinahe heilige Ruhe. Löffel rührten in Kaffeetassen, Zeitungen raschelten, zeitweise vernahm man aus einer Ecke ein schwaches Hüsteln. Die meisten hier saßen schon stundenlang da und hielten sich an die goldene Regel, dass man mit einer Schale Kaffee und dem dazu gereichten und vom Ober in regelmäßigen Abständen bereitwillig nachgefüllten Glas Wasser einen ganzen Nachmittag oder Abend sein Auskommen haben konnte.

Hier auf weitere Bestellungen zu hoffen, erforderte eine gehörige Portion Optimismus.

Leopold warf einen Blick in die Runde. Viele saßen alleine da, lesend, schweigend. Nur aus der Ecke, wo die Bauer-Geli – Schulabgängerin und treuer Stammgast – mit zwei Freundinnen tratschte, kam manchmal ein fröhliches Lachen, das hier beinahe störte.

›Die leben noch‹, dachte Leopold, aber bei den anderen war er sich da nicht so sicher. Sie kamen zwar jeden Tag zur Türe herein und gingen nach einiger Zeit auch wieder durch dieselbe hinaus, aber wenn sie so in sich erstarrt ihren Platz ausfüllten wie Marmorbilder, sahen sie aus wie gut konservierte Leichen.

Leopold antwortete auf die Frage nach seinem Beruf gerne mit ›Leichenbeschauer‹.

Die meisten von ihnen kamen dennoch immer wieder, tagtäglich, bis sie eines Tages nicht mehr kamen. Zunächst schien Leopold das gar nicht zu registrieren. Er verdrängte es. Wenn die Chefin fragte:

»Warum bleibt denn der Herr Amtsrat so lange aus? Drei Tag hab ich ihn jetzt schon nicht gesehen!«, antwortete er:

»Wird schon wieder kommen. Ist ja kalt jetzt. Und vorige Woche hab ich ihn ein paar Mal husten gehört.«

Niemand merkte, dass er sich Sorgen machte.

Eines Tages stand dann eine Dame in Schwarz vor der kleinen, halbkreisförmigen Theke und überreichte ohne viele Worte (»Hat ja er schon kaum was geredet!«, meinte

Leopold) der Chefin einen schwarz umrandeten Partezettel[*]. Lungenentzündung, hörte Leopold, hohes Fieber, Gehirnschlag. Es war schnell gegangen, ja, ja. Aber alle Ärzte hatten der Witwe versichert, er habe kaum etwas gespürt.

Und dann war es amtlich, dass einer von den Scheintoten, die Leopold hier täglich bediente, auf immer gegangen war. Er würde eine Lücke hinterlassen. Mit der Zeit entstanden so immer mehr Lücken, und es gab zu wenige junge Leute wie die Bauer-Geli, die eine solche Lücke wieder füllten.

Leopold wollte zwar nicht an solche Dinge denken, aber er ertappte sich immer öfter dabei, wenn er eine ungewollte Pause hatte und zu sinnieren begann.

»Geh, Leopold, bring uns noch fünf Achterln Rotwein, gehen auf mich«, krächzte der Heurigensänger a.D., Ferdinand Brettschneider, vulgo der ›gschupfte Ferdl‹[*], von den Kartentischen nach vorne.

»Jawohl, Herr Kammersänger!«, rief Leopold erleichtert und demutsvoll nach hinten. Endlich wieder ein Geschäft!

* * *

Der Nebel über Floridsdorf verdichtete sich. Es schien einer der ungemütlichsten Abende des Jahres zu werden.

Leopold lehnte an der Theke und rauchte in hastigen Zügen eine Zigarette Marke Ernte 23. Der Abend zog sich.

»Herr Leopold!« Aus der Loge links hinten kam ein Ruf in zartem Befehlston.

»Bitte sehr, gnä' Frau?« Leopold drückte die Zigarette aus und eilte nach hinten.

---

[*] In Österreich sehr gebräuchliches Wort für eine Todesnachricht; zu französisch ›donner (oder faire) part‹, ›Nachricht geben‹.
[*] Nach einem kabarettistischen Song von Merz/Qualtinger, ›Der gschupfte Ferdl‹.

»Sagen Sie, haben Sie noch den köstlichen Apfelstrudel von gestern? Mit den vielen Rosinen drinnen?«

»Natürlich, Frau Susi! Wir heben doch immer eine Portion extra für Sie auf!«

»Dann kriege ich noch einen Apfelstrudel mit einer doppelten Portion Schlag. Und eine Melange!«

»Wie gnädige Frau befehlen.«

Während Leopold sich Richtung Küche entfernte, faltete Susanne Niedermayer, genannt die ›süße Susi‹, ihre Hände in freudiger Erwartung. Es waren diese Kleinigkeiten, die das Leben für sie lebenswert machten: Kaffee, Mehlspeisen, Süßigkeiten (in umgekehrter Reihenfolge). Sie war in bescheidenen Verhältnissen in einer Gärtnerei in Groß-Enzersdorf am östlichen Rand von Wien aufgewachsen, hatte nach abgeschlossener Lehre eine Zeit lang als Schneiderin gearbeitet und danach ihrer Schwester viele Jahre in einem Zuckerlgeschäft geholfen. Jetzt war sie Anfang 60 und lebte von einer kleinen Pension und einem bescheidenen Betrag, den sie nach dem Tod der Mutter sozusagen als Erbteil erhalten hatte. Viel hatte sie sich nie geleistet, aber sie kleidete sich anständig und wirkte trotz einiger überflüssiger Kilos durchaus noch adrett. Es konnte bisweilen sogar vorkommen, dass sie jemand jünger schätzte, als sie tatsächlich war.

Freilich, man sah sie immer ohne Begleitung. Der einzige Mann in ihrem Leben, von dem man wusste, hieß Emil Berger. Er war Witwer und erschien seit geraumer Zeit bei ihr als Kostgänger zum Mittagessen. Das Verhältnis war aber nicht einmal platonisch, höchstens ökonomisch.

Leopold sagte:

»Die hat in ihrem Leben keinen Mann gehabt.«

So blieben die kleinen Freuden des Lebens ihre größten. Sie führte ein geordnetes Leben in der kleinen, sauberen

Wohnung, die sie früher mit ihrer Schwester geteilt hatte, verließ ihren Wohnbezirk nur selten und gönnte sich ein paarmal in der Woche einen Abstecher ins Kaffeehaus.

Seit geraumer Zeit sah man sie auch im Klub ›Fernweh‹. Sie träumte nämlich noch immer ihren großen Traum. Sie träumte von Amerika.

Sie hatte schon einmal hinfahren und dort bleiben wollen. Das war gleich nach ihrer Lehrzeit gewesen. Damals arbeitete sie in einem kleinen Schneidereibetrieb in Wien, nicht weit von ihrem Heimatort entfernt, und begann die Enge ihrer unmittelbaren Umgebung zu spüren. Zu Hause herrschte ein strenger Vater, bei dem sie auch mit 20 jeden Tag um 8 Uhr abends zu Hause sein musste. Eine kurze Affäre, ein ›Pantscherl‹ mit einem Burschen? Unvorstellbar. Einmal nach Wien in die Stadt hineinfahren und ausgehen? Unmöglich. Die Eintönigkeit der Arbeit im Betrieb ging täglich nahtlos in die Langeweile schweigsamer Abende im Kreise der Familie über. Die Eltern waren müde von der Gartenarbeit und gingen bald zu Bett. Susi hörte ein bisschen Radio, blätterte in Zeitschriften oder plauderte mit der älteren Schwester, dann hieß es auch für sie schlafen gehen, denn der Tag begann früh.

In den Zeitschriften las Susi etwas von den unbegrenzten Möglichkeiten in Amerika, vom ›American way of life‹, dazu sah sie Farbfotos von den Wolkenkratzern und Großstädten. Plötzlich wurde sie von einer beinahe unstillbaren Sehnsucht erfüllt. Warum sollte sie nicht hinüber über den großen Teich? Warum nicht dort einfach ein neues Leben anfangen?

Aber schon bald erkannte sie die ganze Aussichtslosigkeit ihres Unterfangens. Woher das Geld nehmen? Und ganz alleine durchbrennen? Manchmal sah sie sich in ihren Träumen zwar nachts heimlich mit einem Koffer und ihrer wenigen Habe aus dem Haus schleichen; aber ebenso deutlich sah sie dann stets die überlebensgroße Figur ihres Vaters aus dem Winkel neben dem kleinen Schuppen hervortreten – gebieterisch, bedrohlich und Einhalt gebietend.

Sie blieb also zu Hause. Sie verbannte Amerika in den Bereich ihrer Schwärmereien. Sie fand sich damit ab, für immer und ewig in Groß Enzersdorf zu bleiben.

Dann kam der Anruf ihrer Schwester, der sie nach Wien holte. Ob sie ihr nicht in ihrem Zuckerlgeschäft helfen wolle? Ihre Freundin könne nicht mehr, sie sei gerade das zweite Mal schwanger. Die Wohnung sei groß genug für zwei, das Geschäft gehe gut.

Susi sagte ja. Sie zog in die Großstadt, lebte dort genauso ereignislos wie in Groß Enzersdorf, aber sie genoss es. Die Wohnung hatte sie jetzt für sich allein, denn die Schwester hatte das Geschäft verkauft und war mittlerweile ins Haus ihrer verstorbenen Eltern gezogen. Sie vermisste sie nicht sonderlich. Man hatte sich auseinandergelebt, öfters Streit gehabt. Gertrud – die Schwester – war neidisch gewesen, hatte ihr nie einen gerechten Anteil am Geld zukommen lassen, und als einmal ein Mann aufgetaucht war, für den sich Susi interessiert hatte, war Gertrud die Glücklichere gewesen – wenn auch nur für kurze Zeit …

Nein, nein, charakterlich war Susi von ihrer Schwester enttäuscht und mied den Kontakt mit ihr in den letzten Jahren tunlichst. Darum störte es sie auch, wenn sie einander begegneten, so wie heute. Doch das hatte sich nicht vermeiden lassen, diese Aussprache war wichtig gewesen.

Noch etwas anderes störte sie. Und zwar gewaltig.

Aber sie wollte sich nicht früher als nötig aufregen. Die Dinge würden kommen, wie sie kommen mussten, davon war sie überzeugt.

Da kam auch schon der Apfelstrudel mit den extra vielen Rosinen und der Schale Kaffee, von Leopold lie-

13

bevoll gebracht. Susi stach sich mit der Gabel ein Stück herunter und schob es sich genießerisch in den Mund. Für den Augenblick wollte sie alle Probleme vergessen.

Gedankenverloren blickte sie zum Fenster hinaus in den grauen Nebel. Dabei meinte sie für einen Augenblick, die Freiheitsstatue aus der milchigen Suppe auftauchen zu sehen.

* * *

Noch einmal öffnete sich die Kaffeehaustür und ein später Gast trat ein. Er ging ein wenig unsicher Richtung Theke, rieb sich dabei die Hände, um sich aufzuwärmen, und schaute sich um. Seine Augen suchten Leopold, der gerade von hinten kam, wo die Tarockrunde überraschend noch fünf Achteln bestellt hatte. Es war genau 23 Uhr.

»Ja, der Stefan!«, rief Leopold überrascht. »So spät noch? Wie steht denn das werte Befinden?«

Stefan schaute grimmig, um erst gar keinen Zweifel an seiner schlechten Laune aufkommen zu lassen. »Beschissen«, sagte er. »Ziemlich beschissen.«

Leopold verzog leicht das Gesicht. Zum einen verbat er sich einen solchen Ton in diesen hehren Hallen, zum anderen hatte Stefan augenscheinlich ganz schön geladen. Wenn er um diese Zeit kam, hatte er eigentlich immer ganz schön geladen. Und da konnte der Abend noch einigermaßen anstrengend werden.

»Bring mir ein großes Bier, aber schnell, bitte!«, sagte Stefan und fuhr sich mit der Hand unwirsch durch sein dunkelbraunes, leicht gewelltes Haar. Stefan Wanko war mittelgroß, relativ schlank, gepflegt und immer elegant gekleidet. Sein ›Markenzeichen‹ war seine schwarze Lederjacke, unter der er heute ein weißes Hemd mit hellblauer Krawatte und einen grauen Anzug trug. Sein Gesicht wirkte auch in betrunkenem Zustand noch angenehm, obwohl er alles tat, um einen gegenteiligen Eindruck zu erwecken. Kein Wunder, dass Stefan als Versicherungsvertreter Erfolg hatte, kein Wunder auch, dass, was ihm noch mehr bedeutete, die Frauen nur so auf ihn flogen. Nur der genaue Beobachter – und Leopold war ein solcher – erkannte bereits die Spuren eines kurzen, bewegten Lebens an ihm. Stefan war erst Anfang 30.

Leopold stellte ihm das Bier auf die Theke, dann trug er die fünf Achteln nach hinten und machte die Karambolespieler darauf aufmerksam, dass in zehn Minuten Billardschluss sein würde. Beim Zurückgehen hörte er schon Stefans klagende Stimme:

»Nein, da soll einer klug werden aus den Weibern!«

Also daher wehte der Wind. Stefan hatte wieder einmal Probleme mit einer Frau. Das war keine Seltenheit, das war eigentlich bei Stefan die Regel. Meistens lernte er eine kennen, schwärmte von ihr über die Maßen, hatte die vorzüglichsten Absichten – nur, um dann unweigerlich wieder in seine alten, ausschweifenden Lebensgewohnheiten zurückzufallen. Dann gab es Schwierigkeiten, die er im Kaffeehaus bereden musste. Leopold gefiel das – er redete gern über Frauen, wahrscheinlich, weil er selbst keine hatte. Deshalb nahm er Stefan manchmal auch gegenüber der Chefin in Schutz, wenn sie, so wie jetzt, einen finsteren Blick in seine Richtung warf. Er konnte mit Stefan mitfühlen, wenngleich er seine Exzesse nicht guthieß.

Leopold dachte krampfhaft nach, wie Stefans jetzige Freundin heißen mochte. Vor Kurzem war noch eine Barbara aktuell gewesen, aber wer weiß …

»Hinausgeschmissen hat sie mich, einfach so!«, brummte Stefan in sein Bier, nachdem er einen großen Schluck genommen hatte.

»Die Babsi?«

»Ja!«

»Aber geh!«, bemerkte Leopold.

»Ja, heute! Ich komme von der Arbeit nach Hause zu ihr, sagt sie einfach, ich kann gleich wieder gehen. Und morgen soll ich meine Sachen holen. Sie will Schluss machen.«

»Hast am Wochenende leicht *(denn)* blau gemacht?«, fragte Leopold.

»Ja«, sagte Stefan einsilbig.

Es war immer dasselbe. War Stefan einmal unterwegs, bedeutete eine Nacht gar nichts. In diesen Fällen nahm er es auch mit der Treue nicht so genau. Für einen kleinen Seitensprung genügte dann ein hübsches, junges weibliches Wesen, das sich seine Probleme anhörte, ihn in seine Wohnung mitnahm und von seinen sexuellen Fähigkeiten im Vollrausch angetan war. Man musste froh sein, dass er nach solchen Ausrutschern noch den Ehrgeiz hatte, seinen beruflichen Verpflichtungen nachzukommen.

»Ist es wirklich aus?«, fragte Leopold.

»Scheint so!«

»Und da möchtest du heute wieder nicht schlafen gehen? Geh, komm! Du hast doch da vorne noch deine kleine Wohnung. Ruh dich ein bisschen aus. Morgen schaut die Welt wieder ganz anders aus.«

Diese Feststellung ließ einen Ruck durch Stefans Körper gehen. In seine Junggesellenbude zog er sich nur mehr in Notfällen zurück. Noch weigerte er sich, seine jetzige Situation als Notfall zu betrachten.

»Es ist alles beschissen«, sagte er. »Ich möchte jetzt nicht allein sein.«

In diesem Moment rief Frau Susi ein lautes »Zahlen!« aus der hinteren Loge nach vorne. Sie war schon spät dran. Aber auch sie hatte nicht allein sein wollen vor der Zusammenkunft, die ihr heute noch ins Haus stand.

»Komme sofort«, sagte Leopold und raunte zu Stefan: »Siehst, die wär jetzt was für dich. Wohnt nur zwei Häuser weiter und ist alleinstehend. Aber Vorsicht: Die hat in ihrem Leben noch keinen Mann gehabt!«

»Ja, die würde gerade passen«, lachte Stefan. »Aber wirklich, ohne Spaß! Sag, ist das nicht die süße Susi, eure Zuckerpuppe?«

Leopold nickte. »Ich weiß nur nicht, was sie jetzt noch da macht. Normalerweise ist sie um diese Zeit schon im Bett.«

»Mit der könnte ich wenigstens noch ein bisschen plaudern«, sagte Stefan.

›Könntest du, wenn du nüchtern wärst‹, dachte Leopold nur und schritt bedächtig zum Inkasso. Anschließend half er Frau Susi in ihren nicht mehr modernen, aber auch nicht abgetragenen dunkelblauen Mantel:

»Vielen Dank, gnädige Frau, und beehren Sie uns bald wieder. Morgen?«

»Nein, erst übermorgen. Morgen ist ja Klub!«, sagte Frau Susi.

»Ach so, morgen geht's wieder in die große weite Welt. Na, dann halt übermorgen. Passen Sie nur schön auf bei dem Nebel, dass Ihnen nichts passiert. Man sieht ja kaum mehr die Hand vor den Augen.«

»Mir passiert schon nichts. Ich wohn ja nicht weit.«

»Ich geh ein Stückchen mit Ihnen!«, hörte man Stefan von der Theke her lallen.

»Hören Sie nicht auf den«, beruhigte Leopold. »Ich hab ihn schon unter Kontrolle. Er meint es nicht so! Gute Nacht!«

»Und ob ich es so meine«, sagte Stefan, nachdem Susi verschwunden war.

»Jetzt reiß dich doch zusammen«, fauchte Leopold. »Du fängst an, mir die Gäste zu vertreiben!«

»Du bist selber schuld, Leopold. Schäkerst da mit der Zuckerltante und lässt mich alleine an der Theke stehen. Wo ich doch heute nicht allein sein will und kann. Ich brauche Betreuung, Leopold, Betreuung und Liebe! Ich brauche Menschen um mich.«

»Dein Problem ist die eine Sache, und alles andere hat damit nichts zu tun.«

»Oh, Leopold, wenn du wüsstest, wie unrecht du hast! Jetzt sei aber nicht mehr böse und stoß auf einen Versöhnungstrunk mit mir an. Außerdem hast du mir die Alte wie auf dem Servierbrettl angeboten. Und so zuwider ist sie ja nicht.«

»Perversling!« Jetzt lächelte Leopold wieder. »Ich will ja nur, dass du unsere Gäste in Ruhe lässt. Und wenn du dich noch ein paar Minuten geduldest, lasse ich mich von dir auf ein Getränk einladen. Aber vorher gehe ich schnell abkassieren.«

»Jetzt bleib doch da!«

Aber Leopold hatte sich bereits diensteifrigen Schrittes von Stefan wegbewegt. Dass der auch immer so kindisch und anhänglich sein musste, wenn er einen über den Durst getrunken hatte. Irgendwann, fürchtete Leopold, würde sich das rächen.

Mittlerweile eilte Susanne Niedermayer nach Hause zu ihrer Wohnung. Sie ging schneller als sonst durch den dichten Nebel, als würde sie ahnen, dass ihr nicht mehr viel Zeit zum Leben blieb.

2

Am nächsten Tag öffnete Leopold kurz nach 7 Uhr früh die Pforten zum Kaffeehaus. Der Nebel hing noch immer über dem Stadtteil nördlich der Donau, aber es schien, als könne er sich während des Tages lichten – zumindest glaubten das die Wetterfrösche. Einstweilen huschten, nur schwach vom Schein der Straßenlaternen erfasst, die Menschen noch eher schemenhaft vorbei in Richtung U-Bahn, Schnellbahn oder zur gegenüber dem Café liegenden Straßenbahnhaltestelle.

Leopold mochte an sich diese Zeit, wenn der Tag, das Kaffeehaus und die Leute erwachten. Die ersten Gäste trafen zu einem Frühstück ein, und er war mit ihnen, bis auf eine Küchenhilfe, alleine. Herr und Frau Heller blieben am Morgen in ihrer Wohnung oberhalb des Kaffeehauses, und Aufsicht, Kontrolle und Organisation blieben alleine Leopold überlassen, sofern er und nicht ›Waldi‹ Waldbauer, Ober Nummer zwei im Café Heller, Dienst hatte.

Normalerweise wusste Leopold das in ihn gesetzte Vertrauen zu schätzen. Heute hatte er jedoch bleierne Glieder und einen dummen Kopf. Drei Seideln *(Glas; 0,3 Liter)* Bier und ein Stamperl *(kleines (2cl) – oder größeres (4cl) – Glas Schnaps.)* Weinbrand hatte er bis 1 Uhr früh noch mit Stefan getrunken, ehe die Chefin verspätet die Sperrstunde verkündet und Stefan hinauskomplimentiert hatte. Drei Seideln und ein Stamperl waren zu viel für einen schwachen Trinker wie Leopold, wenn er am nächsten Morgen arbeiten musste. Außerdem hätte man fast den alten Herrn Ferstl vergessen, der noch hinten bei den Kartentischen gesessen und eingeschlafen war. Ihn aufwecken, ihm sagen, wie spät es war, ihn zur Türe hinaus führen – vier Stunden Schlaf waren Leopold gerade noch geblieben.

Am liebsten hätte er Herrn oder Frau Heller gebeten, heute etwas früher herunterzukommen und ihm Gesellschaft zu leisten, aber er konnte sich noch an das grantige Gesicht der Chefin vom Vortag erinnern. Sie blieb zwar Leopold zuliebe öfter einmal länger auf, verzichtete jedoch nicht gerne wegen Stefan auf einen Teil ihres kostbaren Schlafes. Also nicht an die vergangene Nacht denken! Der Tag war jung.

Gleich würde ein Schwung Schüler aus dem nahe gelegenen Gymnasium das ehrwürdige Haus nach und nach beleben, um sich die Zeit bis zum Unterrichtsbeginn mit einem Schalerl Kaffee zu versüßen. Leopold kannte sie alle. Es waren treue Gäste, und viele blieben dem Kaffeehaus noch viele Jahre erhalten, wenn sie schon längst im Berufsleben standen und verheiratet waren. Sie sorgten für die nötige Blutauffrischung, ohne die die weitere Existenz eines Cafés wie des ›Heller‹ nicht gesichert war.

Und noch jemand würde aller Wahrscheinlichkeit nach wie beinahe jeden Morgen kommen: Professor Thomas Korber, Lehrer für Deutsch und Englisch und Leopolds bester Freund. Thomas war Ende 30, groß – beinahe 1,90 Meter – trug einen braunen Vollbart und leicht gewelltes Haar und zeigte erste Ansätze eines Bäuchleins. Thomas war ein Kaffeehausnarr, und Leopold wäre sein Lebtag gerne weiter ans Gymnasium gegangen, als er nach dem plötzlichen Tod des Vaters eine Lehre als Kellner hatte antreten müssen, weil das Geld zu Hause knapp wurde. So kreuzten sich ihre Interessen. Aber da war noch mehr. Thomas war ein Mensch, der andere in sich hineinschauen ließ. Er verbarg seine Stimmungen nicht. Er konnte ruhig und überlegt, aber auch überaus gereizt und verletzbar sein. Leopold las oft in ihm wie in einem Buch – und verstand ihn. Thomas wiederum schätzte Leopolds Witz und Menschenkenntnis. Daraus war von Anfang an jene Sympathie entstanden, die den Boden für eine jahrelange Freundschaft bereiten sollte.

Leopold fragte sich, wer heute zuerst eintreffen würde, sein Freund Thomas oder dessen Schülerin Gabi Neuhold. Sie kamen nie zusammen, aber immer fast gleichzeitig. Einmal hatte er beide auf seinem Weg ins Kaffeehaus in einer Ecke schmusen gesehen. Seither ahnte er Schlimmes und wusste, dass vieles, was wie Zufall wirkte, kein Zufall war. Hinter der Parallelität des Eintreffens steckte System.

Thomas hatte ein Verhältnis mit Gabi oder wollte eines mit ihr haben.

Aber warum tat er so etwas? Das verstand Leopold nicht. Warum gab Thomas sich mit einer Schülerin seiner Maturaklasse ab, die er noch dazu als Klassenvorstand leitete? Er musste doch wissen, dass das verboten war. Leopold nahm sich vor, sich in nächster Zeit ein wenig mehr um seinen Freund zu kümmern.

Etwas verschlafen wie immer schlurfte Gabi jetzt zur Türe herein, setzte sich zum ersten Tisch ans Fenster und bestellte einen Hauskaffee mit Kipferl. Fesch war sie schon mit ihrem schwarzen Haar, das locker zu den Schultern herabfiel, ihren schmalen, stark angemalten Lippen, auf denen immer ein leichtes Lächeln saß, den blauen, neugierigen Augen und den gut sichtbaren, aber nicht zu großen Brüsten. Das war jedoch noch lange kein Grund für Thomas, sich in sie zu verschauen.

Als der Herr Lehrer wenig später das Lokal betrat, wirkte er so schwungvoll wie eine Spielzeugpuppe, deren Batterien beinahe leer waren. Bei seinen Verrenkungen fielen Leopold unwillkürlich wieder die drei Seideln Bier und das Stamperl ein. Er kratzte sich leicht am Kopf.

21

»Guten Morgen, Leopold«, grüßte Thomas. »Na, was schaust du denn so? Musst erst auf Touren kommen? Keine Angst, ich auch!« Dabei zwinkerte er verständnisvoll in Richtung Leopold. »Bring mir einen kleinen Schwarzen, damit du auf andere Gedanken kommst.« Dann wandte er sich mit einer unschuldigen Geste in Richtung leere Sitzbank an Gabi:

»Darf ich? Oder musst du noch etwas lernen?«

»Nein, nein, nimm nur Platz«, lachte Gabi. Sie war gerade im Begriff, sich eine Zigarette anzuzünden.

›Jetzt duzen sie sich schon öffentlich‹, dachte Leopold, ›die kennen ja gar keinen Genierer *(Schamgefühl)*. Und Thomas bekommt schon wieder dieses Leuchten in den Augen, kaum, dass er sich zu ihr gesetzt hat. So wie die beiden heute ausschauen, waren sie gestern sicher miteinander fort.‹ Er beschloss jedenfalls, sich zunächst einmal diskret hinter die Theke zurückzuziehen, um den kleinen Schwarzen für seinen Freund zuzubereiten.

Noch jemand kam, Isabella Scherer, eine Mitschülerin von Gabi. Sie winkte kurz schüchtern, blieb einen Augenblick lang stehen, gab sich dann aber einen Ruck und ging zögernd auf ihre Freundin und den Klassenlehrer zu. Thomas wirkte zunächst erstaunt, bedeutete Isabella jedoch, bei ihm und Gabi Platz zu nehmen.

»Ein Cola bitte«, rief Isabella in Richtung Leopold. Dann wandte sie ihren Blick sofort wieder Thomas zu. »Ich möchte nicht stören«, sagte sie, »aber ich muss dringend mit Ihnen reden, Herr Professor!« Es klang nach Geständnis, und Thomas fühlte sich in der Tat gestört.

»Was, jetzt, um halb 8 Uhr früh? Ich würde gerne meinen Kaffee in Ruhe trinken. Ist es denn so wichtig, dass es keinen Aufschub duldet?«, fragte er ein wenig verärgert. Er wäre jetzt lieber mit Gabi alleine gewesen.

Leopold brachte schweigend den kleinen Schwarzen und das Cola.

»Es ist sehr wichtig.« Isabella druckste ein wenig herum. Dann nahm sie sich ein Herz. »Ich … nämlich … ich bekomme ein Kind!«

Damit hatte sie ihren Klassenvorstand kalt erwischt. Thomas verschlug es die Sprache.

»Donnerwetter«, stammelte er. »Weißt du das schon lange?«

Sie schüttelte den Kopf. »Nein, ein paar Tage erst. Und da wollte ich gleich mit Ihnen darüber reden. Ich meine, Sie müssen das ja wissen, und hier redet es sich leichter als in der Schule.« Sie nahm einen Schluck von ihrem Cola. »Ich weiß ja jetzt gar nicht, ob ich zur Reifeprüfung antreten kann, die Geburt ist Anfang Juni. Ich glaube, ich komme da in einen ganz schönen Schlamassel.«

»Nein, nein«, versuchte Thomas sie zu beruhigen. »Das mit der Matura kriegen wir schon irgendwie hin. Du musst zunächst einmal den Klassenabschluss schaffen, das ist das Wichtigste. Der ist Ende April, also müsste es sich ausgehen, wenn alles normal läuft. Einen Prüfungstermin finden wir dann schon für dich, auch wenn es sich nicht zum Haupttermin mit den anderen machen lässt. Du könntest etwa die Klausurarbeiten noch im Mai schreiben und dann mündlich im Oktober antreten oder aber alle Prüfungen im Herbst machen. Das ist nicht so schlimm. Zuerst einmal die Klasse, wie gesagt …«

»Von wem ist es denn?«, platzte Gabi dazwischen, die es vor lauter Neugier nicht mehr auszuhalten schien.

Isabella drückte sich um die Antwort herum. Sie trank hastig ihr Cola aus.

»Du musst es nicht sagen«, meinte Thomas mit einem vorwurfsvollen Blick auf Gabi.

»Doch, doch, es muss ja einmal heraus. Die Frage wird mir sicher noch öfter gestellt werden.« Isabella lächelte scheu. »Also, es ist vom … Erich.«

»Vom Erich?« Gabi beugte ihren Oberkörper mitsamt einer frisch angezündeten Zigarette weit über den kleinen Kaffeetisch und hielt sich die Hand vor den Mund, weil sie ein Lachen nicht unterdrücken konnte. »Das ist doch nicht möglich!«

»Es ist möglich!« Isabellas Ton wurde jetzt bestimmter. »Ich werde dir alles einmal erzählen, Gabi, und Ihnen vielleicht auch, aber bitte nicht jetzt. Für den Augenblick möchte ich nur, dass Sie Bescheid wissen, Herr Professor!«

Erich war Erich Nowotny, Sohn des Bauunternehmers und Mitglieds der Bezirksvertretung Ferdinand Nowotny. Er besuchte dieselbe Klasse wie Gabi und Isabella. Unter seinen Mitschülern galt er als durchaus ansehnlich, freundlich und hilfsbereit, aber auch ein wenig verklemmt und schüchtern. Es war ein offenes Geheimnis, dass er sich für Isabella interessierte, allerdings, so hieß es, ohne Erfolg. Sie hatte ihn zumindest öffentlich schon mehrmals abblitzen lassen.

»Weiß Erich es schon?«, fragte Thomas.

»Ja!« Es war ein kurzes, unliebsam hingeworfenes ›Ja‹.

»Und was … was werdet ihr jetzt machen?« Thomas bereute seine Frage, kaum dass er sie gestellt hatte. Er durfte als Klassenvorstand nicht so neugierig sein.

»Wir wollen heiraten«, sagte Isabella beinahe noch eine Spur kühler.

Gabi löste die sich anspannende Situation. »Komm«, sagte sie zu Isabella. »Gehen wir gemeinsam vor zur Schule und plaudern wir noch ein bisschen.« Sie konnte ihre Neugier kaum verbergen.

Isabella überlegte kurz, dann nickte sie, stand auf, nahm Mantel und Tasche und verabschiedete sich von ihrem Klassenvorstand. Gabi griff Thomas im Vorbeigehen auf die Schulter, als ob sie sich entschuldigen wollte, sagte:

»Tschüss, bis später!« und verließ gemeinsam mit Isabella das Lokal.

Zurück blieb ein einigermaßen verdatterter Thomas Korber. Aufpassen, dass es mit Gabi nicht so geht wie mit Isabella und Erich, dachte er. Das konnte er in der jetzigen Situation am wenigsten brauchen. Seine derzeitigen Gefühle waren nicht erlaubt, das wusste er, aber so sehr er sie auch hinterfragte, sie waren stärker als jedwede Rücksichtnahme auf seinen Beruf oder irgendwelche moralischen Wertvorstellungen.

›Was bin ich doch für ein Idiot‹, sagte er zu sich, während er hastig seinen Kaffee austrank und Leopold zum Zahlen rief.

Leopold schien von irgendwo weit her zu kommen. Er hatte in den vielen Jahren seiner Tätigkeit als Kellner gelernt, so unauffällig wie möglich die Nähe eines Tisches zu suchen, an dem sich eine interessante Entwicklung anbahnte. Auf diese Weise konnte er den Großteil einer Unterhaltung verfolgen, ohne dass es den Beteiligten auch nur im Geringsten auffiel. Er war, wie immer, bestens informiert, als ihn Thomas über die Schulter fragte:

»Na, was sagst du zu diesen Neuigkeiten?«

»Was soll ich sagen«, meinte er nur kurz, als er das Geld einstreifte. »Übers Jahr ist Hochzeit, kannst Gift drauf nehmen.«

* * *

Leopold sog tief und genüsslich an seiner Zigarette. Sein Dienst war gleich vorüber, und draußen schien sich die schwache Novembersonne gegen den Nebel durchzusetzen. Was wollte man mehr? Er musste nur noch warten, bis sein Kollege ›Waldi‹ Waldbauer in seiner Kellnerlivree herunterkam, dann konnte er sich umziehen, nach Hause gehen, einen Nachmittag und Abend ohne Kaffeehaus verbringen.

Was er tun würde? Zunächst einmal ein paar Stunden ausruhen, dann einen Sprung stadtauswärts fahren, zum ›Fuhrmann‹, einem kleinen Heurigenlokal, wo er wahrscheinlich Thomas treffen würde. Er wollte in aller Ruhe mit ihm reden. So durfte das nicht weitergehen. Ein Blinder hatte heute sehen können, dass er dieser Gabi nachstieg. Nicht nur, dass er sich damit vor Schülern und anderen Kaffeehausgästen lächerlich machte, er setzte sich auch jederzeit der Gefahr einer Denunziation aus. Das konnte ihn seinen Beruf kosten. Und was Gabi betraf, die spielte doch nur mit ihm, das war doch niemals ernst gemeinte Zuneigung.

Er musste mit Thomas sprechen.

Es war jetzt Viertel nach zwölf. Warum der ›Waldi‹ nur immer so lange mit dem Umkleiden benötigte. Eine großartige Bestellung konnte Leopold jetzt nicht mehr brauchen. Ganz in Gedanken versunken, merkte er gar nicht, wie die kleine, zerfurchte Gestalt, die plötzlich vor ihm stand, ins Lokal gekommen war. Es war Herr Berger, der Kostgänger von Frau Susi, der um diese Zeit normalerweise mit einem Schnitzel und nicht wie jetzt mit den Tränen kämpfte.

»Ja, grüß Sie, Herr Berger, Mahlzeit!«, begrüßte ihn Leopold. »Aber was haben Sie denn? Sie sind ja ganz aufgelöst.«

»Was ich habe?« Herr Berger bemühte sich, so deutlich zu sprechen, wie es in seinem derangierten Zustand möglich war. »Ich wollte nur zur Frau Susi essen gehen wie immer. Da hat es mich schon gewundert, dass mir niemand aufgemacht hat. Also habe ich meinen Schlüssel genommen und zuerst das Haustor und dann die Wohnungstür aufgesperrt.«

»Und?«, fragte Leopold.

»Nichts und. Auf dem Boden ist sie gelegen, die Frau Susi! Tot ist sie! Den Kopf hat ihr einer eingeschlagen!«

»Um Gottes willen!«

Leopold wirkte nach außen hin schockiert und ergriffen, durchdachte die Situation jedoch in seinem Inneren sofort rational und logisch. Ein Gast war tot, ein guter Gast sogar. Das stand zu bedauern. Andererseits war offensichtlich ein Verbrechen geschehen. Und Verbrechen gehörten zu den geheimen Passionen des Obers Leopold. Er liebte nichts mehr als eine Schreckenstat in seiner näheren Umgebung.

Seit er einmal mitgeholfen hatte, einen biederen Kaffeehausgast als Kopf einer Bande von Kunstdieben zu entlarven, fühlte er sich prädestiniert für die Aufklärung von Straftaten aller Art.

»Aus dir hätte ein großer Kriminalist werden können«, hatte Inspektor Juricek, mit dem er im Gymnasium dieselbe Schulbank gedrückt hatte und der damals mit dem Fall betraut gewesen war, gesagt und ihm herzlich für die Mitarbeit gedankt. »Kannst mir jederzeit wieder aushelfen, wenn es sich einmal ergibt.« Mittlerweile arbeitete Richard Juricek bei der Mordkommission und war Oberinspektor. Und Leopold nahm sein Angebot ernst, sehr ernst sogar.

Er konnte sich nicht helfen, aber die Botschaft von einem Mord war in diesem Fall eine gute Botschaft. Er schien Herrn Berger gar nicht zu hören, der verzweifelt vor sich hin stammelte:

»Wenn Sie das gesehen hätten, Leopold, das viele Blut …
direkt abgebeutelt hat's mich, beinahe hätte ich mich gleich
neben die arme Susi gelegt … käsebleich muss ich gewesen
sein … dabei wollte ich doch nur zum Mittagessen … aber
jetzt ist mir der Appetit vergangen. Man muss die Polizei
verständigen, Leopold!«

Den letzten Satz hatte er ein wenig lauter gesprochen
und Leopold aus seinen Gedanken gerissen. Leise, Berger,
leise! Zunächst einmal musste man dafür sorgen, dass jeder
Aufruhr tunlichst vermieden wurde. Gott sei Dank waren
im Augenblick kaum Gäste im Lokal, und Berger redete
in seiner Verwirrung so undeutlich, dass noch niemand die
Situation richtig erfasst hatte.

»Haben Sie gehört, Leopold? Wir müssen die Polizei
anrufen!«

»Ja, ja, aber beruhigen Sie sich doch erst einmal, Herr
Berger! Trinken Sie ein Stamperl auf Kosten des Hauses.
Das ist gut für die Nerven.« In aller Eile kredenzte Leo-
pold dem am ganzen Leibe zitternden Berger einen großen
Weinbrand. »Na, geht's schon besser?«, fragte er, nachdem
der ausgetrunken hatte. Und weiter:

»Sie haben doch einen Schlüssel zu der Wohnung von
der Frau Niedermayer?«

»Ja, natürlich! Aber warum?«

»Weil wir zwei dort noch einmal hingehen, Herr Berger. Keine Angst, es passiert schon nichts. Aber erstens
ist es immer besser, vom Tatort selbst anzurufen, das wissen Sie ja.« Berger schüttelte verdattert den Kopf. »Damit
wir sehen, ob die Leiche noch da ist, beziehungsweise,
ob überhaupt eine da ist, verstehen Sie! Das möchte ich
schon überprüfen. Was machen wir, wenn die arme Frau
Susi plötzlich verschwunden ist? Ich wette, Sie haben in
Ihrer Aufregung nicht einmal die Tür richtig zugemacht.

Und zweitens muss ich noch dringend etwas aus der Wohnung holen.«

Für den verdutzten Berger war das alles ein Rätsel. »Müssen wir wirklich?«, fragte er nur ungläubig.

Aber Leopold hatte seinen Entschluss bereits gefasst. Es war eine einmalige Gelegenheit, noch vor der Polizei einen Blick auf den Tatort zu werfen und dafür auch noch einen halbwegs plausiblen Grund zu haben. Außerdem hatte er gestern etwas aus der Innentasche von Frau Susis Mantel leuchten gesehen, als er ihr in diesen hinein geholfen hatte, und hätte jetzt nur zu gerne gewusst, was das war. Es mochte belanglos sein – aber andererseits gab es bei einem Mord keine Belanglosigkeiten.

»Ja, ja«, sagte Leopold. »Schauen Sie, ob wir von hier oder von drüben die Polizei anrufen, ist doch ziemlich egal. Und ich hab der Frau Susi ja schon vor Wochen den Bildband über Kalifornien geborgt und nie mehr zurückbekommen. Wenn ich mir den jetzt nicht hole, ist er weg. Sie kennen das ja. Wo die Leute von der Spurensicherung ihre Finger einmal drin gehabt haben, findet man so leicht nichts mehr. Und wenn so einem so ein schönes Bücherl auch noch gefällt …« Leopold machte eine ziemlich eindeutige Handbewegung.

»Vielleicht haben Sie recht. Gehen wir aber schnell, damit wir's hinter uns bringen«, jammerte Berger.

Da tauchte auch schon Herr Waldbauer in seiner Livree auf.

»Jetzt können wir gehen«, sagte Leopold. »Waldi, sag der Chefin, wegen der Abrechnung, ich komm gleich noch einmal. Ich muss nur schnell noch mit dem Herrn Berger was erledigen.«

Waldi Waldbauer wunderte zum Glück nichts mehr, dazu war er schon zu lange in diesem Geschäft und kannte außerdem Leopold viel zu gut. Er nickte nur stumm und trat mit steinerner Miene seinen Dienst an.

Leopold hingegen ging noch zu einer ominösen großen Lade, die sich links neben den Billardtischen befand, und kramte darin herum. Es war seine geheime Schatztruhe, sein Heiligtum, in dem er Dinge aller Art und für jeden Zweck verborgen hielt. Obwohl die Lade stets unverschlossen war, konnte sich niemand daran erinnern, dass sie schon einmal jemand außer Leopold geöffnet hatte. Nun zauberte er zwei Paar Handschuhe daraus hervor. Eines davon drückte er Berger in die Hand.

»Das werden Sie brauchen«, sagte er. »Erstens ist es noch ganz schön frisch draußen und zweitens sollten wir keine Fingerabdrücke am Tatort hinterlassen!«

3

Wen wundert's, dass Herr Berger das Haus, in dem seine Kostgeberin zu Tode gekommen war, mit schlotternden Knien betrat? Zum einen hatte er noch nie so überraschend und unverhofft eine Leiche zu Gesicht bekommen. Zum anderen strahlen alte Häuser, wenn es sich nicht gerade um ein Stadtpalais oder ein romantisches Herrenhaus, sondern um einen von den Jahren gezeichneten Zeugen billigen Wohnbaus aus der Wende zum zwanzigsten Jahrhundert handelt, eine eher düstere Atmosphäre aus.

Auf Berger wirkte das alte Gemäuer jetzt noch furchterregender als sonst. Im Eingangsflur und dem engen Stiegenhaus mit der gewundenen Treppe war es so dunkel, dass das schwache künstliche Licht zu jeder Tages- und Nachtzeit aufgedreht bleiben musste. Ein abgestandener Geruch, der durch die feuchten Wände noch verstärkt wurde, raubte denjenigen, die nicht hier wohnten, schon beim Hineingehen den Atem. Zurzeit roch es außerdem zusätzlich nach Kohl und Knoblauch.

Trotz all dieser Widerwärtigkeiten erreichten die beiden Herren unbeschadet den ersten Stock, wo sich die Wohnung von Frau Niedermayer befand.

»Ich will nicht noch einmal hineingehen«, murrte Berger.

»Sie können ja im Vorzimmer stehen bleiben, aber jetzt machen S' bitte einmal auf«, erwiderte Leopold ungeduldig. Er konnte es nicht erwarten, einen geradezu jungfräulichen Tatort vor sich zu haben. Außerdem war ihm in dem dunklen, engen Gang wohl auch ein wenig mulmig.

Ein wenig zitternd nahm Berger den Wohnungsschlüssel hervor und schloss die Türe auf. Während Leopold kurz den kleinen Vorraum musterte und das Licht aufdrehte, blieb er nahezu unbeweglich hinter der Türe stehen.

»Wenn Sie wirklich nicht weiter gehen wollen, dann sagen Sie mir wenigstens, wo sie liegt«, brummte Leopold.

»Im Wohnzimmer«, kam es leise von Bergers Lippen.

Die Tür zum Wohnzimmer lag rechter Hand. Sie führte in einen einfach eingerichteten Raum mit einem Tisch und einer kleinen Sitzecke, einem Fernsehapparat, einer Zimmerpflanze, einem Wandschrank und einigen Regalen, auf denen Bücher und Zeitschriften gestapelt waren. Zwischen dem Schrank und den Regalen befand sich die Tür zum Schlafzimmer. Vor dem Schrank lag die Tote. Der Kopf war leicht zur Seite gedreht, und so sah Leopold sofort die

Wunde am Hinterkopf, die den Tod herbeigeführt hatte. Der Teppich war voll Blut.

Leopold schüttelte den Kopf. »So ein schönes Nachthemd zum Sterben anziehen ist ja die reinste Verschwendung«, murmelte er.

Er vermutete, dass der gewaltsame Tod eingetreten war, als Frau Susi sich gerade zu Bett begeben wollte. Die Türe war nicht aufgebrochen worden. Also hatte der Mörder einen Schlüssel wie Herr Berger, oder Susi hatte ihn noch herein gelassen. Das alles musste sich sehr spät zugetragen haben, denn Susi hatte ja erst um halb zwölf das Kaffeehaus verlassen. Aber wann genau?

Neben dem Fernsehapparat lag eine aufgeschlagene Programmzeitschrift. Am Montag, dem 6. November, waren mehrere Sendungen unterstrichen, zwei Gameshows und einige Dokumentationen. Eine dieser angezeichneten Dokumentationen hieß ›Metropolen der Welt: Chikago‹ und war als Wiederholung von 0.30 Uhr bis 1.15 Uhr gelaufen.

Immerhin etwas. Möglicherweise hatte sich Susi Niedermayer diese Sendung noch angesehen, ehe – oder während – sie auf ihren Mörder getroffen war. Die Leiche lag jedenfalls schon länger da, und außerdem war ein gewaltsamer Tod im Morgengrauen statistisch eher unwahrscheinlich.

Erst jetzt fiel Leopold der eigenartige Geruch auf. Es roch in der Wohnung nach Rauch, wenn auch nur schwach. Zuerst hatte er es gar nicht richtig wahrgenommen. Seine Nase war an die verrauchte Kaffeehausluft so gewöhnt, dass ihm dieser leichte Geruch nach Zigarettenrauch gar nicht aufgefallen war. Aber jetzt merkte er es umso deutlicher: Hier hatte jemand geraucht, und er glaubte nicht, dass es Frau Susi gewesen war.

»Herr Berger, haben Sie die Frau Susi jemals rauchen gesehen?«, rief Leopold ins Vorzimmer.

»Nicht, dass ich wüsste«, kam es trocken von dort zurück. »Wann rufen Sie endlich an? Das Telefon steht neben dem Fernseher.«

»Gleich, Herr Berger, gleich! Ich kann nicht zaubern«, sagte Leopold. Dann warf er einen Blick ins Schlafzimmer und entdeckte auch hier Seltsames. Links über dem breiten Doppelbett, dessen Sinn Leopold jetzt nur mehr durch eine gewisse körperliche Verbreiterung bei Frau Susi begründet sah, das aber früher einmal beiden Schwestern als Schlafstatt gedient haben mochte, hing die eingerahmte Fotografie einer weiten Prärielandschaft. Der Platz rechts daneben war frei, eine etwa 50x70 cm große Fläche, bei genauerer Betrachtung heller als der Rest der Wand. Was auch immer dort gehangen hatte, hing jetzt nicht mehr da.

Das Bett selbst war unberührt. Frau Susi hatte sich also noch nicht schlafen gelegt, als sie umgebracht wurde.

»Kommen Sie, Leopold, rufen Sie an!«, klang es ungeduldig aus dem Vorzimmer.

»Jetzt beruhigen Sie sich doch, Herr Berger, und beantworten Sie mir noch eine Frage: Wie viele Bilder hängen für gewöhnlich über dem Bett der Frau Susi?«

»Ach, Sie meinen die zwei komischen Fotos? Da ist das eine, das einmal jemand von ihr und so einem Kerl mit Cowboyhut gemacht hat – furchtbar geschmacklos – und das andere, das … das …«

»Von der Prärie?«

»Von der Prärie, genau. Was soll diese Fragerei?«

»Sie werden schon sehen, Herr Berger, alles hat seine kriminalistische Notwendigkeit. Und noch etwas ist wichtig: Wie gründlich war immer aufgeräumt, wenn Sie zum Mittagessen gekommen sind?«

»Mir tut es langsam schon leid, dass ich Sie überhaupt bemüht habe, Leopold. Sie scheinen ja gar nicht an den Anruf zu denken! Aber bitte. Die Frau Susi war keine schlampige Person, wenn Sie das meinen, sie hat schon auf sich und die Wohnung geschaut. Nicht übertrieben allerdings.«

»Es lag also ab und zu etwas herum?«

»Ja, sicher! Aber das hat nicht weiter gestört. Mich zumindest nicht.«

Und jetzt lag nichts herum außer der Leiche. Alles sah blitzblank zusammengeräumt aus. Der Täter hatte sich reichlich bemüht, alle Spuren zu verwischen. Wie gut ihm das gelungen war, würden die Leute von der Spurensicherung herausfinden. Jedenfalls handelte es sich um eine gründliche Person, und es war einstweilen völlig unklar, ob etwa Geld oder Wertgegenstände fehlten. Eine Tatwaffe war natürlich auch nirgendwo auszumachen.

Leopold durchquerte den Vorraum, sagte automatisch: »Gleich, Herr Berger, gleich«, und warf noch rasch einen Blick in die Küche. Dort herrschte schon ein wenig mehr Unordnung. Schmutziges Geschirr stand im und neben dem Abwaschbecken. Leopolds Augen suchten nach irgendetwas, einem Aschenbecher, zwei Kaffeeschalen oder zwei Gläsern, den Überresten eines – wenn auch noch so kurzen – Beisammenseins, das dann mit einem gewaltsamen Tod geendet hatte. Aber nichts deutete mit Bestimmtheit auf ein solches Beisammensein hin. Der Täter war also auch in dieser Hinsicht sehr gewissenhaft gewesen, oder Leopold lag einfach falsch mit seiner Vermutung.

Er öffnete den Kühlschrank. Wurst, Käse, Milch, Rahm, Eier. Nichts Besonderes, bis auf eine ungeöffnete Flasche Wein im obersten Regal und eine halbvolle Flasche Martini in der Kühlschranktür. Das wunderte ihn schon ein bisschen. Im Kaffeehaus hatte Frau Susi seines Wissens nie Alkohol getrunken.

Langsam erkannte Leopold, dass sich ihm immer mehr Fragen stellten, auf die er keine Antwort wusste. Vielleicht war es wirklich an der Zeit, seinen Freund Richard Juricek bei der Mordkommission anzurufen.

»So, jetzt werden Sie endlich erlöst, Herr Berger«, sagte er, als er wieder durchs Vorzimmer ins Wohnzimmer gehen wollte. Da fühlte er plötzlich eine merkwürdige Stille um sich. Er hob die Augen, und sein Herz schlug jetzt merkbar schneller.

Das Vorzimmer war leer. Herr Berger war nicht mehr da.

* * *

»Herr Berger?«

Ungehört verhallte diese reflexartig gestellte Frage im Raum. Herr Berger war verschwunden, hatte das Weite gesucht, hatte sich still und heimlich aus dem Staub gemacht. Leopold war mit der Leiche allein.

Die Stille behagte ihm nicht. Es war einer jener Augenblicke, in denen seine sonstige Selbstsicherheit auf die Probe gestellt wurde. Oft waren es diese kleinen, überraschenden Wendungen, die ihn kurz aus dem Tritt brachten, ehe er wieder klar zu denken begann. »Ich bin ja selber schuld, wenn ich jetzt dastehe wie bestellt und nicht abgeholt«, sagte er zu sich. »Ich habe es eben wieder einmal übertrieben. Trotzdem ist der Berger ein elender Feigling!«

Der Mantel! Vor Leopolds Augen hing jener dunkelblaue Mantel, den Frau Susi gestern im Kaffeehaus angehabt hatte. Er hatte deutlich gesehen, dass innen etwas Weißes herausleuchtete, als er ihr hineingeholfen hatte.

Beinahe hätte er vergessen, dass er auch deswegen in diese Wohnung gekommen war. Voller Erwartung machte er einen fachmännischen Griff in die Innentasche des Mantels, und sein Erinnerungsvermögen wurde belohnt. Zwei Dinge fanden sich in seiner Hand: ein Brief und eine Notiz auf einem Zettel. Der Brief war an Gertrud Niedermayer in Groß Enzersdorf adressiert, es klebte aber noch keine Marke darauf, und das schien auch der Grund zu sein, warum er noch nicht aufgegeben war. Auf dem Zettel stand eine Telefonnummer: 271 77 85.

›Merkwürdig‹, dachte Leopold, ›jetzt hat die mit ihrer Schwester tatsächlich nur mehr schriftlich verkehrt.‹ Er steckte sicherheitshalber Brief und Notiz ein.

Als er überlegte, was nun weiter zu tun war, läutete es zweimal an der Tür. Er zuckte zusammen. »Herr Berger?«, rief er nochmals fragend und unsicher.

Statt einer Antwort läutete es wiederum. »Machen Sie auf«, sagte eine schrille Frauenstimme. »Ich weiß, dass Sie hier sind.«

»Wer ist da?«, fragte Leopold. Zögernd öffnete er die Tür einen Spalt breit. Draußen stand eine Frau unbestimmten Alters, nicht mehr taufrisch, aber jünger als die Ermordete. Sie hatte schwarzes, grau durchzogenes, fettiges Haar, das nach hinten zu einem Pferdeschwanz zusammengebunden war. Das Gesicht war stark geschminkt und hatte sicher mehr Falten, als man in dem diesigen Licht erkennen konnte. »Ich heiße Maria Ivanschitz«, sagte sie. »Und Sie sind sicher der Herr Leopold!«

»Woher wissen Sie denn das?«, fragte Leopold misstrauisch.

»Vom Herrn Berger. Er ist gerade ganz aufgeregt auf dem Gang gestanden, als ich ihn zufällig durch meinen Türspion gesehen habe. Ich bin nämlich die Nachbarin von gegenüber. Na, und wie ich ihn so sehe, habe ich die Tür aufgemacht und ihn gefragt, was denn los ist, was er denn hat, ob etwas mit der Frau Susi ist. Er war ja heute schon einmal da, wie Sie wissen, und ist da gleich wieder weggerannt. Kurzum« – sie holte einmal tief Luft – »kurzum, er sitzt jetzt bei mir auf ein Schalerl Kaffee und hat mir gesagt, dass Sie auch hier sind. Sagen Sie, stimmt es, dass die Frau Susi tot ist? Dass man sie … erschlagen hat?«

»Sie können ja selber nachschauen«, meinte Leopold, immer noch misstrauisch.

»Nein, nein, lieber nicht! Ich glaub Ihnen schon. Mein Gott, ist das schrecklich!« Sie versuchte zu lächeln. »Aber warum stehen wir denn hier auf dem Gang herum, wo es so furchtbar ungemütlich ist und uns jeder hören kann. Kommen Sie doch auch zu mir herüber, es ist noch genug Kaffee da. Außerdem möchte ich Ihnen was erzählen, bevor die Polizei kommt. Ich habe da nämlich gestern einige Beobachtungen gemacht.«

Leopold zog wie in Trance die Türe hinter sich zu. Es hatte ihm einfach die Sprache verschlagen. Sogar den Bildband über Kalifornien hatte er vergessen. Diese Frau hatte ihn sozusagen kalt erwischt, und er reagierte im Augenblick mehr, als selbst irgendwelche Aktivitäten zu starten. Zusätzlich machte ihm das penetrante Organ der Frau Ivanschitz zu schaffen.

»Nur herein in die gute Stube«, hallte es ihm schon wieder entgegen, während Frau Ivanschitz die Wohnungstüre aufschloss. »Sagen Sie, ist es wahr, dass Sie schon auf eigene Faust Nachforschungen angestellt haben, wie der Herr Berger sagt?«

»Langsam, langsam«, sagte Leopold. »Ich bin nur ein einfacher Ober vom Kaffeehaus vorne an der Ecke. Die Frau Susi war Stammgast bei uns, und natürlich interessiert man sich da. Außerdem werden wir, wie Sie richtig bemerkt haben, alle von der Polizei befragt werden, und da muss man sich schon alles genau anschauen und einprägen, damit einem nicht das Wort im Mund herumgedreht wird.«

»Sie sagen es, Sie sind ein gescheiter Mann«, bemerkte Frau Ivanschitz. »So, kommen Sie nur weiter.«

Leopold folgte ihr in die Küche, wo Herr Berger sichtlich erleichtert beim Kaffee saß und mit einem kaum merkbaren, schadenfrohen Grinsen die Schale zu seinem Mund hob. »Ich hab's einfach nicht mehr ausgehalten«, sagte er entschuldigend, und Leopold meinte, dabei ein leichtes Augenzwinkern in seine Richtung wahrzunehmen.

Ja, ja, der Herr Berger! Ein undankbarer, ungeduldiger Patron, ein Opportunist. Und ein Feigling obendrein. Mit dem würde man nicht einmal kleine Ponys stehlen können. Aber mehr noch als über den ängstlichen, im Grunde harmlosen Mann ärgerte sich Leopold über sich selbst. Diese Frau hatte etwas Magisch-Aufdringliches an sich. Das war aber noch lange kein Grund, sich von ihr einfach in die Defensive drängen zu lassen.

»Mit Milch und Zucker?« Schon wieder diese penetrante Stimme, die so gar nichts Anheimelndes besaß.

»Etwas Milch und zwei Zucker, bitte!«

Leopold versuchte, seine Gedanken wieder in Ordnung zu bringen. Dabei stellte er sich gleich die Frage, ob nicht Frau Ivanschitz auch als Täterin in Frage kam. Warum nicht? Sie lebte in unmittelbarer Nähe der Toten, kannte ihre Gewohnheiten und konnte sich jederzeit Zutritt zu ihrer Wohnung verschafft haben. Ein vertrauliches Klopfen hätte genügt. Etwa so:

»Frau Niedermayer, sind Sie noch wach?«

»Bin ich froh, dass ich jetzt da sitze«, murmelte Berger in der Zwischenzeit vor sich hin. »Nach dem ganzen

Schock! Nein, nein, die Frau Ivanschitz ist eine Perle, das muss man schon sagen.«

Eine sehr ordnungsliebende Perle, schoss es Leopold durch den Kopf. Schau, schau, wie blitzblank hier alles ist. Wie drüben am Tatort. Das passte irgendwie zusammen. Man konnte Frau Ivanschitz nicht von vornherein als Täterin ausschließen.

»So, da ist der Kaffee. Kann ich mit noch etwas dienen?«, fragte Frau Ivanschitz.

»Einen Aschenbecher, bitte, wenn Sie so lieb sind«, sagte Leopold und zog ein Packerl Ernte 23 aus der Sakkotasche. »Ich würde auf den Schreck gern eine rauchen.«

»Gern hab ich das ja nicht«, sagte Maria Ivanschitz, »aber wenn es unbedingt sein muss. Meinem Mann kann ich es auch nicht abgewöhnen, der raucht immer noch zwei, drei, wenn er nach Hause kommt. Passen Sie halt auf, dass keine Asche daneben geht, das ist so hässlich!«

Als sie mit dem Aschenbecher kam, legte sie los:

»So, jetzt muss ich Ihnen aber erzählen, was ich gestern und in der Nacht auf heute alles beobachtet habe.«

»Ich bitte darum«, sagte Leopold, während er sich eine Zigarette anzündete.

»Also, so viel los war bei der Frau Susi schon lange nicht mehr. Gestern Nachmittag habe ich gehört, wie sie laut geschrien und mit einer anderen Frau gestritten hat. Wie ich so nachschauen will, was da los ist, geht auch schon die Türe auf und heraus kommt ihre Schwester Gertrud, die hier früher einmal zusammen mit ihr gewohnt hat. Ich habe nicht schlecht gestaunt. Die beiden haben sich ja in den letzten Jahren praktisch nicht mehr gesehen. Es hat da einmal ziemlichen Krach gegeben, wissen Sie. Was macht die Gertrud denn auf einmal da, habe ich mich also gefragt. Da ist sie auch schon die Stiege hinuntergelaufen mit etwas Großem, Rechteckigem unter dem Arm. Und die Susi hat ihr nachgeschrien: ›Nimm es nur und werde glücklich damit!‹«

Das Bild, dachte Leopold, die Schwester hat das Bild mitgenommen. Er machte einen Zug an seiner Zigarette. »Ist ja interessant«, sagte er. »Ich kenne die Gertrud. Sie war früher manchmal mit der Frau Susi im Kaffeehaus, als sie noch zusammengelebt haben.«

»Ich kenn die Gertrud auch«, meldete sich Berger, nur um etwas zu sagen.

»Sehen Sie«, sagte Frau Ivanschitz. Es klang nicht ganz passend, aber sie sagte es. »Aber das ist noch lange nicht alles. Mitten in der Nacht war da noch einmal so ein Getöse. Es war so ein Wirbel auf dem Gang, dass ich aufgewacht bin. Ein Betrunkener ist vor der Tür von der Frau Susi gestanden – das heißt, so richtig gestanden ist er eigentlich nicht mehr, er hat eher gewackelt – und wollte allem Anschein nach hinein zu ihr. Ich konnte ihn leider nur von hinten sehen, und es war sehr düster. Ich konnte also nicht viel erkennen. So geschneckerltes *(gelocktes)* Haar hat er gehabt und eine dunkle Lederjacke getragen. Keine Brille, kein Bart, glaube ich. Die Frau Susi hat gerufen: ›Was wollen Sie denn da? Sie können doch jetzt nicht zu mir herein um diese Zeit! Schaun S', dass Sie verschwinden, sonst rufe ich die Polizei!‹ Sie war ganz aufgeregt, und ich habe mir gedacht, ich muss jetzt hinübergehen und ihr helfen.«

»Und dann?«, fragte Berger gespannt. Er schien wieder zu Kräften zu kommen.

»Dann hat er noch etwas gestammelt, was ich nicht verstanden habe, und ist gegangen, besser gesagt, die Stiege hinuntergetorkelt. Die Frau Susi hat ihre Türe zugemacht und ich habe mich wieder niedergelegt. Mein Mann hat gefragt, was los war, und ich habe gesagt: ›Ach, nur so ein Betrunkener, kannst ruhig weiterschlafen.‹« Sie machte eine kurze künstlerische Pause. »Nach einer Weile bin ich noch einmal aufgewacht, weil ich mir eingebildet habe, ich hätte etwas gehört. Es war aber dann ganz ruhig, und auch auf dem Gang war niemand. Ich dachte also, ich hätte es nur geträumt. Ich konnte ja nicht ahnen, dass dieser brutale Kerl zurückgekommen ist und die Frau Susi erschlagen hat.«

»Wieso soll gerade er es gewesen sein?«, fragte Leopold.

»Weil er betrunken war und enthemmt, und weil er etwas wollte von der Frau Susi und sie ihn nicht in die Wohnung gelassen hat. Irgendwie wird er sich schon wieder Zutritt verschafft haben. Vielleicht ist er heimlich eingedrungen, sie hat ihn bemerkt und er hat sie niedergeschlagen. Was weiß denn ich! Wer käme denn sonst in Frage?«

»Ich weiß auch nicht, aber immerhin könnte zum Beispiel schon jemand da gewesen sein, den Sie nicht bemerkt haben. Eine andere Frage: Wann war denn das Ganze genau?«

»Ganz genau kann ich es nicht sagen, aber das erste Mal bin ich so gegen 1.15 Uhr aufgewacht, das zweite Mal ungefähr eine halbe Stunde später.«

Das konnte vom Zeitschema her passen, sofern die Angaben dieser aufdringlichen, neugierigen und betont reinlichen Nachbarin auf Wahrheit beruhten. Was Leopold nun allgemein freundlicher stimmte, war die Tatsache, dass er begann, den Gesprächsverlauf zu bestimmen. »Hat Frau Susi denn öfter abends oder so spät in der Nacht Besuch gehabt? Ist Ihnen da etwas aufgefallen?«, fuhr er fort.

»In letzter Zeit eigentlich nie, soweit ich weiß. Sie kam manchmal später nach Hause, aber Besuche – nein!«

»Glauben Sie, dass sie den Betrunkenen gekannt hat?«

»Also, das kann ich nicht sagen. Das kann ich wirklich nicht sagen.«

»So, jetzt haben Sie aber wirklich alles erfahren, was Sie wissen wollten«, meldete sich der munter gewordene Berger wieder zu Wort. »Ich kann es Ihnen nicht ersparen, Sie müssen noch einmal hinüber zur Frau Susi und endlich die Polizei anrufen. Es ist Ihre Schuld, wenn Sie bis jetzt gebrodelt *(getrödelt)* haben. Aber anrufen müssen Sie irgendwann einmal.« Der Kaffee entwickelte bei ihm jetzt eine belebende Wirkung. Oder war es doch der Schnaps von vorhin?

Leopold konnte sich jedenfalls nicht mit dem Gedanken anfreunden, sich auf ein weiteres Rendezvous mit der Leiche einzulassen. »Nein, hinüber geh ich jetzt nicht mehr«, stöhnte er. Dann nahm er ein kleines Handy aus seiner Sakkotasche, tippte rasch eine Nummer ein, wartete einige Augenblicke und sagte dann mit einem zurechtweisenden Blick auf den verblüfften Berger:

»Spricht dort die Mordkommission? ... Ja? ... Dann verbinden Sie mich bitte mit Oberinspektor Juricek. Es ist dringend.«

4

Der düstere Gang des alten Mietshauses belebte sich schlagartig, als die ersten Polizeiautos mit Blaulicht vorfuhren. Plötzlich kamen sie alle hervor: alte und nicht mehr ganz junge Damen, ein etwas verwirrt wirkender kleiner Herr im Pyjama, ein Fettwanst mit einer Bierflasche in der Hand, eine türkische Frau mit einem Kind im Arm und einem weiteren an ihrer Kittelfalte. Überall glotzten neugierige Augen die Brüstung des Stiegengeländers hinab. »Was, die Frau Niedermayer«, hieß es, »das habe ich schon lange kommen sehen!« und »Man ist sich ja nicht einmal mehr zu Hause seines Lebens sicher.« Die Stimmen gingen durcheinander, aber nicht laut, sondern nur leise und flüsternd. Das Ereignis schien für kurze Zeit die Grabesruhe in dem alten Gemäuer zu unterbrechen, aber nur, um sie durch das zögernde Gemurmel einer Gruppe Scheintoter zu ersetzen, die für kurze Zeit zum Leben erweckt worden waren.

Irgendwo dazwischen, einmal hier, einmal da, stand in erregter Diskussion Frau Ivanschitz. Man konnte ihre penetrante Stimme gut aus der gedämpften Unruhe heraushören. Sie leistete ganze Arbeit, indem sie die Neuigkeiten um den Tod der Frau Niedermayer in Windeseile weiterverbreitete. Dabei wirkte sie wie eine Animateurin, die ihr Publikum zu einem Stimmungshöhepunkt führen wollte.

Die eingetroffenen Beamten waren über den Auflauf alles andere als glücklich. »Bitte gehen Sie in Ihre Wohnungen. Wir holen Sie, wenn wir Sie brauchen«, sagte ein jüngerer Polizist in Zivil schroff. Sein rundliches Gesicht nahm rasch die Farbe seiner kurz geschnittenen roten Haare an, wenn er sich ärgerte. Und im Augenblick ärgerte er sich. Er stand gemeinsam mit Berger und Leopold im Vorraum von Frau Susis Wohnung.

»Sie haben also die Leiche gefunden«, fuhr er Berger an.

»Jawohl«, nickte Berger vertrauensselig.

»Und wann war das?«

»So circa um 12 Uhr. Ich komme jeden Tag um diese Zeit essen zur Frau Niedermayer. Sie kocht für mich, seit meine liebe, gute Frau das Zeitliche gesegnet hat. Das war vor fünf Jahren. Meine Frau ist an Krebs gestorben und …«

»Das interessiert mich nicht. Antworten Sie nur auf die Dinge, die Sie gefragt werden.« Der junge Inspektor wirkte reichlich ungehalten und nervös. »Wie kamen Sie in die Wohnung?«

»Ich habe einen Schlüssel. Als mir niemand öffnete, habe ich einfach die Türe aufgesperrt.«

»War die Türe verschlossen?«

»Nein!«

»Aber zu war sie, nicht etwa nur angelehnt?«

»Ja, ja.«

»Gut!« Der Inspektor machte eine kurze künstliche Pause. »Sagen Sie, wie kommt es, dass die Tür nur angelehnt war, als wir kamen?«, fragte er dann scharf. »Haben Sie etwa in Betracht gezogen, die Tote einer allgemeinen Beschau freizugeben?«

Berger verschlug es für einen Augenblick die Sprache. Dann nahm er all seine Kräfte zusammen, die allerdings angesichts der prallen Röte im Gesicht des Inspektors bereits wieder im Schwinden begriffen waren. »Schnauzen Sie mich bitte nicht so an«, sagte er. »Ich habe die Tür gewissenhaft zugemacht. Sie ist verzogen und klemmt ein bisschen. Es geht oft nicht leicht, aber ich weiß das und ziehe sie immer ganz zu. Aber der Letzte in der Wohnung war ja gar nicht ich, das war der Herr Leopold«, meinte er dann triumphierend.

»Wer ist das? Ist das etwa derjenige, der bei uns angerufen hat?« Der Inspektor rang um Beherrschung.

»Ja, ich bin das«, meldete sich Leopold. »Bitte, es kann schon sein, dass die Türe klemmt. Vielleicht hätte ich stärker anziehen sollen. Aber was weiß man schon.«

Der Inspektor schien nun seine ganze Wut auf Leopold zu entladen. »Was weiß man. Was weiß man!! Ich möchte jetzt wissen, wie es möglich ist, dass jemand um 12 Uhr eine Leiche findet und wir erst um halb zwei verständigt werden. Ich möchte wissen, wie lange Sie in der Wohnung herumgetrampelt sind und so viele Spuren hinterlassen oder verwischt haben, dass wir erst gar nicht zu suchen anfangen müssen, Herr …«

»Hofer. Leopold. Eigentlich Leopold Willibald Hofer. Leopold W. Hofer.«

»Wehofer?«

»Nein, Hofer. Das ›W‹ ist nur ein Zusatz, eine Initiale.«

Wusste der Inspektor, was eine Initiale ist? Jedenfalls begann er, etwas auf einem Block zu notieren und fauchte dabei:

»Also nur ›Hofer‹. Warum reden Sie denn von einem ›W‹, wenn es nicht wichtig ist?«

Leopold zuckte die Achseln. »Es hätte ja wichtig sein können«, sagte er. Er bemühte sich verzweifelt, den Grimm des Inspektors irgendwie abzulenken, war sich aber nicht sicher, ob ihm das gelingen würde.

»Weshalb sind Sie denn überhaupt in der Wohnung gewesen, Herr Hofer? Es wäre Ihre Pflicht gewesen, uns gleich zu verständigen.«

»Nun ja, um etwa Viertel nach zwölf ist Herr Berger völlig aufgelöst bei mir im Kaffeehaus aufgetaucht. Ich arbeite nämlich als Ober drüben im Café Heller, müssen Sie wissen. Er hat etwas von der Frau Niedermayer gefaselt und dass man sie erschlagen hat. Zum Teil hat er völ-

45

lig unzusammenhängend geredet. Hätte ich ihm da ohne Weiteres glauben sollen? Wie, wenn er sich alles nur eingebildet hätte? Hätte ich die Polizei etwa auf Verdacht holen sollen? Also, ich wollte mich schon überzeugen, dass das Zeug stimmt, das er da dahergeredet hat. Und da ich nicht zimperlich bin, habe ich Herrn Berger überredet, nochmals mit mir in die Wohnung zu gehen.«

»Unglaublich, was Sie sich da herausnehmen, Leopold«, feixte Berger kopfschüttelnd. »Ich habe Ihnen die Sachlage klar dargestellt und deutliche Instruktionen gegeben. Sie haben mich ja förmlich gezwungen, noch einmal dorthin zu gehen. Freiwillig wäre ich nie mitgekommen.«

»Hören Sie nicht auf den, Herr Inspektor«, sagte Leopold. »Der war nicht einmal fähig anzurufen und will mir deutliche Instruktionen gegeben haben.«

»Ihre Begründung reicht mir nicht, Herr Hofer«, meldete sich der Inspektor wieder zu Wort. »Ich unterstelle Ihnen auf jeden Fall einmal eine Behinderung der Arbeit der Polizei.«

»Ich habe nichts angefasst, und Handschuhe habe ich außerdem angehabt.«

»Seien Sie ruhig, Herr Hofer, jetzt rede ich! Tun Sie doch nicht so scheinheilig! Ihre Pflicht wäre es gewesen, die Polizei so rasch als möglich zu verständigen. Das haben Sie erwiesenermaßen nicht getan. Wir werden schon sehen, ob Sie nur aus Dilettantismus so viel Zeit vertrödelt haben, oder ob da mehr dahinter steckt. Da komme ich noch dahinter, verlassen Sie sich drauf!« Der Inspektor war jetzt wieder dabei, die Fassung zu verlieren. Als er kurz tief Luft holte, hörte er plötzlich ein schnarrendes »Grüß dich, Leopold!« hinter sich.

Auf leisen Sohlen, unauffällig, wie es seine Art war, war Oberinspektor Richard Juricek am Tatort erschienen, ein frühzeitig ergrauter Mittfünfziger mit Schnurrbart und auffallend dunkler Gesichtsfarbe. Seinen Kopf zierte ein dunkelbrauner Hut mit breiter Krempe, den er bei fast allen Gelegenheiten aufhatte, dazu trug er einen Schal und einen hellbraunen Kamelhaarmantel. Er kam für gewöhnlich immer ein wenig später zu einem Einsatz. Die grobe Arbeit überließ er erst einmal den anderen. Dann versuchte er, sich Schritt für Schritt einen ersten Eindruck zu verschaffen.

»Darf ich dir unsern Herrn Inspektor Bollek vorstellen, Leopold«, schnarrte er weiter. »Meine rechte Hand sozusagen. Er ist noch jung und ein bisserl streng, aber das hast du ja offenbar ohnehin gemerkt. Und darüber, dass wir erst gute eineinhalb Stunden, nachdem eine Leiche von euch entdeckt wurde, davon erfahren, wundern sich ehrlich gesagt alle.«

Leopold wollte etwas einwenden, aber Juricek wandte sich jetzt an seinen noch um eine Spur röter gewordenen Kollegen. »Sie müssen wissen, Herr Inspektor, der Leopold ist einmal mit mir in eine Klasse gegangen. Er ist nicht so schlampig, wie Sie vielleicht den Eindruck haben, und äußerst hilfsbereit. Wahrscheinlich ist er durch die äußeren Umstände ein wenig aufgehalten worden, nicht wahr, Leopold?« Dabei zwinkerte er Leopold kaum merkbar zu.

»So ist es«, bestätigte Leopold, »aber mir glaubt ja keiner. Servus Richard!«

»Solltest du also noch einmal in eine solche Situation kommen, beeile dich ein bisschen mehr, sonst verscherzt du es dir mit meinen jüngeren Kollegen. Und mach die Tür ordentlich zu, ich hab gehört, da hat es auch etwas gehabt. Ansonsten danke für deinen Anruf.« Bei diesen Worten zog er Leopold ein wenig zur Seite. Zum Inspektor sagte er:

»Kollege Bollek, machen Sie doch einmal ein Protokoll der Aussage unseres Zeugen, der die Leiche gefunden hat, des Herrn …«

»Berger«, meldete sich Berger wieder ins Geschehen zurück.

Missmutig setzte sich Bollek daraufhin mit Berger in die kleine Küche mit dem schmutzigen Geschirr. Franz Juricek aber hörte sich erst einmal in kurzen Worten an, was Leopold so alles aufgefallen war und was er über Susi Niedermayer grob zu sagen wusste. Er war ein guter Zuhörer und unterbrach selten. Erst, als Leopold geendet hatte, begann er mit seinen eigenen Überlegungen.

»Das mit dem Bild hat etwas für sich«, meinte er. »Warum streiten sie, und die Schwester nimmt es dann mit? Und was bedeutet es, dass die Niedermayer selber auf dem Foto mit drauf ist? Egal, wir müssen die Schwester ohnehin heute noch verständigen, und bei der Gelegenheit wird sie uns gleich nähere Auskünfte erteilen können. Es sieht ja ganz so aus, als ob sie die einzige oder zumindest nächste lebende Verwandte der Toten ist, oder?«

Leopold zuckte die Achseln. »Weiß ich nicht. Mann hat die Frau Susi jedenfalls in ihrem Leben noch keinen gehabt.«

»Ach so? Wie kommst du denn zu der kühnen Behauptung?«

»Menschenkenntnis, Richard, Gefühl. Na, und geraucht hat sie ja auch nicht. Der Mörder muss also Raucher gewesen sein.«

»Vielleicht. Aber wenn nun die Schwester Raucherin ist und schon am Nachmittag geraucht hat? Und selbst, wenn es der Täter war, der sich hier noch vorher eine angezündet hat: Erstens, Raucher gibt es viele. Und zweitens, wo ist der Beweis? Keine Kippe, keine Asche, kein Aschenbecher. Wenn unsere Leute nicht noch irgendetwas finden, bringt uns das überhaupt nicht weiter. Wie du selbst bemerkt hast, scheint der Täter sehr gründlich gewesen zu sein. Wir müssen froh sein, wenn wir überhaupt irgendwelche Spuren sicherstellen können, die uns weiterhelfen. Nein, nein«, und dabei schüttelte Juricek bedächtig den Kopf, »es wird wohl das Beste sein, einmal diesen mysteriösen Fremden zu suchen, der unser Opfer mitten in der Nacht aus der Wohnung geläutet hat. Entweder er war es, oder er weiß vielleicht etwas.«

»Der war doch stockbetrunken«, entgegnete Leopold.

»Eben, da hat man viel aufgestaute Aggressionen und schlägt oft grundlos zu.«

»Aber man verwischt seine Spuren nicht so eiskalt und haut still und heimlich ab.«

»Solche Menschen sind nach begangener Tat oft schnell wieder stocknüchtern. Außerdem wissen wir noch viel zu wenig. War es ein Totschlag, ein Raubmord, ein Sexualmord? Ein von langer Hand geplanter Mord? Was war die Tatwaffe? Fehlt in der Wohnung noch etwas außer dem Bild? Ich werde mir einmal diese Ivanschitz vorknöpfen, die scheint ja eine recht gute Quelle zu sein.«

»Aber in gewisser Weise verdächtig ist sie auch.«

»Das werden wir schon sehen. Jedenfalls möchte ich mit ihr reden. Dann warte ich darauf, was mir die Leute von der Spurensicherung sagen und was bei der Autopsie herauskommt. Um die Schwester kümmern wir uns auch. Und du, lieber Leopold, hörst dich ein bisschen um. Die Tote war doch Stammgast in eurem Kaffeehaus, vielleicht erzählt dir jemand was. Und vergiss nicht unseren Trunkenbold mit der Lederjacke. Könnte sein, dass er jemandem zur fraglichen Zeit aufgefallen ist, irgendwo muss er sich ja besoffen haben. Vielleicht war er sogar bei euch. Du kannst dich nicht etwa an ihn erinnern?«

Leopold schüttelte den Kopf.

»Na, die Beschreibung ist ja auch nicht übertrieben genau«, sagte Juricek. »Aber könnte sein, dass dir der Typ schon einmal untergekommen ist. Solche Leute frequentieren in der Regel nicht nur ein, zwei Lokale. Denk einmal nach.«

»Und was ist mit dem Klub ›Fernweh‹?«

»Du meinst, das ist wichtig?« Juricek spielte kurz den Naiven.

»Aber sicher! Dort hat sie ja einen großen Teil ihrer Abende verbracht. Wenn sie irgendwelche Bekannten hatte, die wir nicht kennen, dann nur von dort.«

»Ist mir schon klar, Leopold, aber schau! Es wäre nicht gescheit, wenn wir gleich dort auftauchen und viel Aufsehen erregen. Wer geht denn in so einen Klub? Viele harmlose, alte Menschen, die wir nur beunruhigen würden und die der Polizei gegenüber vielleicht gar nicht so gesprächig sind. Ich möchte da noch ein bisschen warten. Ich glaube, es wäre besser, wenn sich dort erst einmal jemand umschaut, der nicht gleich seine Dienstmarke aus der Tasche zieht. Und da habe ich an dich gedacht, Leopold. Du würdest überhaupt keinen Verdacht erregen.«

»Ich?« Leopold schüttelte widerwillig den Kopf. »Ich, natürlich. Weil es überhaupt nicht auffällt, wenn dort plötzlich ein Ober von der Konkurrenz auftaucht.«

Die Abende des Klubs ›Fernweh‹ fanden im Gasthaus Beinsteiner in unmittelbarer Nähe des Franz-Jonas-Platzes und des Café Heller statt. Seit jeher war das Verhältnis zwischen den beiden Lokalen gespannt. Das ›Beinsteiner‹ (›Zum gemütlichen Floridsdorfer‹) hatte einen großen Saal, der nicht nur vom Klub ›Fernweh‹ genutzt wurde, sondern der auch Hochzeitstafeln, Geburtstags- und Betriebsfeiern magisch anzog. Es hatte einen gut gehenden Sparverein. Es organisierte Veranstaltungsabende. Es war aufgrund seiner guten, bodenständigen Küche auch über die Bezirksgrenzen hinaus bekannt. Auf das ›Heller‹ sah es, wenn man der Floridsdorfer Gerüchteküche glauben konnte, mitleidig herab. Am schlimmsten aber war, dass das Gasthaus Beinsteiner dem Café Heller in den letzten Jahren zwei Tarockrunden und auch sonst einige Stammgäste abgeworben hatte. Das konnte und wollte Leopold nicht vergessen. Er wollte mit dem ›Gemütlichen Floridsdorfer‹ nichts zu tun haben.

Juricek versuchte, auf seinen Freund beruhigend einzuwirken. »Aber, aber«, sagte er. »Du holst dir ja nur einen Gusto auf ein Reiseziel für deinen nächsten Urlaub. Dass sie eventuell glauben, du spionierst für die Konkurrenz, stört ja nicht. Sag, hast du nicht vorhin behauptet, dass heute wieder Klubabend ist? Und wenn du jetzt nicht im Dienst bist, hast du doch heute Abend frei, oder?«

Leopold gab sich geschlagen. »Also meinetwegen, geh ich halt hin.«

»So ist's brav, Leopold. Und morgen Abend komme ich dich im Kaffeehaus besuchen, und wir plaudern ein bisschen. Da hab ich dann vielleicht auch Neuigkeiten für dich.«

Leopold nickte nur noch einmal als Zeichen der Unterwerfung.

»So, jetzt tu mir bitte noch den Gefallen und gib das Wichtigste beim Herrn Inspektor Bollek zu Protokoll«, sagte Juricek. »Ansonsten bis morgen – und keine weiteren Eigenmächtigkeiten, bitte. Du verheimlichst mir doch nichts, Leopold?«

»Aber Richard, du kennst mich doch!«

»Na, eben darum frage ich dich ja!«

Leopold versuchte, ein entwaffnendes Lächeln aufzusetzen. »Nein, nein! Also bis morgen«, sagte er dann.

Wie um sicher zu gehen, griff Leopold kurz in seine Sakkotasche, als er auf Inspektor Bollek zusteuerte. Es war noch alles da, der Brief und der Zettel mit der Telefonnummer.

* * *

Der kleine, an der Alten Donau gelegene Park war um diese Jahreszeit ein Hort der Ruhe und des Friedens. Nur wenige Menschen setzten sich auf eine Bank in die Sonne, spazierten am Wasser entlang oder fütterten die zahlreichen Enten und Schwäne. Viele dieser wenigen waren einsam und wollten nicht den ganzen Tag allein zu Hause sein. Wenn es auch schon langsam kalt wurde, in der Abgeschiedenheit des eigenen Herzens war es zumeist noch kälter.

Die Bahn der Sonne wurde langsam flacher, und die Weidenbäume warfen immer längere Schatten. Dabei war es erst früher Nachmittag. Der Winter kam näher, langsam, aber unerbittlich.

Auf einem der Gehwege sah man Isabella und Erich spazieren. Sie waren gerade von der Schule hierher gekommen. Die Dinge mussten besprochen werden, in Ruhe und ohne Zuhörer.

Isabella fröstelte leicht. Als Erich sie um den Hals fasste und ein wenig an sich drückte, ließ sie es zuerst geschehen, riss sich aber dann mit einem Mal wieder los.

»Was hast du denn?«, fragte Erich.

»Nichts«, kam die spröde Antwort.

»Du bist aber schon die ganze Zeit so widerspenstig.«

»Ja und? Wer quält mich denn andauernd mit seinen Fragen? Wer macht mir denn ständig Vorwürfe? Du! Oder?«

52

Sie ging jetzt zwei Schritte neben ihm und bemühte sich, diesen Abstand einzuhalten. »Ich verstehe nur nicht, warum du der ganzen Welt erzählst, dass wir ein Kind haben werden«, sagte Erich.

»Meinem Klassenvorstand habe ich es wohl mitteilen müssen«, feixte Isabella. Sie steckte ihre Hände in die Manteltaschen.

»Ja, von mir aus, aber du hättest ihm doch nicht zu sagen brauchen, von wem es ist. Und dann kriegst du dein Mitteilungsbedürfnis auch noch in dem Moment, wo die Gabi dabei ist. Sie hat mir in der Pause schon gratuliert. Die kann doch auf Dauer nicht ihren Mund halten, und dann weiß es die ganze Welt.«

»Sie wird ihn halten, verlass dich drauf.«

»Und wie willst du das erreichen?«

»Mensch, Erich, sei doch nicht so misstrauisch! Die Gabi ist nicht so eine Tratschtante, wie du immer glaubst. Und dann denk doch einmal logisch nach. Wenn sie oder unser verehrter Herr Klassenvorstand es an der nötigen Diskretion fehlen lassen, müssen wir leider über die beiden auch etwas erzählen. Ich bin nicht blind und schon gar nicht dumm.«

»Na ja, mit so schweren Geschützen müssen wir auch nicht auffahren. Der Korber ist im Grunde nicht so übel, und wenn wir jetzt vor der Matura einen Wirbel machen …«

»Ich meine ja nur. Du brauchst keine Angst zu haben, die werden nicht reden. Die sind froh, wenn über sie nicht geredet wird.«

Isabella ging jetzt ein wenig schneller, und Erich hatte Mühe, mit ihr Schritt zu halten, obwohl er um einiges größer als sie war und längere Beine hatte. Er lief ihr nach, ohne sie ganz zu erreichen. Und tat er das nicht, sinnbildlich gesprochen, die ganze Zeit? Ungelenk bemühte er sich um sie, doch immer dann, wenn er glaubte, sie zu fassen zu bekommen, entwand sie sich ihm mühelos, war vor ihm, neben ihm oder überhaupt außerhalb seines Gesichtsfeldes. »So warte doch«, rief er. »Ich weiß, ich bin nervös, aber das alles kommt so unerwartet und plötzlich gerade jetzt ...«

»Also du bist nervös. Was soll denn da ich sagen?«

»Aber verstehe doch ...«

»Gar nichts verstehe ich. Seit über einem Jahr, seit du in unserer Klasse bist, bist du hinter mir her. Und dann entwickle ich endlich Sympathien für dich, verliebe mich irgendwie in diesen liebenswürdigen, großen, unerfahrenen Jungen, gehe eines Abends sogar mit dir ins Bett, weil du mich in der Wohnung deiner Eltern verführst, lasse mich überreden, es ohne Gummi zu machen – und kriege dafür nichts als Vorwürfe. Wer bekommt denn das Kind? Und wer fällt wahrscheinlich um seinen Maturatermin um?«

Hier traf sie Erich an seinem schwachen Punkt. Er wollte sie nicht verletzen. Er stand ja zu dem Kind, hatte das Wort Abtreibung nie erwähnt, als er merkte, dass Isabella das Kind bekommen wollte. Aber so, wie er zuerst seinen Gefühlen hilflos ausgeliefert gewesen war, sah er sich jetzt mit einer Situation konfrontiert, die ihn einfach überforderte.

Immerhin hatte er den Mut gefunden, seinen Eltern alles zu beichten. Ganz im Gegensatz zu seinen Befürchtungen war er dabei vor allem bei seinem Vater sofort auf Verständnis gestoßen. Ferdinand Nowotny, ein aufbrausender und cholerischer Mensch, der zu Wutausbrüchen neigte, war um die Zukunft seines Sohnes besorgt. Erich hatte schon im Vorjahr eine Klasse wiederholen müssen. Dabei sollte er studieren und später einmal die Baufirma des Vaters über-

54

nehmen. Es hatte also kaum Hoffnung bestanden, dass sich eine größere Auseinandersetzung zwischen Vater und Sohn vermeiden lassen würde. Aber Ferdinand Nowotny hatte Verständnis gezeigt, seine Frau und seinen Sohn beruhigt und im Übrigen angeboten zu helfen, wo er nur konnte.

Darauf konnte Erich aufbauen, aber da war trotzdem ständig diese schreckliche Ungewissheit. Wie sollte er sich nur Isabella gegenüber verhalten? Wie konnte er sich Zutritt zu der Seele dieses launischen Mädchens verschaffen, von dem er sich eingestehen musste, dass er es ja doch kaum kannte?

»Ich weiß, aber darüber haben wir ja geredet«, sagte er. »Und der Korber hat dir auch schon erklärt, wie du die Sache anstellen musst. Und … das Kind macht mir nichts aus, wirklich nicht.« Dabei blinzelte er ihr mit seinen großen blauen, treuherzigen Augen zu. Es war eines der wenigen Mittel, von denen er bereits herausgefunden hatte, dass sie bei Isabella wirkten.

»Darf es auch nicht«, sagte Isabella, nun sich wieder langsamer vorwärts bewegend und zutraulicher.

»Wir können bald zusammenziehen, wenn wir wollen … Ich meine, mein Vater hat gesagt, es ist kein Problem, eine Wohnung für uns zu finden.«

»Und du meinst, ich will?«

»Sicher willst du. Wenn das Kind kommt, sind wir dann schon fast eine kleine Familie. Und wenn wir uns dann noch immer vertragen, können wir sogar heiraten.«

»Und wenn wir uns nicht vertragen?« Schon war die abwehrende Haltung in Isabella wieder da. »Erich, lass mir doch bitte ein bisschen Zeit und erdrücke mich nicht mit deiner Zuneigung. Hab Vertrauen zu mir und laufe mir nicht ständig nach. Ich finde es ja lieb, dass du dich um alles kümmerst und dein Vater uns die Möglichkeit bietet, vorläufig zusammenzuleben. Aber wenn wir das jetzt auch wahrscheinlich tun, weiß ich nicht, ob ich ein Leben lang bei dir bleiben möchte. Ich kann es mir zumindest im Augenblick nicht vorstellen. Ich bin erst 18 und du bist 19, das darfst du nicht vergessen. Wir bekommen ein Kind miteinander und ich mag dich, aber ich bin nicht so verliebt in dich wie du in mich.« Sie blieb jetzt kurz stehen und blickte ihm bei diesen Worten das erste Mal fest in die Augen.

»Was soll ich tun? Was kann ich machen, damit du mich liebst?«, fragte Erich.

»Nichts. Lass doch einfach die Dinge auf dich zukommen. Aber das ist ja etwas, was du überhaupt nicht aushältst. Ich fürchte, du wirst nie aufhören, mich mit deinen Gefühlen zu verfolgen.«

Eine kurze Zeit gingen sie schweigend nebeneinander her. Erich wusste nicht, was er sagen sollte. Er war sich sicher, dass er Isabella kurze Zeit für sich haben und dann verlieren würde, irgendwann an irgendwen. Würde er es rechtzeitig bemerken? Würde er es verkraften?

Er konnte natürlich aus dieser ungewissen und vorbelasteten Beziehung auch gleich aussteigen und sich einigen Kummer ersparen. Es bedurfte dazu nur eines Satzes, aber er wagte nicht, ihn zu sagen. Sein Vater würde es als Misserfolg auslegen wie schon so viele andere Dinge zuvor in Erichs Leben. Er selbst würde sich eine Niederlage einzugestehen haben, die er so kurz nach seinem scheinbaren Triumph nicht wahrhaben wollte. Und Isabella und das Kind würde er auf immer verlieren, das wäre das Schlimmste, auch wenn es vielleicht besser so wäre.

Erich verscheuchte diese letzten Gedanken aus seinem Kopf. »Was sagen denn deine Eltern?«, fragte er dann.

»Sie wissen noch nichts, aber sie werden es schon früh genug erfahren. Ich bezweifle allerdings, dass es sie interessiert. Es wird unser Verhältnis nicht retten. Ich bin froh, wenn ich von zu Hause wegkomme.«

Das war es, was er hören wollte. Jetzt war sie wieder seine kleine, arme Isabella, die sich mit ihren Eltern überworfen hatte, die ein neues Zuhause suchte und seinen Schutz brauchte. Jetzt konnte er wieder seinen Traum träumen und die kalte Wirklichkeit vergessen.

Sie fröstelte, und er legte seine Hand um ihre Schulter. Er küsste sie sachte auf die Wange. Sie ließ es geschehen.

»Was auch immer geschieht, ich liebe dich«, sagte er.

Sie gingen auf die sich rasch senkende Sonne zu, die ein paar letzte, goldene Strahlen in den Park schickte. Das Bild glich dem eines Happyends im Film. Aber Isabella seufzte kaum hörbar, und ihr war gar nicht wohl in ihrer Haut.

5

Das Heurigenlokal ›Fuhrmann‹ lag nicht direkt am, aber auf unmittelbarem Weg zum Stadtrand. Es befand sich unweit der Hauptstraße in einem kleinen Gässchen, das seinen eigenen Mikrokosmos bewahrt hatte und standhaft der Zeit trotzte. Die niedrigen, teils ebenerdigen Häuser standen dicht aneinandergereiht und strahlten eine steinerne Ruhe aus. Hier geschah nicht viel, außer dass von Zeit zu Zeit die Buschen, diese nach außen sichtbaren Zeichen, welcher Heurige gerade geöffnet hatte, ein Häuschen weiterzogen. Dem Fremden mochte nur die scheinbare Eintönigkeit der Szenerie auffallen. Der Einheimische aber schritt zielbewusst auf jene Türen und Tore zu, die ihn hinter diese Fassade führten und Eintritt zu einem kleinen Glück auf Erden gewährten: zu einem guten Glas Wein und einer anständigen Jause allemal, mit ein wenig Glück auch zu einer guten Unterhaltung, einer Hetz, wie der Wiener zu sagen pflegt. Schon ab der Mittagszeit füllten sich im Sommer die kleinen Gärten und jetzt, in der kalten Jahreszeit, die Schankstuben.

Zu den regelmäßigen Gästen zählte auch Thomas Korber. Er kam öfter hierher, wenngleich nicht ganz so oft wie früher. Er saß dann, so wie jetzt nach der Schule, an einem der groben, langen Heurigentische und trank erst einen Spritzer* und nachher ein Viertel Wein. Vor sich hatte er meist einen Stoß Schulhefte liegen, die er gewissenhaft durchsah und auf Fehler prüfte, im Mund die unvermeidliche Zigarette. Zwischendurch nahm er eine kleine Jause zu sich, ein Fleischlaibchen mit Kartoffelsalat oder ein Stück Surbraten*.

Er saß, so wie beinahe immer in letzter Zeit, alleine. Er unterhielt sich lieber im Kaffeehaus. Dort fand er mehr Ansprechpartner, mit denen er diskutieren oder auf etwas höherem Niveau Schmäh führen konnte. Hier waren die Leute nett, einfach, aber auch festgefahren in ihren Meinungen und zeitweise von einer seltenen Vulgarität. Das machte ihm zu schaffen. Korber sah sich immer wieder in eine Außenseiterrolle gedrängt, wenn das Gespräch auf die Politik oder gar auf seinen Beruf als Lehrer kam. Er konnte sich mit der sogenannten Volksmeinung, den hier und in vielen anderen kleinen Gaststätten vorherrschenden Ansichten, nur schwer anfreunden. Die Diskussionen wurden allzu oft zu lauten Wortgefechten und endeten im Streit. Und über die teilweise obszönen und brutalen Witze

---

* Wein mit Soda.
* In eine Sur zum Haltbarmachen eingelegtes Fleisch; Pökelfleisch.

konnte er nicht lachen. Diese Art von ›Hetz‹ konnte ihm gestohlen bleiben. So hielt er lieber Distanz.

Was würden sich diese Leute wohl denken, wenn sie wüssten, dass sich Korber um Gabi bemühte, ein Mädchen, das um einiges jünger als er war und noch dazu als Schülerin in einem Abhängigkeitsverhältnis zu ihm stand? Er wollte sich das gar nicht näher ausmalen. Dabei prahlten dieselben Leute oft mit ihrer Potenz und damit, wie sie ihre Ehefrauen oder Lebensgefährtinnen betrogen. ›Durch die Gegend bumsen‹, nannten sie es. Das fanden sie in Ordnung, das wurde hier allgemein anerkannt. Aber andere Dinge, die er persönlich für viel entschuldbarer hielt …

»Prost, Herr Lehrer«, grüßte Eduard Stricker, genannt der Stricker Edi, vom Nebentisch herüber. »Na, immer fleißig bei der Arbeit?«

Korber grüßte mit einem Lächeln zurück. Der Edi spielte gerade mit zwei anderen Stammgästen einen Schnapser*. Korber wusste, dass jederzeit ein vierter Mann mitspielen konnte. Aber er hoffte, nicht darauf angesprochen zu werden. »Man muss schauen, dass man das Angenehme mit dem Nützlichen verbinden kann«, erwiderte er.

»Recht haben Sie«, sagte Stricker. »Wir tun das ja auch. Das Kartenspielen ist dabei das Nützliche, und das Angenehme ist, dass wir ein paar Stunden von unseren Frauen weg sind.« Dabei lachte er donnernd und steckte seine beiden Spielgefährten damit an.

Das waren genau die Witze, denen Korber argwöhnisch gegenüberstand. ›Jetzt lachen sie und tun auf gemeinschaftlich‹, dachte er. ›Aber kaum bin ich nicht dabei, werden sie

---

* Eine Partie Sechsundsechzig. Sie wird in Wien oft zu dritt oder viert gespielt, wobei der (die) jeweils aussetzende(n) Spieler immer so viele Punkte schreibt wie der Gewinner des Duells der eigentlichen Spieler. Man kann also nicht unbeträchtlich vom Spielglück seiner Nebenleute profitieren.

bereden, dass ich die Schulhefte neben einem Glas Wein korrigiere.‹

Korber wusste, dass er sich zusammennehmen musste. Er wollte heute Abend noch mit Gabi fortgehen. Da war jedes weitere Glas ein Glas zuviel. Er musste sich eingestehen, dass er jetzt mehr trank als früher, regelmäßiger zumindest. Warum? Er hatte noch keine zufriedenstellende Antwort darauf gefunden. War es vielleicht doch die Tatsache, dass er in Gabi verknallt war und mit dieser Situation nicht fertig wurde?

Insgeheim verwünschte er das Interesse, das er bei Gabi hervorgerufen hatte und das ihn zu immer weiteren Schritten verleitet und ermutigt hatte. Jetzt war er an einem Punkt angelangt, an dem er nicht mehr ganz weiter wusste. Wenn es dumm lief, war sein Beruf, war seine ganze Existenz in Gefahr. Aber zurück konnte er auch nicht mehr, das fühlte er in seinem Inneren. Er wollte sich seine Gefühle nicht verbieten.

Er hatte darum beschlossen, den Faktor Zeit spielen zu lassen. Nicht ganz ein halbes Jahr dauerte es noch, dann war die Reifeprüfung vorbei und Gabi eine frischgebackene Maturantin. Korber zweifelte keinen Augenblick daran, dass sie die Prüfung bestehen würde. Sie war eine gute Schülerin. Und wenn alles vorüber war, durfte man sich auch zusammen zeigen und als Pärchen auftreten. In der Zwischenzeit mussten beide vorsichtiger und geduldiger sein.

»Psst, Herr Lehrer«, meldete sich der Stricker Edi erneut vom Nebentisch und unterbrach seine Gedanken. »Hätten Sie vielleicht am nächsten Dienstagnachmittag Zeit? Der Franz fällt uns aus, und zu zweit ist es ja fad. Würde uns eine große Freude bereiten, wenn Sie mitspielen täten.«

»Ich kann noch nichts Verbindliches sagen«, äußerte sich Korber vorsichtig.

»Na, dann überlegen Sie es sich, wir sehen uns ohnedies noch«, sagte Stricker. »Aber schön wäre es schon, wenn wir wieder einmal miteinander spielen würden.«

›Ja, ja, jetzt auf einmal‹, dachte Korber, ›jetzt tut ihr auf schön, weil ihr einen Ersatzmann braucht.‹ Er wollte sich nicht gleich auf eine Zusage festlegen lassen.

Im selben Augenblick öffnete sich die Tür, und Leopold trat herein. Ein besserer Augenblick dafür hätte sich kaum ergeben können. Korbers Laune stieg sprunghaft an. »Hallo, Leopold, was machst denn du da?«, rief er jovial nach vorne.

»Wenn du wüsstest, Thomas«, kam es zurück. »Nichts als Scherereien hat man!« Leopold wirkte immer noch ein wenig aufgelöst von den mittäglichen Ereignissen.

»Aber das gibt es doch nicht«, sagte Thomas. »Haben dich die Leute etwa am Vormittag so gequält?«

Leopold machte nur eine wegwerfende Handbewegung. Dann setzte er sich zu Thomas, schaute sich kurz im Lokal um und sagte mit leiser Stimme:

»Die Niedermayer Susi ist erschlagen worden, du weißt doch, die ›süße Susi‹, unsere etwas überwutzelte *(nicht mehr ganz taufrische)* Schlagobers- und Tortentante. Und ausgerechnet zu mir muss der Herr Berger kommen – das ist ihr Kostgeher, der die Leiche gefunden hat. Ausgerechnet mich hat er in seiner Hilflosigkeit heimgesucht.«

Korber bestellte noch einen weißen Spritzer, und Leopold gab ihm gesterreich zu verstehen, dass er sich auf diesen Schrecken ein Viertel Riesling verdient habe. Kaum stand die heiß ersehnte Labung auf dem Tisch, sah sich Leopold noch einmal nach allen Seiten um und begann dann, seinem Freund die Ereignisse halblaut, aber in aller Ausführlichkeit zu erzählen. Als er geendet hatte, machten beide einen großen Schluck aus ihren Gläsern.

»Und weiter?«, fragte Korber dann erwartungsvoll. Er wusste, dass Leopold dieser Mord wohl nicht kalt lassen würde. Seine geheime Passion war ihm bekannt.

»Ich weiß noch nicht«, sagte Leopold. »Der Richard meint, dass ich ihm helfen kann. Und außerdem bin ich mir nicht sicher, ob nicht ein guter Bekannter von uns beiden bald bis zum Hals in diese Sache verstrickt ist. Also, sie interessiert mich in jedem Fall, wie du dir denken kannst. Aber pass auf, fast hätte ich es vergessen, da habe ich ja noch etwas!«

Etwas umständlich kramte Leopold jetzt den kleinen Zettel mit der Telefonnummer, den er in Frau Susis Mantel gefunden hatte, hervor.

»Ich hab bei der Frau Susi eine Telefonnummer entdeckt, die sie sich frisch aufgeschrieben hat. Bevor ich hierher gekommen bin, hab ich dort angerufen. Es ist die Nummer von dem kleinen Reisebüro am Spitz[*]. Ich habe nachgefragt, ob eine Frau Niedermayer in letzter Zeit dort gewesen ist. Zuerst hat die Angestellte dort mit dem Namen nicht viel anzufangen gewusst, aber als ich ihr unsere Susi ein wenig näher beschrieben habe, hat sie sich erinnern können.« Leopold machte eine kurze Pause, aber wenn er so etwas wie gespannte Erwartung in den Augen seines Freundes erwartet hatte, wurde er enttäuscht.

»Jetzt kommt's«, fuhr er dennoch unentwegt fort. »Ist das nicht die, die sich nach einem Arrangement für zwei Personen nach den Vereinigten Staaten erkundigt hat? ›Sind Sie etwa der Begleiter?‹, fragt mich die Dame auf einmal. ›Ja, ja‹, habe ich gemurmelt, und dann hat sie nur noch gesagt, dass noch nichts gebucht ist, die Susi aber jede Menge Unterlagen mit nach Hause genommen hat. Na, ist das nichts?«

---

[*] Im Zentrum Floridsdorfs befindet sich das Floridsdorfer Amtshaus, in dem und um das herum Geschäftslokale untergebracht sind. Vom Amtshaus weg teilt sich die Floridsdorfer Hauptstraße in die zwei größten Ausfallstraßen des Bezirkes, die Brünner Straße und die Prager Straße. Die dadurch entstehende Gabelung wurde ›Am Spitz‹ genannt.

»Wie man's nimmt«, sagte Korber, noch immer ein wenig gelangweilt. Leopold hatte eine Schwäche: Er konnte nicht spannend erzählen. Man kam, im Gegensatz zu seinen oft undurchsichtigen Handlungen, schnell darauf, wo er hinwollte.

»Ja, aber das heißt doch, dass die Susi in nächster Zeit nach Amerika wollte!«

»Das ist, wenn man deinen Erzählungen glaubt, nichts Neues. Anscheinend wollte sie immer nach Amerika.«

»Aber noch nie so konkret, mit Reisebürounterlagen und so. Außerdem hätte da noch jemand mitfahren sollen. Das macht die Sache erst recht spannend.«

»Vielleicht sogar ein Mann«, spöttelte Thomas und sagte dann ganz in Leopolds Tonfall:

»Die hat in ihrem Leben noch nie was mit einem Mann gehabt.«

»Ja, vielleicht sogar ein Mann, warum nicht? Die müssen ja nichts miteinander gehabt haben, außer vielleicht einer gemeinsamen Liebe zu Amerika. Und du weißt ja, dass die Niedermayer immer in diesen Klub gegangen ist …«

»›Fernweh‹, oder so?«

»Genau, ›Fernweh‹! Keinen Abend hat sie ausgelassen. Dabei könnte sich ja leicht eine Bekanntschaft ergeben haben.«

»Aber dort verkehren doch hauptsächlich Pensionisten, die nicht sehr begütert sind. Und selber hatte sie sicher auch nicht gerade viel. Mit wem hätte sie da fahren sollen?«

»Das weiß ich jetzt auch noch nicht«, sagte Leopold. Einige Augenblicke lang schwiegen beide Männer und nahmen einen Schluck vom Wein. Dann fragte Leopold:

»Thomas, sag einmal, bist du ein echter Freund?«

»Wie meinst du das?«

»Ich meine, würdest du etwas für mich tun?«

»Kommt ganz darauf an, was es ist«, erwiderte Thomas vorsichtig. Er kannte Leopold gut und wusste, dass es jetzt gefährlich wurde.

»Ich möchte gerne, dass du heute Abend zum Beinsteiner, in den ›Gemütlichen Floridsdorfer‹ gehst. Es findet eine Sitzung des Klubs ›Fernweh‹ statt. Der Richard – Oberinspektor Juricek – hat gemeint, wir sollen einmal nachsehen, ob sich eventuelle Verbindungen zum Tod der Niedermayer herstellen lassen. Er möchte nicht gleich dort hineinplatzen und das Feld zuerst einmal von jemand Unverdächtigem sondieren lassen. Ich kann aber auch nicht gehen, ich bin beim Beinsteiner bekannt wie ein bunter Hund. Ich habe meine Feindschaft offen deklariert, wieso sollte ich also plötzlich wieder Interesse an dem Lokal finden? Das wäre verdächtig. Aber du kannst dich doch unauffällig in die Runde setzen, oder?«

»Leopold, du spinnst wohl! Ich kann unmöglich dort hingehen.«

»Und warum nicht, wenn ich fragen darf?«

»Glaubst du denn, es ist nicht verdächtig, wenn ich dort auftauche? Da sitzen doch nur Leute zwischen Tod und Verwesung herum. Und du meinst, es ist völlig normal, wenn sich auf einmal ein halbwegs junger Lehrer unter die Pensionisten mischt?«

»Die Ausrede gilt nicht. Dir wird schon was einfallen. Und du bist immer noch unverdächtiger als ich.«

»Ich mache jedenfalls nicht mit. Du hast angefangen, dich da einzumischen, nicht ich. Wenn du etwas mit deinem Freund ausgemacht hast, bitte – musst du die Suppe eben selbst auslöffeln.« Korber war richtig hitzig geworden und trank jetzt schneller.

»Schad«, sagte Leopold. »Wirklich schade! Aber unter Freunden könntest du wenigstens ehrlich sein. Du hast dir doch für heute nichts ausgemacht mit dem Mädel?«

Korber gab es in seinem Inneren kurz einen Riss. »Mit welchem Mädel?«, fragte er möglichst unschuldig.

Leopold grinste nur. Es sah richtig boshaft aus. »Thomas, ich hab euch vor Kurzem in der Früh gesehen, dich und die Gabi. Du hast sie regelrecht abgeknutscht, und einen besonders idealen Platz dafür habt ihr euch auch nicht ausgesucht. Da gehe nicht nur ich vorbei, sondern auch Lehrer, Eltern und vor allem Schüler. Sag, was denkst du dir eigentlich dabei?«

»Das lass bitte einmal meine Sorge sein!«

»Nein, lasse ich nicht, Thomas, denn ich mache mir Sorgen. Sorgen um dich, um deine Existenz, verstehst du? Wach doch endlich auf! Für das Mädchen bist du vielleicht ein Abenteuer, aber mehr nicht. Die lässt dich von heute auf morgen stehen, wenn es ihr passt. Denk gefälligst an dich und nicht nur an ihre schönen Brüste. Sag, hast du überhaupt schon einmal mit ihr …?«

»Das geht dich nichts an!«, fauchte Thomas.

»Also nein! Das hätte ich mir doch gleich denken können, dass wir wieder einmal unsterblich in ein Traumbild verliebt sind, Herr Professor«, sagte Leopold mit Genugtuung. »Wir warten, dass etwas kommt, aber es kommt nicht, kommt nicht.«

»Jetzt ist es aber genug!« Korber war gerade dabei, richtig wild zu werden. Da kam der Stricker Edi herüber und stellte ein volles Weinglas vor ihn hin. Erst jetzt merkte Korber, dass es am Nebentisch auffallend ruhig geworden war. Die Karten waren auf einen Stoß zusammengelegt, und die Schnapser sprachen nur mehr still dem Wein und nicht mehr ihrem Spiel zu. Es würde schon an ein Wunder grenzen, wenn sie noch nichts von der Unterhaltung zwischen Leopold und ihm mitbekommen hatten. Thomas Korber war erregt, leicht beschwipst und ziemlich durcheinander. Sein Gesicht lief rot an.

»Entschuldigen Sie, wenn ich Sie unterbreche, meine Herren«, sagte der Stricker Edi. »Das Viertel da ist für Sie, Herr Lehrer, aber nur, wenn Sie mir versprechen, dass Sie nächsten Dienstag auch wirklich kommen.« Dabei lächelte er, wie es Korber schien, ein wenig unverschämt, und zwinkerte ihm zu.

»Danke, aber …«, stotterte Korber.

»Keine Widerrede, Sie kommen«, sagte Stricker. »Ich kann mich also darauf verlassen?«

Korber nickte stumm, während sich Stricker und seine Schnapserpartner verabschiedeten und das Lokal verließen. Er ahnte, dass dieser Tag nicht mehr viel Positives für ihn bringen würde.

»Bestechlich bist du also«, schmunzelte Leopold. »Du, ich mache dir einen Vorschlag. Ich zahle dir auch noch ein Viertel und du gehst zum Beinsteiner.«

»Lass bitte jetzt deine dummen Scherze, Leopold, ich muss überlegen«, fauchte Korber. Dann dachte er kurz nach. Um einen schönen Abend mit Gabi zu verbringen, hatte er, so stand zu befürchten, schon etwas zu viel Wein konsumiert. Vielleicht machte es wirklich mehr Sinn, sich ein, zwei Stunden aufs Ohr zu legen, sich dann beim Beinsteiner mit einem guten Essen und ein paar Gläsern über die missliche Situation hinwegzutrösten und nebenbei dem Leopold zuliebe noch ein bisschen Detektiv zu spielen. Gabi würde zwar über seine Absage nicht erfreut sein, aber er konnte sich immer noch mit der Schule ausreden.

»Also schön«, überwand er sich, »gehe ich halt in den Seniorenklub. Aber nur das eine Mal, und nur deinetwegen.

Und nur unter der Bedingung, dass du in Zukunft mein Privatleben ein wenig ernster nimmst.«

»Danke«, lächelte Leopold. »Und wie sehr mir dein Privatleben am Herzen liegt, darauf wirst du hoffentlich auch noch einmal kommen.«

»Keine Sentimentalitäten jetzt. Wann soll ich dort sein?«

»Soviel ich weiß, fangen die Klubabende immer um halb acht an.« Beide machten einen großen Schluck aus ihren Gläsern, dann fuhr Leopold fort:

»Schau, dass du rechtzeitig da bist. Wir beide sehen uns dann morgen Abend im Kaffeehaus, da erzählst du mir etwas und ich dir etwas.«

»Und was erzählst du mir?«, fragte Thomas erstaunt.

»Ich fahre morgen zur Gertrud Niedermayer nach Groß-Enzersdorf. Ich muss ihr ja den Brief vorbeibringen, den ich bei ihrer Schwester gefunden habe. Und außerdem hab ich die Frau Gertrud schon so lange nicht gesehen, ich freue mich richtig auf ein Plauscherl. Meinst du nicht, dass ich dann auch etwas Interessantes zu berichten habe?«

Nachdem sie ausgetrunken und vereinbart hatten, einander spätabends eventuell doch noch anzurufen, verließen beide Männer ohne Hast das Heurigenlokal. Leopold war in Gedanken schon ganz bei seinem Gespräch mit Frau Gertrud. Am liebsten wäre er noch am selben Tag zu ihr gefahren, aber es war nur allzu wahrscheinlich, dass er in diesem Fall mit der Polizei zusammentraf, womöglich gar mit diesem rothaarigen, unsympathischen Inspektor. Nein, nein, es war besser, er verbrachte einen gemütlichen Abend zu Hause und versuchte nur, sich für morgen telefonisch bei der Dame anzukündigen.

67

Noch eine andere Sache beschäftigte ihn stark: Wer war der Mann in der dunklen Lederjacke? Leopold fürchtete beinahe, dass er ihn kannte.

* * *

»Mach keinen Spaß. Das ist doch nicht dein Ernst?«

»Oh ja, Gabi! Leider! Ich werde da wirklich noch dringend gebraucht.«

»Ach ja?«

»Es handelt sich um unsere Arbeitsgemeinschaft. Du weißt, wir haben da so ein Fächer übergreifendes Projekt in Deutsch und Geschichte und ...«

»... da musst du ganz einfach plötzlich hin.«

»Ja. Meine Kollegen haben angerufen ...«

»Wer denn?«

»Sie sind zum Teil aus anderen Schulen, Gabi. Du kennst sie nicht.«

»Ist der Haberlander etwa auch dabei?« Gregor Haberlander war der Geschichtslehrer der Klasse.

»Aber nein! Wieso sollte denn der dabei sein?«

»Gott sei Dank! War ja nur so eine Idee. Wäre ja noch schöner, wenn du mich wegen dem Haberlander versetzen würdest.« Gabi lachte kurz auf. »Und du musst da wirklich hin? Das glaube ich nicht!«

»Also, wenn ich es dir sage! Eigentlich hätte ich mir den Dienstagabend von vorneherein dafür freihalten sollen, aber ich habe es eben verschwitzt. Tut mir wirklich leid, Gabi!«

»Du hast Schiss, was? Du möchtest nicht mit mir gesehen werden. Aber wenn das so ist, kannst du's gleich vergessen.«

»Das ist es sicher nicht.«

»Sondern?«

»Das Projekt, sage ich doch!« Korber musste sich zusammennehmen. Es fiel ihm schwer zu lügen, und der Alkohol zeigte auch schon eine gewisse Wirkung.

»Na schön! Verdammt, ich habe mich schon so auf den Abend gefreut.«

»Ich mich auch, aber es geht leider nicht. Ein andermal, Gabi.«

»Und wann? Immer kann ich auch nicht weg. Es gibt zum Beispiel Tage, da muss man auch für die Schule lernen, weißt du? Und heute sind meine Eltern nicht zu Hause, da hätte ich keine dummen Fragen beantworten müssen. Es hätte eben gerade alles gepasst.«

›So ein Mist‹, dachte Korber. Er musste den Gedanken an einen romantischen Abend zu zweit ein für allemal ad acta legen. Er sagte:

»Wir sehen uns morgen, Gabi. Im Kaffeehaus um viertel acht? Oder schon früher, bei der Haltestelle?«

»Also für so einen Kurzauftritt vor Schulbeginn bin ich interessant, aber sonst nicht?«

»Rede keinen Unsinn, Gabi!«

»Mal sehen! Aber enttäuscht hast du mich schon schwer, das muss ich dir sagen!«

Sie legte auf, ohne das vertrauliche ›Tschüss‹, ohne irgendein Abschiedswort. Mit einem Mal war die Leitung tot, so tot, wie diese Beziehung Korber plötzlich schien. Er war drauf und dran, Leopold recht zu geben. War Gabi nicht wirklich nur ein Traum, eine momentane Wunschvorstellung, eine Caprice?

Er lachte voll Selbstmitleid in sich hinein. Er befand, dass er ein Recht auf diesen Traum hatte, bis ihn die Wirklichkeit einholte. Er hoffte nur, dass sein Erwachen nicht zu unbarmherzig sein würde.

Korber sah auf die Uhr. Es blieb nur noch Zeit für ein kurzes Nickerchen. In zwei Stunden musste er beim ›Beinsteiner‹ sein. Er hatte es Leopold versprochen. Nichts zu machen.

6

Thomas Korber betrat das Gasthaus ›Zum gemütlichen Floridsdorfer‹ um zehn Minuten nach sieben. Das Lokal war gut besucht. Im Schankraum drängten sich die trinkfreudigen Stammgäste um die kleine Theke und ein paar Stehtischchen. Aber auch im geradeaus anschließenden Speisesaal war ein Großteil der Tische besetzt. Ganz hinten machte das Lokal einen Knick nach rechts. Dort befand sich ein weiterer großer Saal, den wohl der Klub ›Fernweh‹ als Veranstaltungsraum benutzte.

Als Korber die Türe schloss und ein leises »Guten Abend« murmelte, wurde er kurz misstrauisch von den Stammgästen gemustert. Einige Gesichter kamen ihm von früher durchaus bekannt vor. Seine Absicht, dennoch möglichst unauffällig an der Theke vorbei nach hinten zu gelangen, scheiterte bereits im Ansatz. »Hallo, Professor«, begrüßte ihn ein kleines Dickerchen mit für sein Alter ausgesprochen schütterem Haarwuchs jovial. »Lange nicht gesehen. Das ist ja eine Überraschung. Hätte mir nicht gedacht, dass wir zwei heute noch ein Bier zusammen trinken.«

»Tun wir auch nicht«, sagte Korber. Ernst Marek war ein ehemaliger Schüler von ihm, der aber außer einer mit Mühe bestandenen Reifeprüfung noch nichts Großartiges in seinem Leben geleistet hatte. Ein bisschen studieren, ein bisschen jobben und den Großteil des Tages in einem Wirtshaus verbringen, das schien seine Devise zu sein. Korber erinnerte sich an einen dünnen Knirps von zwölf Jahren und an einen gar nicht so schlecht gebauten Maturanten. Wie schnell doch die Zeit verging!

Marek nahm einen großen Schluck aus seinem Bierglas und warf dann einen prüfenden Blick auf Korber. »Ach so, der Herr Lehrer trifft sich also mit seinesgleichen«, lachte er ein wenig gezwungen. »Keine Zeit für einen alten Streiter. Dabei kann ich die ›Bürgschaft‹ heute noch auswendig.«

»Die kannst du deinen Kollegen aufsagen, Ernst«, sagte Korber knapp. »Ich muss da nach hinten.« Dabei deutete er in Richtung Veranstaltungssaal, als handle es sich um eine Angelegenheit größter Bedeutung.

»Nicht möglich! Sie gehören zu dem Altersheim? Na, das sind ja schöne Neuigkeiten. Für so nekrophil hätte ich Sie nicht gehalten«, wieherte Marek laut und nahm gleich noch einen Schluck. Korber nutzte die Gelegenheit, seinem Ex-Schüler den Rücken zuzukehren und ein paar Schritte ins Lokalinnere zu machen. Ihm fiel dabei auf, dass die Wände des Gasthauses jetzt geschmackvoll mit alten Gebrauchsgegenständen aller Art dekoriert waren: Bügeleisen und Pfannen, Weinhebern, Werkzeugen und vielem mehr. Man hatte sich offensichtlich etwas einfallen lassen beim Beinsteiner. Korber hatte die Räumlichkeiten übler in Erinnerung.

Der Duft von Gulasch kämpfte sich durch den Zigarettenrauch in seine Nase und erinnerte ihn daran, dass er eigentlich schon wieder Hunger hatte. Das Essen war hier früher recht gut gewesen. Vielleicht hielt der Abend doch noch Erfreuliches für ihn bereit.

Am Eingang zum Veranstaltungssaal stand ein länglicher Tisch, und dort saß ein kleiner, dünner Mann mit glattem, kurzem, weißblonden Haar, einer dunklen Hornbrille und stechendem Blick. Sein braun kariertes Sakko dürfte er bereits bei der Klubgründung getragen haben. Er zog in kurzen Abständen hastig an einer Zigarette und sah Korber argwöhnisch an. »Was wollen Sie?«, krächzte er heiser.

»Ich möchte gerne an der Veranstaltung heute Abend teilnehmen«, brachte Korber etwas unnatürlich hervor.

»Tut mir leid, mein Herr, es handelt sich um eine geschlossene Veranstaltung«, sagte der kleine Dünne kurz, aber bestimmt.

»Also nur für Klubmitglieder? Ich dachte, man könnte auch so …«

»Nein, nein, ausgeschlossen, unsere Klubmitglieder wünschen eine intime, exklusive Atmosphäre, wenn Sie verstehen.«

Korber war kurz unentschlossen, was er tun sollte, wenn ihm dieser von Nikotin geschüttelte Zwerg weiterhin den Eintritt verwehrte. Da schob sich ein großer, stämmiger, breitschultriger Mann Mitte 50 durch den Saaleingang und begrüßte ihn ebenso herzlich wie überrascht. »Ja, Herr Professor, was machen Sie denn hier?«, fragte er. Es war Ferdinand Nowotny, Erichs Vater.

Das war ja eine schöne Bescherung!

»Man kann sich nie früh genug nach einem geeigneten Urlaubsort umsehen«, setzte Korber sein unschuldigstes Lächeln auf.

»Und da wollen Sie ausgerechnet zu unserem Diavortrag über Grönland? Das ist doch nicht Ihr Ernst, Professor, das nehme ich Ihnen nicht ab«, sagte Nowotny.

»Also läuft heute nicht der Film über Amerika?«

»Über Amerika? Sie meinen die Wiederholung des Kalifornien-Filmes auf vielfachen Wunsch? Die ist erst am Donnerstag, Herr Professor«, stellte Nowotny freundlich, aber bestimmt richtig. Korber kam es so vor, als mache ihm dabei die Betonung des Wortes ›Professor‹ richtigen Spaß. »Kann ich sonst irgendwie helfen?«

Korber griff jetzt in seine unterste Lade. »Wissen Sie«, holte er aus, »ich interessiere mich natürlich von meiner Ausbildung her besonders für den englischen und amerikanischen Kulturraum. Aber der Grund meiner Anwesenheit ist, genau genommen, ein Fächer übergreifendes Projekt. Es geht um die außerschulische Vermittlung von Wissen an verschiedene Zielgruppen. Und da liegt es doch nahe, sich mit Einrichtungen vertraut zu machen, die sich hier im Bezirk gewissermaßen als Pioniere einen Namen gemacht haben.«

Im Stillen gestand sich Korber ein, dass ihm schulische Projekte zwar verhasst waren, jetzt aber schon zum zweiten Mal an einem Tag als Ausrede herhalten mussten.

»Wir werden hier also zu Forschungszwecken missbraucht?«, fragte Nowotny, und es war nicht herauszuhören, ob es als Anschuldigung oder als höflicher Scherz gemeint war.

»Missverstehen Sie mich bitte nicht«, sagte Korber. »Ich möchte mir nur einmal den Klub ein bisschen aus der Nähe ansehen, an einigen Abenden teilnehmen und, wenn ich darf, mit einigen Mitgliedern darüber plaudern, wie sie sich hier über fremde Länder informieren, und welchen Nutzen sie daraus schöpfen.«

»Sie werden enttäuscht sein, Professor«, sagte Nowotny. »Die Menschen kommen nicht hierher, um ihr Wissen zu bereichern, sie kommen, um in angenehmer Atmosphäre zu träumen. Wir holen sie aus ihrer Einsamkeit heraus

73

und entführen sie für ein paar Stunden auf äußerst kostengünstige Art in einen fernen Teil der Welt, den sie in natura wahrscheinlich nie sehen werden. Unsere Klientel sucht das kleine bisschen Glück, das ihr das Leben draußen verwehrt. Wir sind dabei vielleicht so etwas wie die Eingangstür ins Traumland, aber mehr nicht. Wir sehen uns nicht als didaktische Einrichtung, um es in Ihrer Sprache auszudrücken. Aber ich verstehe Sie, Professor: Sie brauchen Resultate, Sie müssen etwas herzeigen bei Ihrem Projekt. Fühlen Sie sich also wie zu Hause bei uns, schauen Sie sich alles an, hören Sie sich um. Mein Kollege Gratzer hier – wie ich Mitglied der Bezirksvertretung – wird alle nötigen Formalitäten erledigen. Mich entschuldigen Sie einen Augenblick, ich muss mich noch ein bisschen um unsere Mitglieder kümmern. Bis später!«

Das heisere Mitglied der Bezirksvertretung schaute auch nach dieser Unterbrechung kein bisschen freundlicher durch seine Hornbrille. Herr Gratzer räusperte sich kurz, dann ging er mühelos zum geschäftlichen Teil der Angelegenheit über. »Es wird am besten sein, wenn ich Sie als normales Mitglied aufnehme, Herr …«

»Korber. Thomas Korber.«

»Gut! Sie werden also Mitglied, Herr Korber, und zwar für ein Jahr. Da können Sie dann kommen und gehen, wann Sie wollen.«

»Für ein Jahr? Ist das nicht etwas lang? Ich möchte doch nur …«

»Das ist bei uns so üblich. Der Jahresbeitrag beträgt 120 Euro, zu bezahlen im Vorhinein, also jetzt. Teilzahlungen bieten wir nur in Fällen von Bedürftigkeit an, und um einen solchen scheint es sich ja bei Ihnen nicht zu handeln.«

Korber wollte etwas sagen, aber er hielt sich zurück. Mit einem kurzen Blick stellte er fest, dass er genügend

Geld bei sich hatte und fischte die passenden Scheine heraus. Da hatte er sich von Leopold wieder zu etwas überreden lassen, du liebe Zeit! Aber das Geld würde er sich von ihm zurückholen, auf Heller, Pfennig und Cent, das schwor er sich. Er ließ sich eine Quittung ausstellen, die Gratzer umständlich ausfüllte, und bekam auch noch so etwas wie eine Mitgliedskarte zugesteckt. Nachdem er von Gratzer auf alle Vorteile hingewiesen worden war, die er mit seinem Beitritt erstanden hatte, die sich aber im Wesentlichen auf den Besuch der Veranstaltungen zweimal die Woche beschränkten, betrat Korber den Saal.

In ruhiger, beinahe andächtiger Weise saß hier bereits leise plaudernd eine ansehnliche Anzahl von Gästen, verstreut auf kleine Grüppchen. Auf der linken und rechten Seite des länglichen Raumes waren Vierertische in zwei Reihen aufgestellt, sodass in der Mitte ein breiter Gang frei blieb. Auf einer Art Podium oder kleiner Bühne hatte man vorne eine Leinwand heruntergelassen. Die Deckenbeleuchtung war abgeschaltet, nur die Lampen seitlich an den Wänden gaben ein dämmriges Licht ab.

Man ließ sich durch Korbers Eintreten nicht stören. Er selbst glaubte, niemanden der Anwesenden zu kennen außer Nowotny, der an jedem Tisch Hof hielt, und dessen gedämpfte, sonore Stimme die anderen deutlich überlagerte. Erst beim zweiten Hinsehen erinnerte er sich an eine gewisse Frau Benesch, die Großmutter einer Schülerin, die ihn einmal am Elternsprechtag besucht hatte. Sie saß vorne rechts, sozusagen in der zweiten Reihe, und kaute ein Zuckerl, während sie in ein reges Gespräch mit ihrer Nachbarin vertieft war. Korber beschloss, sich an den Tisch hinter den beiden Damen zu setzen, der noch komplett frei war.

75

Der Kellner kam, und Korber bestellte ein Krügel Bier und ein kleines Gulasch. Schon drehte sich Frau Benesch neugierig um und begrüßte ihn mit einem lauten »Grüß Ihnen Gott, Herr Lehrer. Auch hier?«

»Ja, ja!« Korber fühlte sich zu müde für eine weitere Rechtfertigung. »Wie geht es Ihnen?«, fragte er nur kurz distanziert.

»Wie's mir geht? Wie soll es einer alten Schachtel wie mir schon gehen. Man lebt, und man lebt gar nicht so übel. Das Enkerl macht mir halt viel Freude. Na, und die Abende im Klub genieße ich so rrrichtig.« Sie rollte das ›r‹ so stark, dass ihr dabei beinahe das Zuckerl aus dem Mund rutschte. Nur mit einiger Anstrengung ließ es Frau Benesch wieder in ihren Rachen gleiten. Sie war damit so beschäftigt, dass sie ganz vergaß, Korber nach seinem eigenen Befinden zu fragen. Während sie sich wieder ihrer Nachbarin zuwandte, nahm sich Korber eine Zigarette aus der Packung und zündete sie an.

Nach zweimaligem Inhalieren spürte er den sanften, aber bestimmten Druck einer Hand auf seiner Schulter. »Bitte hier vorne nicht rauchen«, hörte er Ferdinand Nowotnys volle Stimme. »Wir haben nur wenige Raucher in unserer Runde. Die setzen wir alle ganz nach hinten, zum Saaleingang, da gibt es die wenigsten Beschwerden. Trösten Sie sich, ich bin auch davon betroffen.«

Wieder wollte Korber etwas sagen, besann sich aber dann eines Besseren. Schweigend stand er auf und ging nach hinten, wo ihm Nowotny feierlich einen Platz neben einem Paar anwies, das etwas jünger aussah als die meisten der im Saal Anwesenden. Der Mann, dessen Haar bereits auffallend schütter und dessen Gesicht besonders hager war, nickte kurz mit einem Lächeln wie zum Gruße, blieb aber sonst ebenso schweigsam wie die neben ihm sitzende Frau. Korber atmete auf, als der Kellner kam und sein Bier brachte.

Der längliche Tisch von draußen wurde nun hereingeschoben und ein Flügel der Saaltüre geschlossen. Gratzer nahm wieder dort Platz, sobald die Prozedur beendet war, und machte nervöse Züge an seiner Zigarette, während Ferdinand Nowotny unter dem Applaus des Publikums um Punkt halb 8 Uhr die Bühne betrat. Er räusperte sich kurz und war bemüht, sehr ernst zu wirken. »Meine Damen und Herren«, sagte er, »unsere allseits bekannte und beliebte Rosi Baumann wird Ihnen in wenigen Augenblicken spektakuläre und atemberaubende Bilder von ihrer Grönlandreise präsentieren. Zuvor muss ich Ihnen aber noch eine äußerst traurige Mitteilung machen.«

Eine leise Unruhe beschlich die Menge im Saal.

»Wie ich durch einen Anruf der Polizei erfahren habe, haben wir ein langjähriges, treues Mitglied, das mit ganzem Herzen bei uns und unserer Sache war, für immer verloren. Frau Susanne Niedermayer ist in der Nacht auf heute in ihrer Wohnung … ermordet worden.«

Man hörte einen unterdrückten Schrei. Der hagere Schweiger blieb ungerührt, die Frau an seiner Seite griff sich kurz ans Herz. Die allgemeine Überraschung ließ darauf schließen, dass sich Frau Susis Tod noch nicht bis hierher herumgesprochen hatte.

Ferdinand Nowotny sprach gefasst weiter:

»Wir alle können diesen Verlust wohl noch kaum begreifen, und es fehlen mir die Worte, um jetzt mehr zu sagen. Ich kann nur versprechen, dass wir alles unternehmen werden, um unserer Frau Niedermayer in einem würdigen Rahmen zu gedenken. Darf ich Sie vorerst bitten, sich alle zu einer Trauerminute zu erheben.«

Alle standen auf, aber es dauerte lange, bis es gänzlich still wurde, so viel Tuscheln und Flüstern war durch die Todesnachricht ausgelöst worden.

»Vielleicht hat es der Alois schon erfahren«, raunte die Frau dem Schweiger zu. »Darum ist er heute nicht gekommen. Das wird ein schwerer Schlag für ihn gewesen sein.«

Nach einigen Augenblicken des Gedenkens räusperte sich Nowotny wiederum. »Danke«, sagte er, »vielen herzlichen Dank für Ihre aufrichtige Anteilnahme. Die Polizei ermittelt bereits eifrig und lässt Ihnen mitteilen, dass sie zu unserer nächsten Zusammenkunft am Donnerstag erscheinen wird, um uns ein paar Fragen zu stellen. Sie brauchen aber keine Angst zu haben, man hat mir versichert, dass es sich um reine Routine handelt. Man erhofft sich von uns in erster Linie zweckdienliche Hinweise und Einzelheiten aus dem Umfeld der Toten. Es kann nur in unser aller Interesse sein, wenn der Mörder von Susi Niedermayer so rasch wie möglich gefasst wird. So, und nach dieser traurigen Mitteilung hoffe ich, dass Sie sich bei einer Reihe einzigartiger Fotos und einem mitreißenden Vortrag ein wenig entspannen und trotzdem gut unterhalten.«

Korber fühlte, dass die Stimmung zum Zerreißen gespannt war. Kaum hatte Nowotny geendet, versuchten alle, über irgendeinen Nachbarn zu weiteren Informationen zu kommen. Die Worte flogen in einem großen Durcheinander von Tisch zu Tisch, und nur geübte Ohren vermochten einige Gesprächsfetzen zu erkennen. »Wo ist der Alois?«, glaubte Korber zu hören. »Man muss den Alois verständigen.«

Der Kellner brachte das Gulasch. Als Korber den ersten Bissen machen wollte, wurde es ganz dunkel. Die Unruhe blieb, Sessel rückten, ein Mann stolperte an dem verdutzten Gratzer vorbei zum Saal hinaus. Aber kaum wurden die ersten Bilder an die Leinwand geworfen, schien eine unsichtbare Hand alle Münder zu schließen, und ein seltsames, unnatürliches Schweigen erfüllte den Raum. Rosi Baumanns zarte Stimme war bis in die letzte Reihe zu verstehen. Die Gesichter entkrampften sich, und sogar auf den Lippen des eisigen Schweigers neben Korber war so etwas wie ein seliges Lächeln zu sehen.

* * *

Der Diavortrag war zu Ende. Das Licht ging wieder an. Die Fragen, die zu beantworten Rosi Baumann sich gerne bereit erklärt hatte, kamen nur zögernd. Hingegen begannen vor allem die Gruppen um die hinteren Tische eine leise, aber ungenierte Unterhaltung über das Ereignis des Tages, zu der sich noch einige Neugierige aus den vorderen Reihen gesellten.

Korber hatte sich eine weitere Zigarette angezündet und ein zweites Bier bestellt. Ein Mann namens Emil hatte gegenüber dem Schweiger Platz genommen und ihn endlich zum Reden gebracht. Das Gespräch kam automatisch auf den abwesenden Alois. »Er ist krank, schwer verkühlt, liegt zu Hause im Bett«, sagte Emil. Er schien also derjenige zu sein, der den Saal kurz vor Beginn der Vorstellung verlassen hatte und erst nach einiger Zeit wiedergekommen war.

»Es muss ihn schwer getroffen haben«, meinte der Schweiger gleichgültig.

»Na, was glaubst du«, sagte Emil. »Ich sage dir, er hat noch mehr für die Niedermayer empfunden, als wir alle für möglich halten. Aber er ist hart im Nehmen. Er war zwar ganz bleich, wie ich ihm alles erzählt habe, und er hat auch geweint, aber dann hat er mich wieder hierher zurück geschickt und gesagt, er will alleine sein.«

»Das ist typisch Alois«, meldete sich jetzt auch die Frau neben dem Schweiger.

Korber fand, dass er sich irgendwie in das Gespräch einmischen musste, um nicht ganz umsonst dazusitzen.

»Verzeihen Sie«, sagte er, »ich bin zwar erst das erste Mal hier, aber ich glaube, ich kenne die Frau Niedermayer auch. War das nicht eine ältere, etwas stärkere Dame, die früher in einem Zuckerlgeschäft gearbeitet hat?«

Korbers Tischnachbarn nickten unisono. Der Ober kam mit Korbers Bier und drei Weißen Spritzern. Man nützte die Gelegenheit, einander spontan zuzuprosten. »Ich bin der Sigi«, sagte der Schweiger überraschend formlos nach einem kräftigen Schluck. »Das hier ist meine Frau Erika, und das unser gemeinsamer Freund und Klubkollege Emil.«

»Thomas«, sagte Korber und räusperte sich dabei ein wenig. »Ich bin Lehrer, vorne, am Gymnasium.«

»Aha, ein ganz Gescheiter«, lächelte Emil. »Na, da können wir wohl nicht mithalten. Aber vielleicht weiß der Herr Lehrer in seiner Gescheitheit sogar, wie die Susi ermordet wurde?«

»Da muss ich euch leider enttäuschen«, parierte Korber diesen kleinen Angriff. »Aber morgen wird es ja ohnedies in allen Zeitungen stehen. Oder ihr fragt euren Chef, den Herrn Nowotny, der dürfte auch einige Informationen besitzen. Ich weiß gar nichts. Darum bin ich ja auch neugierig. Sagt, wer ist denn dieser Alois?«

Emil schickte sich an zu antworten, zögerte aber dann. Erika sagte an seiner Stelle:

»Der Herbst Alois. Du kennst ihn nicht? Er war doch früher immer im Zuckerlgeschäft und hat den beiden Damen, der Susi und ihrer Schwester Gertrud, den Hof gemacht. Für einige Zeit ist er bei der Gertrud gelandet. Dann war er plötzlich weg, verschwunden. Du weißt nichts von ihm?«

»Nein«, lächelte Thomas. »Ich kenne die Susi Niedermayer aus dem Café Heller. Dort war sie ja auch Stammgast. Aber sie war immer sehr schweigsam und hat nie viel über ihre privaten Angelegenheiten erzählt, glaube ich. Dieser Alois ist jetzt also wieder hier?«

»Ja«, ereiferte sich Erika. »Das ist ja das Komische. Wir haben uns alle sehr gewundert. Jahrelang hört niemand etwas von ihm, und dann taucht er plötzlich wieder auf, wie Phönix aus der Asche sagt man, glaube ich. Und noch dazu hier im Klub.«

Sigi brach sein Schweigen jetzt endgültig. »Du musst dir vorstellen, was in den beiden vorgegangen ist, als sie sich wiedergesehen haben, die Susi und der Alois«, fügte er hinzu. »Wir haben alle gespürt, wie sie sich wieder näher kamen. Der Alois hat mir einmal gesagt: ›Herbst heiße ich, und im Herbst meines Lebens komme ich noch zu einer Frau, wirst sehen.‹ Und gerade, als sich diese Prophezeiung zu erfüllen scheint, passiert so etwas. Wir sind alle fassungslos.« Dabei zündete er sich mit versteinertem Gesicht eine Zigarette an.

»Ich glaube, nur wenige haben gewusst, dass die Frau Niedermayer auf ihre alten Tage einen Freund hatte«, sagte Thomas, um Interesse zu zeigen.

»Freund kann man auch nicht direkt sagen«, meinte Sigi. »Wie nahe sich die beiden letztendlich gekommen sind, steht leider in den Sternen. Die Beziehung war schwer zu durchschauen. Aber wir sind der festen Überzeugung, dass sich da etwas anbahnte.«

»Was immer es war, jetzt ist es sowieso vorbei«, sagte Emil. »Mich würde weit mehr interessieren, warum jemand eine Frau wie die Susi umgebracht hat – noch dazu in ihrer eigenen Wohnung. Das war entweder ein Raubmörder oder ein Perverser. Hoffentlich hat sie nicht viel leiden müssen.« Dabei schüttelte er mitleidsvoll den Kopf.

»Raub, geplanter Mord, Sittlichkeitsverbrechen, Eifersucht – der Gründe gibt es viele.« Sigi wurde immer gesprächiger. »Am Donnerstag kommt die Polizei, da erfahren wir sicher mehr.«

In der Zwischenzeit sah man Gratzer mit einem Körbchen durch die Reihen gehen, in das die meisten der Anwesenden offensichtlich Münzen oder kleine Scheine warfen.

»Finde ich nicht gerade pietätvoll, dass sie das heute auch machen«, meinte Emil.

»Was?«, fragte Korber neugierig.

»Ach so, du kannst das nicht wissen, du bist heute ja zum ersten Mal da«, sagte Emil. »Sie sammeln – für einen wohltätigen Zweck. Jeder gibt ein bisschen etwas, dazu kommen die Spenden von einigen Floridsdorfer Geschäftsleuten, und dann wird das Geld zirka zweimal im Jahr einer bedürftigen Familie gegeben. Aber heute sollte man nicht so selbstverständlich wieder zur Geschäftsordnung übergehen.«

»Noch dazu, wo sich die Susi immer über diese Sammlerei aufgeregt hat«, fiel Erika ein. »Bettlerei ist das, hat sie gesagt, regelrechte Bettlerei. Wir können uns ja nicht einmal aussuchen, wer das Geld bekommt, das wird nur von den Herren aus der Bezirksvertretung bestimmt. Da kann ja jeder …«

»Eine kleine Spende bitte, für einen guten Zweck«, hörte man da bereits Gratzers Stimme in Richtung des neuen Mitglieds, und schon baumelte das Körbchen unter Korbers Nase. Es war bereits ziemlich prall gefüllt. Etwas hilflos kramte Korber in seiner Tasche, zog seine Geldbörse hervor und warf fünf Euro dazu. Auch die würde er Leopold verrechnen, tröstete er sich. Denn er war, wie Susi, kein Freund dieser Art von Schnorrerei. Aber vor ihm drohte Gratzers kaltes, nikotinzerfurchtes, forderndes Gesicht, und neben ihm schickten sich Erika, Sigi und Emil ebenfalls zu einer größeren milden Gabe an. Knausern war in dieser Runde offensichtlich nicht gefragt.

»Danke sehr, danke schön«, schnarrte Gratzer, und dabei wehte so etwas wie kalter Rauch über den Tisch. Erika bekam noch schnell einen vorwurfsvollen Blick ab, dann war Gratzer schon beim nächsten Tisch. Offensichtlich hatte er ihre letzten Worte gehört.

Einige Augenblicke war es still am Tisch. Emil räusperte sich. Ihm schien es bereits wieder leid zu tun, dass er so großzügig gewesen war. So, als ob sie seine Gedanken erraten hätte, sagte Erika:

»Was soll man machen, es gibt ja doch viele Leute, die weniger haben als wir.«

»Aber warum war es der Frau Niedermayer denn so wichtig, über die Vergabe des Geldes mitzubestimmen? Hat sie etwa geglaubt, dass es zu irgendwelchen Ungerechtigkeiten kommt?«, fragte Korber.

»Sie wollte einen Teil des Geldes für die Obdachlosen verwenden«, sagte Emil. »Aber da waren die Herren Gratzer und Nowotny entschieden dagegen. ›Wir müssen das Unglück dort bekämpfen, wo es noch nicht zu spät ist‹, hieß es.«

»Na, ganz so war es auch wieder nicht«, meldete sich da Erika zu Wort. »Susi war doch vor allem über die zuletzt getroffene Auswahl empört.«

»So? Darf man wissen, wer da zum Beispiel etwas bekommen hat?«, fragte Korber neugierig.

»Die Familie Krizmanits«, gab Sigi monoton von sich.

»Aber das war doch voriges Jahr«, korrigierte Erika. Sie wusste offenbar alles besser. »Jetzt, im Sommer, war es die Familie Scherer, Sigi. ›Lauter Nichtsnutze, die ohnehin nur von der Fürsorge leben‹, hat Susi gewettert. Und ich konnte ihr nicht ganz unrecht geben.«

Wie viele Scherers gab es in Floridsdorf? Konnte es sich tatsächlich um Isabella und ihre Eltern handeln? Korber war mit einem Male äußerst interessiert.

»Doch nicht die Scherers aus dem Kluger-Hof auf dem Kinzerplatz?«, fragte er.

»Aber ja doch, genau die! Woher kennst du sie denn, wenn man fragen darf?«

»Thomas ist Lehrer, Erika«, warf Sigi belehrend ein. »Die Tochter studiert am hiesigen Gymnasium, hat man uns gesagt. Man hat sich für diese Familie entschieden, um der Tochter einen reibungslosen Abschluss der Reifeprüfung zu ermöglichen. Das Mädchen soll sich recht positiv entwickelt haben. Thomas kennt sie sicher aus der Schule.«

»So ist es«, bestätigte Korber, ohne ausführlicher zu werden.

»Ich sehe, Sie sind schon ganz eifrig im Gespräch, Professor«, hörte er plötzlich Ferdinand Nowotnys wohltönende Stimme hinter sich. Die beiden Mitglieder der Bezirksvertretung waren erschreckend präsent, wenn die Verwendung der Spendengelder diskutiert wurde. Um Nowotnys Mund spielte ein kaltes Lächeln. »Darf ich Sie trotzdem bitten, mir kurz unter vier Augen Ihr Ohr zu leihen?«, fragte er.

Korber entschuldigte sich kurz bei seinen Tischnachbarn und trat dann mit Nowotny vor die Saaltüre.

»Sie ahnen sicher, worüber ich mit Ihnen reden möchte?«, fragte Nowotny, sobald sie sich an einen freien Tisch gesetzt hatten. Er zündete sich eine Zigarette an und fragte dann:

»Wie geht es meinem Sohn in der Schule?«

»Nun, im Augenblick mehr schlecht als recht, soweit ich das beurteilen kann«, antwortete Korber. »Aber er hat ja im Moment andere Sorgen, nicht wahr?«

»Sie wissen es also schon? Wer hat es Ihnen erzählt?«

Korber zögerte einen Augenblick. »Die Betroffene selbst, Isabella. Sie muss ja wissen, wie es jetzt für sie in der Schule weitergeht.«

»Ja, ja, das Mädchen ist ehrlich und couragiert. Sie hat es jetzt bei Gott nicht leicht«, gab sich Nowotny verständnisvoll. »Worum ich Sie jedenfalls bitten wollte: Nehmen Sie ein bisschen Rücksicht auf Erich. Die Ereignisse haben ihn gewissermaßen überrumpelt. Er muss jetzt lernen, mitten im Leben zu stehen. Er hat seine erste große Bewährungsprobe vor sich.«

Korber mochte das Gesäusel nicht. Ihm war klar, dass es Nowotny nur darum ging, sanften Druck auf ihn, Korber, auszuüben. Deshalb beschloss er, rasch das Thema zu wechseln. »Es waren Isabellas Eltern, die das Spendengeld Ihres Klubs zuletzt kassiert haben?«, fragte er.

»Ja, warum?«, antwortete Nowotny mit einer Gegenfrage. Als Korber nicht sofort darauf reagierte und ihn nur ruhig musterte, zeigte er wieder diese Entrüstung, von der man nicht sagen konnte, ob sie gespielt war oder nicht. »Aber Professor! Sie wollen damit doch nicht behaupten, dass … dass das etwas mit meinem Sohn zu tun hat?«, fragte er mit zusammengekniffenen Augenbrauen.

»Ich behaupte gar nichts. Ich bin nur neugierig«, sagte Korber.

»Dann halten Sie Ihre Neugier bitte ein bisschen zurück. Als die Scherers ausgewählt wurden, war von dem Kind

meines Sohnes noch keine Rede. Das kann man sich aus-
rechnen, da brauchen Sie nur Ihre Kollegen in Mathematik
und Biologie zu fragen. Es ging uns darum, einer Familie
zu helfen, bei der beide Erwachsenen schon längere Zeit
arbeitslos sind, der Sohn gerade eine Lehre absolviert und
die Tochter knapp vor der Reifeprüfung steht. Es war somit ein typischer Fall für eine Überbrückungshilfe ganz
in unserem Sinn.«

»In wessen Sinn? In Ihrem Sinn? In dem von Herrn
Gratzer? Oder in dem der Klubmitglieder, die das Geld
weitgehend gespendet haben?«

Korber wusste sofort, dass er jetzt über das Ziel hinaus
geschossen hatte. Aber Nowotny antwortete erstaunlich
ruhig:

»In unser aller Sinn. Lieber Professor, ich würde mich
außerordentlich freuen, Sie am Donnerstag zu dem Ame-
rika-Film wieder in unserer Runde begrüßen zu können.
Aber lassen Sie mich Ihnen mit aller gebotenen Deutlich-
keit zur Kenntnis bringen, dass Ihnen keinerlei Kritik an
unseren Gepflogenheiten zusteht.« Und sarkastisch fügte
er hinzu:

»Kehren Sie lieber vor Ihrer eigenen Tür. Ich hätte mir
auch nicht gedacht, dass ein Mann wie Sie keine Frau findet, die altersmäßig besser zu ihm passt.«

Korber kam es vor, als versinke er in einem tiefen Ab-
grund. Zum ersten Mal spürte er, wie gefährlich es war, dass
er sich mit Gabi eingelassen hatte. Offenbar wussten schon
mehrere Schüler seiner Klasse davon, also auch Erich. Der
musste es seinem Vater erzählt haben. Und Erichs Vater
war ein mächtiger Mann, Bauunternehmer und Mitglied
der Bezirksvertretung. ›Aufpassen, Thomas, aufpassen‹,
hämmerte es in Korbers Kopf.

Nowotny lächelte sein undurchsichtiges Lächeln.

Beide begaben sich schweigend zurück in den Saal. Nowotny gesellte sich zu Gratzer, der gerade mit dem Zählen der Spendengelder beschäftigt war, und Korber nahm wieder an seinem Tisch Platz. Man sprach noch eine Weile über Belangloses. Schließlich beschloss Korber zu gehen und verabschiedete sich. Man kam überein, einander am Donnerstag in der nämlichen Tischrunde wieder zu treffen. »Da wirst du auch den Alois sehen«, versprach Erika.

Korber ging, kehrte dem ›Gemütlichen Floridsdorfer‹ den Rücken zu. Er war müde geworden. Es galt, am nächsten Morgen wieder halbwegs frisch zu sein. Nicht einmal Ernst Marek, der jetzt alleine mit seinem Bier an einem Stehtischchen lehnte, konnte ihn mehr aufhalten.

Er durfte nicht vergessen, Leopold noch schnell anzurufen. Er sollte die wichtigsten Neuigkeiten noch vor seinem morgigen Gespräch mit Frau Gertrud erfahren. In derlei Gedanken versunken, trat Korber auf die Straße hinaus und atmete die frische Nachtluft ein. Ein wenig milchig war es schon wieder geworden, aber der Nebel hing lang nicht so schlimm über den Häusern wie am Vortag. Er zündete sich eine Zigarette an, schlug den Mantelkragen hoch und machte sich langsam auf den Heimweg.

Die Straßen waren jetzt beinahe menschenleer. Vielleicht fiel Korber deshalb gleich die kleine, unscheinbare Gestalt auf, die auf dem Gehsteig gegenüber unruhig auf und ab ging. Er hätte schwören können, dass es sich um Isabella Scherer handelte. Aber was, zum Teufel, machte sie hier um diese Tageszeit? Wartete sie etwa auf jemanden?

Er hatte gute Lust, ihr diese Frage selbst zu stellen. Doch als er sich einen Ruck geben wollte, sah er nur noch, wie ein Auto anhielt, sie einsteigen ließ und im neuerlich aufkommenden Nebel verschwand.

7

»Einen kleinen Braunen?«

»Herr Waldbauer, Sie sollten doch wissen, dass ich in der
Früh immer einen Schwarzen trinke!« Übel gelaunt nahm
Korber am Tischchen neben dem Fenster Platz. Das die-
sige Wetter verdross ihn. Der gestrige Abend steckte ihm
noch in den Knochen. Aber am meisten ärgerte ihn, dass
Gabi weder am üblichen Treffpunkt noch hier im Kaffeehaus erschienen war.

Es war noch möglich, dass sie kam, aber Korber glaubte
nicht mehr so recht daran. Die Vorzeichen sprachen eindeutig dagegen.

»So, da ist der Schwarze. Haben der Herr Lehrer gut
geschlafen?«

Korber wusste, warum er Leopold zehnmal mehr
schätzte als den bemühten, aber farblosen ›Waldi‹ Waldbauer. Leopold hätte diese Frage angesichts Korbers gerö-
teter Augen nie gestellt. Er hätte höchstens bemerkt:

»Na, wo waren wir denn gestern?«

Gestern – ein anstrengender, ein verrückter Tag. Und
dann noch dieses Mädchen, das da so mutterseelenallein
auf der Straße gestanden war. Trotz der Dunkelheit und
des diffusen Lichts war Korber davon überzeugt, dass es
seine Schülerin Isabella Scherer gewesen war. In welches
Auto war sie bloß eingestiegen? In das von Erich? Warum
aber gerade an einem Ort, der von den Wohnungen beider
doch ein hübsches Stück entfernt war? Hatte sie vielleicht
eines der zahlreichen Lokale in Spitznähe besucht? Aber
warum alleine? Oder zumindest ohne Erich? Oder war sie
etwa doch nicht von Erich abgeholt worden?

88

»Wir wären schon ein gutes Stück weiter, wenn du dir die Autonummer gemerkt hättest«, hatte Leopold in den Telefonhörer gebrummt. Tatsächlich war Korber zu verblüfft gewesen, um genau hinzusehen, und auch den Wagentyp hatte er nicht erkannt. Ein dunkles, protziges Auto – mehr wusste er nicht. Er hatte sich deshalb einiges von Leopold sagen lassen müssen, obwohl der natürlich froh gewesen war, noch am selben Abend über die wichtigsten Details informiert zu werden.

Korber nippte lustlos an seinem Kaffee. Er war sich sicher, dass Gabi nicht mehr auftauchen würde, aber er konnte nicht abschätzen, ob diese Entwicklung gut für ihn war. Einerseits drängte es ihn danach, Gabi um Entschuldigung zu bitten und so schnell wie möglich ein neues Rendezvous mit ihr zu vereinbaren. Andererseits wusste er, dass dies ein vollkommener Blödsinn war. Jede außerschulische Begegnung mit ihr konnte ab sofort Gefahr bedeuten. Ein verärgerter Ferdinand Nowotny hatte ihm die Augen geöffnet. Zu viele Menschen, die ihm gefährlich werden konnten, wussten Bescheid. Das war schlimm genug. Aber würde er wenigstens jetzt die nötigen Lehren daraus ziehen?

In seinem Hinterkopf hörte er die weinseligen Stammgäste beim ›Fuhrmann‹ ihre Weisheiten von sich geben:

»Einer Frau läuft man nicht nach, und wenn sie noch so schön ist, die kommt von selber.« Er konnte nicht beurteilen, ob dieser Satz richtig war, und das war schlimm. Korber würde bald wieder etlichen Schülern die Reifeprüfung abnehmen, gleichzeitig merkte er, wie unreif er in seinem Verhältnis zum anderen Geschlecht geblieben war.

Er blätterte kurz in den Zeitungen und rauchte dabei hastig und gedankenlos. Sofort fiel sein Auge auf die Schlagzeilen zur gestrigen Bluttat:

Pensionistin in ihrer Wohnung erschlagen – Mord ohne Motiv?

Gewalttat in Floridsdorf – Wehrlose Rentnerin ermordet

So unauffällig sie durchs Leben gewandelt war, so viel Aufmerksamkeit schenkte man Susi Niedermayer offenbar nach ihrem Tod. Aber Korber überflog die Zeilen nur. Es fiel ihm schwer, sich zu konzentrieren. Seine Gedanken weilten woanders.

Am Nachmittag würde er mehr erfahren. Vielleicht ging es ihm dann auch wieder besser.

»Ein Bier bitte, Herr Waldbauer!« Der stürmische Eintritt eines neuen Gastes rüttelte Korber aus seinen Gedanken. Es war Stefan Wanko, der Versicherungsvertreter. Er wirkte bereits leidlich ausgeschlafen, aber unsicher und konfus. Mit der einen Hand kramte er nervös nach Zigaretten, mit den Fingern der anderen trommelte er ungeduldig auf die Theke. Sein Blick streifte dabei ziellos durchs Lokal. Als Korber ihn grüßte, bemerkte er es offenbar nicht.

»Schneller bitte, Waldi, ich muss heute noch was arbeiten«, brummte Wanko unfreundlich. Als er endlich sein schaumgekröntes Glas in Händen hielt, schien er zum eigentlichen Grund seines frühen Besuches zu kommen. Er fragte:

»Sag, ist der Leopold noch nicht da? Wann kommt er denn?«

»Aber Herr Wanko, das wissen Sie doch! Einmal ist er in der Früh da, dann ich. Dann wiederum macht er den Abend, am nächsten Tag ich. Als langjähriger Stammgast sollten Sie unser Radl *(unseren Dienstplan)* schon langsam kennen«, sagte Waldbauer.

»Bitte belehren Sie mich nicht, sondern geben Sie mir eine korrekte Antwort«, zischte Wanko. Dann besann er sich kurz eines Besseren und sagte um eine Nuance freundlicher:

»Lassen Sie ihn bitte wissen, dass ich um 2 Uhr nachmittags noch einmal vorbeischaue. Da wird er doch schon da sein, oder?«

»Aber ja, selbstverständlich. Sie wissen ja, wie es bei uns der Brauch ist, Herr Wanko!«

Stefan Wanko machte einen letzten Schluck aus seinem Glas und stellte es dann an der Theke ab. »Also nicht vergessen, um zwei! Auf Wiedersehen!« Er blickte noch einmal ziellos um sich und verschwand dann ebenso rasch und stürmisch durch die Kaffeehaustüre, wie er gekommen war.

»Na, ist der aber heute grantig«, bemerkte ›Waldi‹ Waldbauer kopfschüttelnd.

Korber wunderte sich über Wankos Betragen weit weniger. Auch um ihn war es des Morgens nicht immer zum Besten bestellt. Als er hurtig in Richtung Schule schritt, hatte er die kurze Episode beinahe vergessen. Er dachte an Gabi und an seine bevorstehende, rein dienstliche Begegnung mit ihr: Deutsch, vierte Stunde, außer sie kniff und war zu Hause geblieben. Nur kurz fragte er sich zwischendurch noch einmal, was Stefan Wanko wohl von Leopold wollte.

* * *

Leopolds Wagen schob sich durch die Toreinfahrt in den immer noch stattlichen Hof der ehemaligen Gärtnerei, in dem nur mehr eine kleine Scheune an frühere Zeiten erinnerte. Wo sich früher Glashäuser und Beete ausgebreitet hatten, stand jetzt, jenseits eines einfachen Zaunes, eine städtische Wohnhausanlage. Bald nach dem Tod ihres Mannes hatte sich Rosa Niedermayer gezwungen gesehen, ihren Besitz an die Gemeinde zu verkaufen. Das Geschäft war immer schlechter gegangen, außerdem hatte der unselige Spieltrieb von Herrn Niedermayer schon in den Jahren zuvor zu einer gespannten finanziellen Situation geführt. Frau Niedermayer musste nach dem Verkauf froh sein, dass ihr nach Rückzahlung der Schulden noch ein Weniges an Geld übrig geblieben war. Dann starb auch sie, ausgezehrt von einem duldsamen, arbeitsreichen Dasein. In Haus, Garten, Hof und Scheune lebte jetzt, alleine und zurückgezogen, Frau Gertrud.

Leopold stieg aus dem Auto und rückte seine Sonnenbrille zurecht. Er trug sie fast immer, wenn er, so wie diesmal, einen kleinen Ausflug machte. Dabei störte ihn nicht, dass sich ein weiterer grauer und unleidlicher Herbsttag über Landschaft und Gemüter gelegt hatte. Die Brille war ein Requisit, mit dem er bei solchen Gelegenheiten sein Aussehen etwas interessanter machen wollte. Früher hatte er so ein wenig Eindruck bei den Mädchen schinden können, als er noch kein Auto und nicht viel Geld in der Brieftasche gehabt hatte. Wenn er die Sonnenbrille aufsetzte und dabei in den Spiegel schaute, wurde er öfter von einer wehmütigen Erinnerung geplagt.

Leopold blickte über den Zaun. Missmutig reckten sich hier bunte, zweistöckige Wohnblöcke in den trüben Himmel. Sie waren nicht die einzigen Vertreter ihrer Art. Schon bei der Herfahrt war Leopold aufgefallen, dass immer mehr neu erbaute Häuser in die Ebene gestellt wurden, die den Ausblick in die ungeheuren Weiten des Marchfeldes* versperrten. Er war schon lange nicht mehr in dieser Gegend gewesen, obwohl man mit dem Auto nicht einmal eine halbe Stunde brauchte.

---

*Eine durchgehend flache Landschaft nordöstlich von Wien, eines der Hauptanbaugebiete für Getreide und Gemüse.

Auf dem Absatz der kleinen Treppe, die vom Hof zur Eingangstüre hinaufführte, erschien jetzt eine kleine Frauengestalt. »Leopold?«, rief sie hinunter. »Mein Gott, Sie sind es wirklich! Lassen Sie sich anschauen. Also, viel verändert haben Sie sich nicht. Nein, dass wir uns noch einmal sehen, hätte ich mir nicht gedacht.«

Sie schritt die Treppe wie eine Lady hinunter. Ohne Zweifel besaß Frau Gertrud viel mehr natürliche Eleganz als ihre Schwester. Leopold hätte sie gern früher kennengelernt, ganz früh, in ihren Mädchentagen, und dabei eine Sonnenbrille aufgehabt.

»Ich auch nicht«, sagte er. »Der Anlass ist ja leider kein besonders lustiger. Mein herzlichstes Beileid, Frau Gertrud.«

Sie machte eine wegwerfende Handbewegung. »Beileid. Ich bitte Sie! Sie wissen wahrscheinlich, dass die Chemie zwischen meiner Schwester und mir schon lange nicht mehr gestimmt hat. Aber trotzdem, so einen Tod hat sie nicht verdient. Zuerst konnte ich es ja gar nicht glauben, als die beiden Polizisten gestern an der Türe läuteten und mir die schlimme Nachricht überbrachten. Ich war doch noch am Vortag bei ihr gewesen. Es war so … so unwirklich. Aber heute früh, da habe ich realisiert, dass alles wahr ist. Da sind mir dann zum ersten Mal die Tränen gekommen. Es ist gut, dass Sie da sind, Leopold«, fuhr sie nach einigen Augenblicken der Stille fort. »Mir ist nach Reden. Und ich habe selten Besuch.«

Sie führte Leopold die Treppe hinauf. Dann bat sie ihn durch einen langen Vorraum in ein geschmackvoll eingerichtetes Wohnzimmer. Er nahm in einem weichen Lehnstuhl Platz und schaute sich kurz um, wie es seine Art war. Blumen, Bilder, ein Bücherregal, eine Leseecke – hier könnte es ihm gefallen. Das Fenster schaute auf eine nicht stark befahrene Straße hinaus.

93

»Ich habe etwas hergerichtet«, sagte Gertrud. »Ein paar Brote und eine Kanne Kaffee. Ist es recht?«

Es war Leopold recht. Als er sich die Erlaubnis geholt hatte zu rauchen, zündete er sich eine Zigarette an und holte den unfrankierten Briefumschlag hervor. Frau Gertrud kam mit einem Tablett und stellte es auf dem Tisch nieder. Der Kaffee duftete angenehm.

»Sie wollen wohl zuerst wissen, was in dem Brief steht«, meinte Leopold.

Gertrud lächelte. »Nicht unbedingt. Es kann nur etwas Unangenehmes sein. Meine Schwester und ich standen, wie gesagt, auf Kriegsfuß miteinander. Vererbt hat sie mir sicher nichts. Aber da Sie extra hergekommen sind, um mir dieses Schriftstück zu zeigen … Bringen wir es hinter uns.«

Leopold überreichte ihr den Brief. Sie überlegte kurz. »Warum haben Sie den Brief eigentlich nicht gleich der Polizei gezeigt?«, fragte sie.

»Er war doch an Sie gerichtet, und da wollte ich, dass Sie ihn zuerst sehen«, meinte Leopold unschuldig.

»Sie bringen mich da in eine ganz schöne Verlegenheit. Soviel ich weiß, ist das für die Polizei ein Beweisstück. Mache ich mich nicht einer Unterschlagung schuldig, wenn ich jetzt hineinschaue?«

Leopold zuckte die Achseln. »Kein Mensch bei der Polizei weiß, wann, wie und unter welchen Umständen Sie den Brief erhalten haben. Aber wenn es Sie beruhigt, geben Sie ihn mir wieder zurück. Ich klebe eine Marke drauf und werfe ihn in den nächsten Briefkasten. Dann sind Sie aus dem Schneider.«

Frau Gertrud zögerte einige Augenblicke, dann siegte die Neugier. »Ach was, ich möchte jetzt wissen, was drinnen steht«, sagte sie, riss hastig das Kuvert auf und nahm ein einfaches Blatt Papier in die Hand.

Ihr Gesicht verfärbte sich rasch. »So ein Biest!«, zischte sie.

Leopold machte einen Zug an seiner Zigarette und nippte an seiner Tasse Kaffee. Wortlos drückte ihm Frau Gertrud das Schreiben ihrer Schwester in die Hand.

Er überflog die wenigen handgeschriebenen Zeilen. Der Brief begann direkt, ohne Anrede:

Von mir aus kannst du das Bild behalten und in deinem gottverlassenen Haus aufhängen. Deinen Alois wirst du damit nicht zurückgewinnen. Den hast du auf immer verloren. Man kann einen Menschen eben nicht kaufen. Frag ihn doch selber, was er von dir denkt. Dann wird er dir sagen, dass du eine langweilige Nudel bist, so, wie er es mir gesagt hat. Aber behalte das Bild ruhig, wenn du es dir einbildest.

Das Geld gehört mir, das warst du mir schon immer schuldig. Ich habe mir nur genommen, was mir zusteht, da brauchst du dich gar nicht aufregen.

Demnächst fahre ich weit fort. Ich glaube nicht, dass wir uns wiedersehen, wenn ich zurückkomme. Mir ist seit heute klar, dass ich dich nicht mehr sehen will. Mache es dir lieber ohne mich gemütlich und denke nicht mehr an mich, wie ich auch nicht mehr an dich denke. Denke auch nicht mehr an Alois. Es ist zwecklos.

Susanne

»Darf ich eine Zigarette haben?«, fragte Gertrud.

»Natürlich«, sagte Leopold. »Ich habe nur nicht gewusst, dass Sie rauchen.«

»Ich rauche auch nur hie und da, etwa, wenn ich mich aufrege, so wie jetzt«, sagte sie. Sie nahm eine von Leopolds Zi-

95

garetten, ließ sich von ihm Feuer geben und blies hastig den Rauch in die Luft. Nach ein paar Zügen redete sie weiter:

»Sie haben das geahnt, Sie wollten so etwas lesen, nicht? Deswegen haben Sie mir den Brief gebracht.«

»Und was sollte das für einen Zweck haben?«

»Sie wollten sehen, wie ich reagiere, nicht wahr? Also schauen Sie mich an und urteilen Sie selbst. Ich bin traurig über Susis Tod, mitgenommen und koche gleichzeitig innerlich vor Wut. Deckt sich das mit Ihrem Befund?«

»Ich bin nicht da, um einen Befund auszustellen, aber es schien mir die einzige Möglichkeit, Ihnen die letzte Nachricht Ihrer Schwester zu übermitteln.«

Gertrud lachte kurz verkrampft auf.

»Es wäre wohl besser gewesen, Sie hätten den Brief nicht vorbeigebracht«, sagte sie.

»Vielleicht! Aber dann hätte ihn die Polizei zuerst in die Hände bekommen, und Sie hätten ganz unvorbereitet Rede und Antwort stehen müssen. Wäre Ihnen das lieber gewesen?«

»Ich hätte ihn gleich zerreißen sollen, als Sie ihn mir gaben. Ich habe gewusst, dass es nur eine Gemeinheit sein kann.«

»Das hätte an der Situation wohl auch nicht viel geändert. Was einmal geschrieben worden ist, kann man nicht einfach ungeschehen machen. Sie hätten sich wohl immer gefragt, was die letzte Botschaft Ihrer Schwester gewesen sein könnte. Sie hätten Mutmaßungen angestellt. Die Ungewissheit hätte an Ihnen genagt. Sie hätten vielleicht nicht gut geschlafen. Immerzu hätten Sie wissen wollen, was die letzte Mitteilung Ihrer Schwester an Sie war. Wäre das nicht schrecklich gewesen?«

»Mag sein. Aber mein jetziger Zustand ist auch nicht gerade rosig. Ich fühle mich scheußlich und weiß jetzt erst recht nicht, was ich mit dem Brief machen soll.«

»Das können Sie jetzt halten, wie Sie wollen. Wenn Sie ihn der Polizei geben wollen, weil er ja doch immerhin ein Beweisstück ist und Sie eine ehrliche Haut sind, sagen Sie, sie hätten ihn heute mit der Post erhalten. Das Kuvert haben Sie in der Aufregung weggeworfen. Das fällt nicht auf.« Leopold nahm ein Brötchen mit Schinken und Käse und biss herzhaft hinein, dann sagte er:

»Schmeckt ausgezeichnet, Frau Gertrud, fast so gut wie bei uns im Kaffeehaus. Aber jetzt habe ich noch eine Bitte. Darf ich Ihnen ein paar Fragen stellen? Es trifft Sie dann nicht so unvorbereitet, wenn die Polizei das nächste Mal kommt, oder wenn Sie vorgeladen werden, verstehen Sie?«

Ein Anflug von einem Lächeln huschte über Frau Gertruds Gesicht. »Ich habe nichts anderes erwartet«, sagte sie. »Ich weiß doch, was für eine neugierige Person Sie sind. Wenn Sie jetzt den Kaffee ausgetrunken hätten und gegangen wären, wäre ich direkt enttäuscht gewesen.«

»Sie waren also verliebt in den Herrn Alois?«, fragte Leopold.

»Verliebt ist ein viel zu schwacher Ausdruck«, sagte Gertrud. »Sagen wir lieber: Alois war die große Liebe meines Lebens. Und er hat mich auch geliebt. Es war eine schöne Zeit. Daran kann auch dieser gehässige Brief nichts ändern.«

»Verzeihen Sie. Wie kommt es dann, dass Ihre Schwester Alois so vehement für sich in Anspruch genommen hat? Dass sie so unschöne Dinge in den Brief hineinschreibt?«

»Lieber Leopold, meine Schwester war in dieser Beziehung leider eine Träumerin. Ich würde es so formulieren: Sie hat ihm die schönen Augen gemacht, und zwischen Alois und mir hat es dann gefunkt. Wir haben ihn beide bei mir im Geschäft kennengelernt. Er hat da öfter einen kleinen Braunen getrunken. Sie hat ihm dann meistens einen Punschkrapfen dazu spendiert und mit ihm zu plaudern begonnen. Dem Alois hat das gefallen, und das eine oder andere Mal ist er auch anzüglich geworden, man kennt ihn ja. Sie hat sich mächtig etwas darauf eingebildet, aber es hatte nichts zu bedeuten. Zu einem Rendezvous hat er dann schließlich mich eingeladen.«

Frau Gertrud, das stille Wasser, dachte Leopold. Er erinnerte sich an die Eleganz ihrer Bewegungen, als sie ihm über die Treppe entgegen gekommen war. Wie überlegen sie ihrer Schwester gewesen sein musste. Er hätte damals sicher nicht anders gehandelt als der Herr Alois.

Gertrud erzählte weiter:

»Die Probleme begannen, als meine Schwester etwas von unserer Beziehung merkte. Sie versuchte immer, dazwischenzufunken und uns das Leben so schwer wie möglich zu machen. Wenn ich mit Alois eine intime Stunde verbringen wollte, mussten wir eine Zeit wählen, in der sie im Geschäft war. Zu ihm konnten wir nicht gehen, denn er war ja verheiratet.«

»Verheiratet?« Leopold war jetzt wirklich überrascht. »Und das wussten Sie? Und dennoch war er die große Liebe Ihres Lebens?«

»Ja, selbstverständlich, das hat einander nie ausgeschlossen. Alois ist ein ehrlicher Mensch, er hat mich sehr bald von seiner Ehe in Kenntnis gesetzt. Aber es war schön, seine Geliebte zu sein. Ich war älter als seine Frau und trotzdem die Nummer eins in seinem Leben. Das ist doch etwas. Und es war nicht nur das Sexuelle, wir hatten viele gemeinsame Interessen. Wir machten Ausflüge und gingen tanzen. Alois war ja ausgesprochen unternehmungslustig und immer Kavalier. Ich spürte, dass ich zu ihm gehörte und er zu mir.«

Leopold sah an Gertruds Gesicht, dass sie diesen schönen Erinnerungen nur kurz gestattet hatte, von ihr Besitz zu ergreifen. Es verfinsterte sich, und sie schlug die Augen nieder. »Susanne und ich lebten uns in dieser Zeit auseinander«, seufzte sie. »Wir hatten uns nicht mehr viel zu sagen. Sie wurde von Eifersucht getrieben und begann dann auch noch zu trinken.«

»Zu trinken?«, fragte Leopold ungläubig. Er erinnerte sich an die angebrochene Weinflasche im Kühlschrank.

»Ja! Sie trank, weil sie unglücklich war. Es war schlimm, man konnte sie oft nicht mehr alleine im Geschäft lassen. Die Situation entschärfte sich erst etwa nach einem Jahr, als Alois mich verließ.«

»Nach einem Jahr hat Alois Sie schon verlassen?« Leopold schien die Welt nicht mehr zu verstehen.

»Der Abschied war kurz und schmerzvoll«, sagte Gertrud. »Alois stellte mich vor vollendete Tatsachen. Er sagte, er werde in Kürze in einen anderen Bezirk übersiedeln. Er hatte vorher nie davon gesprochen, wahrscheinlich, weil er nicht wollte, dass ich etwas wusste. Es müsse nun aus sein, meinte er. ›Ich habe eine Frau und eine Tochter zu Hause, die ich nicht verlassen möchte. Es ist besser, wenn wir jetzt auseinander gehen und uns immer an die schöne Zeit erinnern, die wir gemeinsam verbracht haben.‹ Das waren seine Worte. Ich hätte wissen müssen, dass unsere Beziehung nicht von langer Dauer hatte sein können.«

Leopold nickte verständnisvoll. »Haben Sie den Alois dann jemals wiedergesehen?«, fragte er.

Gertrud schüttelte energisch den Kopf. »Nein! Was vorbei ist, ist vorbei und lebt nur noch in der Erinnerung. Ich weiß zwar, dass Alois jetzt wieder in Floridsdorf wohnt, er hat mich einmal sogar angerufen. Geschieden ist er. Er hat die Treue wahrscheinlich nie so ganz richtig durchgehalten.

Treffen wollte er sich mit mir. Aber ich wollte nicht. Ich bin mit der Zeit ein sehr vorsichtiger Mensch geworden, und mir ist das Alleinsein heute lieber als jede unnötige Aufregung, wenn Sie das verstehen. Außerdem ist ihm ja meine Schwester wieder nachgestiegen, sie sind beide in denselben Seniorenklub gegangen. Nein, nein, mit Alois will ich nichts mehr zu tun haben.« Sie seufzte.

Leopold ließ einige Augenblicke verstreichen, dann sagte er:

»Frau Gertrud, da fehlt ein Foto über dem Bett Ihrer Schwester, ein ziemlich großes Ding, auf dem Alois mit ihr abgebildet ist.«

Gertrud war einen Moment sprachlos, dann wirkte sie zum ersten Mal im Verlauf des Gespräches kalt und unfreundlich. »Wie haben Sie denn das erfahren?«, fragte sie verblüfft. »Es ist doch seltsam, wie schnell sich die Dinge herumsprechen. Jedenfalls habe ich alles, was mich in dieser Sache betrifft, gestern der Polizei erzählt.«

»Natürlich, natürlich«, beschwichtigte Leopold. »Und es war unangenehm, und Sie wollen nicht mehr darüber sprechen.«

»Verstehen Sie bitte, dass gestern ein sehr schmerzvoller Tag für mich war. Zuerst diese Auseinandersetzung mit meiner Schwester, von der Sie offensichtlich schon gehört haben, dann die Nachricht von ihrem Tod – und jetzt auch noch dieser provokante, unversöhnliche Brief. Das alles hat mich innerlich sehr aufgerieben. Ich bin im Streit von meiner Schwester geschieden und konnte den Unfrieden nicht mehr aus der Welt schaffen. Es ist zu spät, sie ist tot. Können Sie sich vorstellen, was das für eine alte Frau heißt, der im Leben nicht mehr viel geblieben ist?«

Erst kullerten zwei kleine Tränen über Gertruds Wangen, dann wurden es aber doch mehr. Leopold reichte ihr ein Taschentuch. »Das ist ja kein Verhör, Frau Gertrud, ich will Ihnen nur helfen«, sagte er. »Sie haben mir vorher gesagt, dass Sie sich aussprechen wollen. Erzählen Sie mir einfach, was Sie möchten, wenn Sie so weit sind. Ich nehme mir einstweilen noch eines von Ihren leckeren Brötchen, wenn ich darf.«

Gertrud nickte stumm. Dann entstand eine jener unangenehmen Pausen, in denen keiner redet und man nur von irgendwoher das Ticken einer Wanduhr hört. Leopold wartete geduldig, während sich Frau Gertrud zweimal schnäuzte und ihre Tränen abtrocknete. Schließlich schien sie sich gefangen zu haben.

»Es war Montagvormittag, als mich Susanne plötzlich anrief«, sagte sie. »Ich glaubte meinen Ohren nicht zu trauen. Wir hatten ja die ganzen letzten zehn Jahre, seit ich wieder in meinem Elternhaus lebe, so gut wie keinen Kontakt mehr miteinander gehabt. Also war ich neugierig, was sie auf einmal wollte. Und ich hätte es mir fast denken können – es ging ums Geld. Sie wollte sich 5.000 Euro von mir borgen. Sie sagte, sie benötige das Geld ganz dringend für eine Reise, am besten solle ich es noch heute vorbeibringen. Es sei keine Zeit zu verlieren, es wäre eine ganz große Hilfe für sie. Diese Reise sei die Chance ihres Lebens.

Zunächst einmal ärgerte ich mich. Susi hatte keine Ahnung von meinen tatsächlichen Vermögensverhältnissen. Sie dachte immer, sie sei um einen Teil ihres Erbes betrogen worden.« Gertrud deutete zum Fenster hinaus, wo hinter dem Hof und dem kleinen Garten deutlich die Häuser der Reihenhaussiedlung erkennbar waren. »Wir haben nicht allzu viel für das Grundstück bekommen, die Gemeinde wusste, dass es ein Notverkauf war. Das Geschäft war bis zum Tod meines Vaters immer schlechter gegangen. Die

Mutter war bereits schwer krank und konnte nachher die Gärtnerei nicht mehr weiterführen. Und Schulden hatten wir auch jede Menge. Mein Vater spielte halt sehr gern …

Es blieb also nicht sehr viel übrig. Die Pflege der Mutter kostete einiges, das Haus musste renoviert werden, die Schulden fraßen das Meiste. Susi hat ihren ehrlichen Anteil bekommen, Leopold, so wahr ich hier sitze, alles war notariell geregelt, ich überließ ihr sogar meine Wiener Wohnung. Aber sie bildete sich ein, sie sei über den Tisch gezogen worden und brach jeden Kontakt zu mir ab. Und auf einmal wollte sie etwas von mir. Da macht man sich doch seine Gedanken.

Das Geld hatte ich, das war keine Schwierigkeit, einen Notgroschen lasse ich immer auf der Seite. Aber sollte ich es ihr so ohne Weiteres zur Verfügung stellen, so kurzfristig, fast auf Befehl?« Sie atmete tief durch. »Ich frage Sie jetzt nicht, wie Sie gehandelt hätten, Leopold. Ich wollte meine Ruhe haben, außerdem drückte mich mein schlechtes Gewissen, fragen Sie mich nicht, warum. Ich ging auf die Bank, hob das Geld ab und fuhr zu Susanne hin.

Kaum hatte sie mir geöffnet, tat mir auch schon wieder alles leid. Sie war gereizt, und ich merkte sofort, dass sie etwas getrunken hatte. Sie fing mit den alten Geschichten an und konnte es nicht lassen zu erwähnen, dass sie jetzt bei Alois die erste Geige spiele, dass er sich nicht mehr vorstellen könne, etwas mit mir anzufangen, und so weiter, und so weiter.

Dann wurde sie etwas freundlicher und kam mit der Mitleidsmasche. Ich müsse doch wissen, wie knapp ihre Geldmittel seien, und sie habe ja schon immer den Wunsch gehabt, nach Amerika zu fahren. Der Zeitpunkt sei jetzt gekommen, eine einmalige Chance, sie müsse sich nur rasch entschließen. Sie brauche das Geld, und ich sei der einzige Mensch, der ihr helfen könne.

Ich wollte eigentlich nichts wie weg und klatschte ihr das Kuvert mit den Scheinen auf den Tisch. Sie zählte sorgfältig und mit Genuss nach. Als ich sie fragte, wie sie es mir denn zurückzahlen wolle, bekam ihr Gesicht plötzlich wieder diesen gereizten, bösen Ausdruck. Von Ausborgen war auf einmal keine Rede mehr. Das sei jetzt ihr Eigentum, lange genug habe sie darauf gewartet, ich solle mich nicht so anstellen, zurückzahlen werde sie keinen Cent.«

»Und dann haben Sie einen mächtigen Zorn bekommen und ihr das Bild weggenommen?«, fragte Leopold.

»Ja, genau. Ich weiß nicht, warum, aber ich war unfähig, um das Geld zu streiten oder es ihr wieder aus der Hand zu reißen. Ich war einfach blind vor Wut. Ich dachte nicht viel nach, es ging alles ganz automatisch. Ich rannte ins Schlafzimmer und hatte das Bild von ihrem vielgeliebten Alois und ihr in den Händen, so schnell konnte sie gar nicht schauen. ›Und das hier ist mein Eigentum‹, rief ich und lief, so schnell ich konnte, aus der Wohnung. Susi rannte hinter mir her, schrie und schimpfte. Ich fürchtete schon, dass es zu Handgreiflichkeiten kommen würde, aber plötzlich gab sie auf, und ich hörte nur mehr einen hasserfüllten Wortschwall auf mich herniederprasseln, dann war ich auch schon auf der Straße.« Gertrud zuckte mit ihren Achseln. »Das war meine letzte Begegnung mit meiner Schwester, und weiß der Teufel, warum sie dann jemand in derselben Nacht umgebracht hat.«

»Das werden wir herausfinden, Frau Gertrud, verlassen Sie sich drauf«, sagte Leopold. Dann wurde es wieder einige Augenblicke ruhig zwischen den beiden. Gertrud hatte viel geredet, und Leopold hatte ihr zugehört wie ein Priester, der einer reuigen Sünderin gerade die Beichte abnahm. Der einzige Unterschied bestand darin, dass er ihr statt einem ›Vater unser‹ oder ›Gegrüßet seist du Maria‹

zur Vergebung der Sünden auftrug, ihm noch eine Schale Kaffee einzuschenken.

»Das Bild ist jetzt hier?«, fragte er nach einer Weile vorsichtig.

»Es liegt hinten, in der Abstellkammer«, sagte Gertrud. »Es bedeutet mir nichts. Meiner Schwester hat es etwas bedeutet, darum habe ich es fortgenommen. Warum erzähle ich Ihnen das alles eigentlich? Die Polizei hat gestern viel weniger von mir erfahren.«

»Gestern waren Sie noch geschockt«, beruhigte sie Leopold. »Das ist immer so. Da nehmen die Beamten auch darauf Rücksicht und fragen nur das Wichtigste. Aber sie kommen wieder, oder Sie werden ins Revier vorgeladen, das versichere ich Ihnen, und dann werden sie nicht mehr so rücksichtsvoll sein. Darum möchte ich Ihre Geschichte ja hören, damit ich weiß, was los war, bevor Sie in der Aufregung vielleicht etwas von Bedeutung vergessen.«

»Glauben Sie vielleicht, man verdächtigt mich?«, fragte Gertrud irritiert.

»Das weiß ich nicht«, sagte Leopold. »Auf jeden Fall kann die Polizei derzeit sicher niemanden als Täter ausschließen. Aber das darf Sie nicht stören. Sagen Sie, wissen Sie eigentlich, mit wem Ihre Schwester nach Amerika fahren wollte? Hat sie irgendetwas gesagt?«

»Ich weiß gar nichts. Aber mit wem hätte sie denn fahren sollen? Mit dem Alois wahrscheinlich, das ist doch nicht schwer zu erraten.«

Leopold wusste, dass er dieses Gespräch jetzt bald beenden musste, um sein Gegenüber nicht zu überfordern. »Eine Frage hätte ich noch«, sagte er. »Wissen Sie ungefähr, wann Sie Susi das Geld brachten?«

»Es muss so um halb drei herum gewesen sein«, versuchte Gertrud sich zu erinnern.

»Und Sie sind sicher, dass Ihre Schwester etwas getrunken hatte, als Sie kamen?«

»Absolut sicher. Anderen wäre es vielleicht nicht gleich aufgefallen, aber ich habe es sofort bemerkt.«

Leopold wunderte sich, dass ihm bei der so unglücklich Verschiedenen nie eine Alkoholisierung aufgefallen war. Sie war auch am letzten Montag, wie an allen anderen Tagen, ruhig im Kaffeehaus gesessen und hatte sich an ihrem Apfelstrudel gütlich getan. Nichts hatte auf einen vorhergehenden Alkoholmissbrauch oder eine heftige Auseinandersetzung mit ihrer Schwester hingedeutet. Aber die Menschen waren eben verschieden und so schwer berechenbar in ihren Handlungen und Seelenzuständen.

Er wollte gerade aufstehen, sich höflich verabschieden und gehen, als er sah, dass Gertrud Susi Niedermayers Brief wieder in den Händen hielt – in einer Hand, besser gesagt, denn in der anderen hielt sie ein Feuerzeug und setzte das kleine Blatt Papier in Flammen. Es dauerte nicht lange, bis es im Aschenbecher verglüht war. »Jetzt brauche ich nicht mehr darüber nachzudenken, was ich mit dem Brief machen soll«, sagte Gertrud, und ihrer Stimme war eine spürbare Erleichterung anzumerken. »Ich wollte Susis letzte Worte endgültig auslöschen – sie sollen mich nicht ständig an diesen schrecklichen Tag erinnern. Die Polizei braucht nichts davon zu erfahren, es ändert ohnedies nichts an der Sache. Sie verstehen mich doch, Leopold?«

Leopold sagte:

»Voll und ganz. Ich habe Ihnen doch gesagt, dass ich Ihr Freund bin und Ihnen helfen will. Frau Gertrud – wenn Sie irgendetwas auf dem Herzen haben, oder wenn Ihnen noch etwas Wichtiges einfällt, kommen Sie doch einfach im Kaffeehaus vorbei oder rufen Sie mich an. Jetzt muss ich aber gehen, sonst versäume ich noch meinen Dienst. Vielen Dank für den Kaffee und die Brötchen.«

Gertrud begleitete ihn hinaus und winkte ihm noch nach, als er mit seinem Auto ihr Grundstück verließ. Leopold aber wunderte sich darüber, dass sie den Brief so plötzlich vor seinen Augen vernichtet hatte. Es mochte ihrer starken Erregung und den vielen unangenehmen Erinnerungen zuzuschreiben gewesen sein, da tun Frauen schon einmal etwas Rätselhaftes. Oder war es ihr doch darum zu tun gewesen, ein Beweisstück, das jederzeit gegen sie verwendet werden konnte, möglichst rasch und unauffällig aus der Welt zu schaffen?

Es war ihm jetzt unangenehm, dass ihn Frau Gertrud zu ihrem Mitwisser gemacht hatte. Denn er war nicht mehr vollständig von ihrer Unschuld überzeugt.

* * *

Die 10-Uhr-Pause näherte sich ihrem Ende. Thomas Korber biss gerade hastig in eine Wurstsemmel auf seinem engen Platz in einer Ecke des Lehrerzimmers, als ihn die Sekretärin, Frau Pohanka, auf die Schulter tippte:

»Herr Professor Korber, der Herr Direktor wünscht Sie zu sprechen.«

Korber spülte den Brocken mit einem Schluck kaltem Kaffee hinunter, der noch von der vorigen Pause übrig geblieben war, und fragte:

»Der Herr Direktor? Jetzt gleich?«

»Jetzt gleich!«

Frau Pohankas diskreter, aber unmissverständlicher Ton ließ keinen Zweifel daran aufkommen, dass die Sache ernst war. »Sie brauchen sich keine Sorgen zu machen, die 4A wird in der Zwischenzeit von Herrn Professor Neururer betreut«, fügte sie noch hinzu.

Korber stand langsam auf. Er sah sich ein wenig hilflos um, aber die meisten seiner Kollegen waren zu sehr in ein Gespräch vertieft oder zu beschäftigt, um von ihm Notiz zu nehmen. »Ach, von Kollegen Neururer«, wiederholte er langsam, um etwas zu sagen und sich keine Unsicherheit anmerken zu lassen.

Er wusste, dass es nichts Gutes bedeutete, wenn der Chef seine Sekretärin in den Kampf schickte und nicht persönlich vorbeikam, um etwas mit einem Kollegen zu besprechen. Direktor Marksteiner war nicht so sehr für das Förmliche. Er ließ sich oft im Konferenzzimmer blicken, um etwas über die große Zahl kleiner Probleme zu erfahren, mit denen sein Lehrerstab täglich zu kämpfen hatte. Vieles wurde dann gleich in einem kurzen persönlichen Gespräch an Ort und Stelle gelöst. Dass dem jetzt nicht so war, sondern dass Korber offensichtlich zu einem Vieraugengespräch in Marksteiners Heiligtum zitiert wurde, ließ ihn ahnen, dass die Sache unangenehm zu werden drohte. Und er lag mit seiner Vermutung richtig.

Als Frau Pohanka die Tür zum Direktionszimmer öffnete, sah Korber Peter Prokesch, einen der Lehrervertreter, drinnen sitzen. Prokesch nickte ihm kurz verlegen zu. Direktor Marksteiner, ein etwas untersetzter, gut erhaltener Endvierziger mit bereits stark ergrautem Haar, bedeutete Korber, sich in den bequemen Fauteuil ihm gegenüber zu setzen. Dann begann er auch schon mit der für ihn typischen leisen, ruhigen Stimme, die durch Mark und Bein schneiden konnte:

»Lieber Kollege Korber, ich musste Sie leider zu mir rufen lassen, um Ihre Auskunft in einer unangenehmen Sache zu erbitten. Ich habe heute eine telefonische Aufsichtsbeschwerde, Sie betreffend, entgegennehmen müssen. Es heißt, Sie hätten intime Annäherungsversuche an ein Mädchen Ihrer Maturaklasse gemacht. Stimmt das?«

»Ich weiß nicht … wie der Anrufer darauf kommt«, antwortete Korber ausweichend.

»Das weiß ich auch nicht, darum rede ich ja jetzt mit Ihnen«, sagte Marksteiner. »Sie meinen also, dass es sich um eine grundlose Anschuldigung handelt?«

Prokesch rutschte nervös auf seinem Sessel hin und her. Korber überlegte kurz, dann sagte er:

»Ich glaube, ich weiß, in welche Richtung die Vorwürfe gehen, aber ich bin mir keiner dienstrechtlichen Verfehlung bewusst.« Dann schwieg er. Da Marksteiner auch schwieg und die Stille in der Kanzlei nach ein paar Sekunden unerträglich wurde, fuhr Korber schließlich fort:

»Ich habe mich mit einer Schülerin meiner Klasse einige Male vor dem Unterricht im ›Heller‹ vorne an der Ecke getroffen. Wir haben geplaudert, mehr nicht. Ich sehe nicht ein, dass ich mir deswegen Vorwürfe machen müsste.«

Prokesch kaute jetzt an seinen Fingernägeln. Direktor Marksteiner lächelte so, als wisse er alles und könne jeden Augenblick das Richtschwert auf Korber niedersausen lassen. »Ich kenne den Namen des Mädchens«, sagte er. »Gabi Neuhold. Eine fesche Person. Es wird mir nicht schwer fallen, die Richtigkeit Ihrer Ausführungen zu überprüfen.«

Korber wollte etwas erwidern, aber Marksteiner schnitt ihm das Wort ab:

»Sagen Sie, sind Sie von Sinnen, Korber? Was fällt Ihnen ein, sich mit diesem Mädchen einzulassen? Können Sie sich nicht mehr daran erinnern, dass sie uns schon vor zwei Jahren Schwierigkeiten gemacht hat? Kollege Kilian war damals der Leidtragende.«

Ja, es stimmte. Professor Albert Kilian, ein neuer, junger, schüchterner und sehr in sich zurückgezogener Zeichenlehrer war so etwas wie Gabis erstes Opfer gewesen. Sie hatte gewusst, dass er in seiner Freizeit Aktbilder malte und hatte sich ihm als Modell angeboten. Den guten Kilian hatte zwar die Anzüglichkeit des Antrags verblüfft, er hatte aber zunächst alles für sich behalten. Erst, als die ersten Gerüchte die Runde machten und Gabi immer zudringlicher wurde, vertraute er sich einem Kollegen an. Es gelang schließlich, die Sache ohne größere Umstände zu regeln. Gabi ließ den armen Kilian fortan in Ruhe, nicht zuletzt deshalb, weil ihr Marksteiner klarmachte, dass er von ihrer Unschuld nicht ganz überzeugt war und ihr für den Wiederholungsfall eine Disziplinaruntersuchung androhte.

Zwei Jahre war es her, und Korber war schon damals Gabis Klassenvorstand gewesen. Er hatte die Sache offensichtlich verdrängt. »Ich kann Ihnen nur versichern ...«, versuchte er einen neuen Anfang.

»Versichern Sie mir lieber nichts«, sagte Marksteiner, nun wieder eine Nuance leiser. »Ich glaube, es war noch nicht sehr hell, als ich unlängst um 7 Uhr früh in der Nähe des Bahnhofs zwei Gestalten in inniger Umarmung in einer Toreinfahrt gesehen habe. Ich konnte sie jedenfalls nicht genau erkennen. Hoffen wir, dass die beiden von niemand anderem erkannt wurden.«

Korber lief rot an. Auf Prokeschs Stirn standen Schweißperlen.

»Genug! Was ich Ihnen jetzt sage, sage ich Ihnen nur einmal, und das in Anwesenheit Ihres geschätzten Kollegen Prokesch. Ich wünsche keine Annäherungen von Lehrern an Schüler, seien sie von scheinbar auch noch so harmloser Art. Ich wünsche ferner, dass Sie sämtliche Schüler Ihrer Klasse gleich behandeln und dass nicht einmal Grund für den leisesten Verdacht bestehen kann, es gäbe da irgendeine Bevorzugung. Das ist nämlich das Hauptanliegen unseres Anrufers. Er hat ›menschliches Verständnis‹ signalisiert, sollte es keinen weiteren Grund zur Beschwerde geben. Also reißen Sie sich am Riemen, Korber. Werden Sie vernünftig. Am besten wäre es, wenn Sie ... na ja ... eine Frau fänden, aber eine richtige Frau. Haben Sie noch nie in diese Richtung gedacht? So, das wär's fürs Erste. Aber ich werde Sie beobachten, verlassen Sie sich drauf.«

Nach diesen Worten lockerte sich Marksteiners Gesichtsausdruck. Er lächelte kurz versöhnlich und reichte Korber die Hand. Er betrachtete die Angelegenheit als vorläufig erledigt. Es lag ihm nicht daran, seine Kollegen zu schikanieren oder zu disziplinieren. Hinter seiner harten Schale steckte ein weicher Kern. Er stand hinter seinem Lehrkörper und setzte letztendlich auf Einsicht und Vernunft bei allen Betroffenen. Dank seiner Umsicht und seines Überzeugungsvermögens musste er selten zu wirklich strengen Maßnahmen greifen. Aber hier war er nahe daran gewesen.

Als Prokesch gemeinsam mit Korber auf den Gang hinaustrat, dampften beide. Prokesch nahm die Vertretung seiner Kollegen sehr ernst und war außerdem einer derjenigen, die Marksteiner für unberechenbar hielten. »Puh, das war aber knapp«, raunte er Korber zu und öffnete seinen Kragenknopf. »Ich habe schon schwarz für dich gesehen.«

»Wieso denn?«, fragte Korber so unschuldig er nur konnte. Er wollte Prokesch gegenüber nicht zugeben, wie ernst er seine Situation für eine kurze Zeit selbst eingeschätzt hatte.

»Kannst du dir das nicht denken? Verführung abhängiger Minderjähriger kann man dir anhängen, und dann bist du deinen Job los. Noch dazu: weißt du, *wer* angerufen und sich beschwert hat? Der Nowotny von der Bezirksvertretung.«

»Dem geht's doch nur um seinen Sohn, darum, dass er die Matura auf Anhieb schafft. Einmal hat der Erich ja schon wiederholen müssen. Und jetzt probiert sein Vater eben alles – und hat offensichtlich eine Schwachstelle gefunden«, sagte Korber leichthin.

»Ich glaube, dein Glück war nur, dass Marksteiner weiß, welches Biest die kleine Neuhold ist, deshalb gibt er dir noch eine Chance«, entgegnete Prokesch. »Im Vertrauen – bei mir hat sie es ja auch schon versucht. Aber in unserem Beruf darf man eben auf keine falschen Gedanken kommen.«

Nein, war denn das die Möglichkeit! Prokesch, der Frauenheld, der verschwitzte Frauenheld. Der monogame Frauenheld mit Eheweib und zwei Töchtern. Der moralische Frauenheld. Ewig schade für das weibliche Geschlecht, dass dieser Typ in finsteren Schulklassen und einer behaglichen Eigentumswohnung verkümmerte. Doch sprengst du einmal die Fesseln, Geknechteter, wer weiß …

Irgendwie hatte es Korber nie ganz geschafft, seinen Lehrervertreter ernst zu nehmen. Was er aber da jetzt hörte, traf ihn wie ein Keulenschlag.

»Dabei ist sie ja wirklich ein verschlagenes Luder«, fuhr Prokesch nämlich fort. »Will sie jemandem den Kopf verdrehen. Aber wenn du genau Bescheid wissen willst, brauchst du nur einmal um halb drei bei dem kleinen Parkplatz bei der Alten Donau zu sein. Da wird sie jeden Tag von so einem Kerl mit dem Motorrad abgeholt, mit intensiver Begrüßungszeremonie inklusive Abknutschen und Ausgreifen von oben bis unten. Na ja«, lächelte er verlegen, »ich glaube, wir müssen jetzt in die Klasse. Hoffentlich ist die Sache damit erledigt.«

Prokesch, der Voyeur. Also, so was! Aber obwohl er ihm nicht ganz traute und die Sache innerlich herunterspielte,

111

verspürte Korber doch einen Stich in seiner Brust. Hatte Gabi wirklich nur mit ihm gespielt?

Egal, Korber durfte sich keinen sentimentalen Gedanken an seine Schülerin mehr hingeben. Er war jetzt selbst in die Aufklärung des Mordfalles verwickelt und hatte das bereits gehörig zu spüren bekommen. Ferdinand Nowotny, der Mächtige, hatte ihn bereits einen Tag nach ihrem Aufeinandertreffen beim ›Beinsteiner‹ wissen lassen, dass er vorsichtig sein musste. Die Botschaft lautete offenbar: ›Stecke deine Nase nicht in meine Dinge, dann ist mir dein Privatleben auch egal‹.

Es gab da jedenfalls diese komische Sache mit den Spendengeldern, über die Korber gerne noch mehr erfahren wollte. Vielleicht wusste Leopold etwas. War es eine derart brisante Angelegenheit, dass daraus der Mord an einer alten Dame resultierte? Wer weiß. Das Treffen am Abend im Kaffeehaus würde ihm sicher neue Aufschlüsse bringen.

8

Leopold war zwar schon ein wenig spät dran, aber er gab der Verlockung, aufs Gas zu steigen, nicht nach. Wer schnell fuhr, konnte nicht denken, und es lag ihm etwas daran, seine Gedanken zu ordnen und all das Neue, das er erfahren hatte, in den richtigen Zusammenhang zu bringen. Darum zogen die Bäume und Häuser draußen nur langsam an ihm vorbei, als er sich einige Fragen stellte.

Frage eins: Konnte Gertrud auch nur in irgendeiner Hinsicht die Mörderin ihrer Schwester sein? Sie hatte ein klares Motiv: Susanne hatte ihr Geld abgeluchst, das sie vielleicht wieder zurück haben wollte. Daraus konnte ein Streit mit tödlichem Ausgang entstanden sein. Nicht unmöglich, wenn man bedachte, dass Susi wahrscheinlich betrunken und aufreizend gewesen war. Man musste jedenfalls erfahren, ob in der Wohnung Frau Niedermayers ein Kuvert mit Geld gefunden worden war.

Aber auch Susis Vereinnahmung von Gertruds früherem Freund Alois könnte eine Auseinandersetzung ausgelöst haben. Auch wenn Susi Niedermayer nur geprahlt und keine wirkliche Beziehung mit ihm gehabt hatte, hatte sie ihre Schwester damit wahrscheinlich tief in der Seele getroffen. Dass Gertrud das Bild im Schlafzimmer wutentbrannt entfernt hatte, sprach Bände. Also Mord aus Eifersucht?

Aber würde Gertrud von Mittag bis nach Mitternacht gewartet haben? Hätte sie da nicht eher gleich zugeschlagen? Oder hatte sie sich wirklich bei Nacht und Nebel noch einmal ins Auto gesetzt und war zu ihrer Schwester zurückgefahren? Leopold konnte sich das nicht gut vorstellen.

Frage zwei: Hatte Alois etwas mit der Sache zu tun? Susanne Niedermayer hatte ihn offensichtlich nach seiner Rückkehr für sich beansprucht. War aber die Beziehung über das rein Oberflächliche hinausgegangen? Oder hatte sie nur in Susannes Einbildung gelebt und dort immer bizarrere Formen angenommen, bis sie Alois vor eine für sie vielleicht schreckliche Wahrheit gestellt hatte? Daraufhin eine Auseinandersetzung, Streit, beide haben etwas getrunken, irgendwo liegt ein schwerer Gegenstand, der Mann schlägt zu, die Frau fällt nieder und rührt sich nicht mehr. Zuerst Panik, dann werden alle Spuren verwischt, Alois macht sich heimlich, still und leise, davon, die arme Frau

Ivanschitz hört nur etwas in ihrem Unterbewusstsein, sie ist ganz auf den Betrunkenen fixiert, der eine halbe Stunde vorher da war.

So mochte es gewesen sein. Immerhin war Alois Herbst am Vortag nicht im Klub gewesen, was hatte ihn an der Teilnahme am Diavortrag gehindert? Leopold beschloss, der Sache nachzugehen. Hatte Alois etwa eine Verletzung davongetragen?

Leopold überlegte weiter. Frage drei: Was war mit dem Geld geschehen, das Gertrud ihrer Schwester am Tag des Mordes vorbeigebracht hatte? 5.000 Euro waren kein Pappenstiel. Es wurde augenscheinlich immer wichtiger zu erfahren, ob die Polizei das Kuvert mit diesem Betrag in Susanne Niedermayers Wohnung gefunden hatte. Wenn das Geld fehlte, war ein Raubmord nicht ausgeschlossen, obwohl Raubmörder ihre Opfer nicht sehr häufig nach Mitternacht aufsuchten. Überhaupt musste der Täter dann ja auch gewusst haben, dass eine entsprechende Summe vorhanden war.

Also doch Frau Gertrud? Und was hatte es mit dem lautstarken Besucher auf sich, den Frau Ivanschitz zu später Stunde ausgemacht hatte? Was war überhaupt mit Frau Ivanschitz selbst oder ihrem Gatten? Man eilt Frau Susi zu Hilfe, entdeckt dabei das Geld, kommt nach einer Weile wieder …

Immer mehr Möglichkeiten boten sich an. Aber am wichtigsten erschien Leopold die Frage vier: Warum und mit wem hatte Susanne Niedermayer eine Amerikareise geplant? Warum war es für sie so wichtig gewesen, sich dafür das entsprechende Geld zu organisieren? Hätte es etwa eine Liebesfahrt mit dem wieder aufgetauchten Alois werden sollen? Auch daran zweifelte Leopold zunächst aufgrund dessen, was er von Frau Gertrud gehört hatte. Es blieb aber

114

die nächstliegende Möglichkeit. Wer kam denn sonst in Frage? Ein anderer Mann aus dem Klub? So viele Männer kannte Frau Susi nicht. Aber wer auch immer zu dieser Fahrt ins Heilige Land auserkoren war, schien verdächtig.

Leopold musste mit Alois Herbst sprechen, am besten, noch bevor Richard Juricek mit seinem Gefolge im Klub ›Fernweh‹ auftauchte. Im Geist notierte er sich den morgigen Nachmittag als Termin.

»Verdächtig ist also im Grunde jeder«, dachte er, als er seinen Wagen noch etwas gedankenverloren beim Café Heller einparkte. Er nahm die Sonnenbrille ab und kämmte sein Haar zurück, ein letztes Zeichen, dass er in wenigen Minuten seinen Dienst antreten würde. Dass er sich um beinahe 20 Minuten verspätet hatte, störte ihn nicht. Das durfte nach Jahren täglicher peinlichster Pünktlichkeit schon vorkommen. Schließlich ermittelte er jetzt in einem Mordfall. Da mussten die werten Gäste ein Einsehen haben, wenn sie ihre Melange oder den Guglhupf von ihm ein wenig später serviert bekamen.

* * *

Als Leopold zur Kaffeehaustüre hereinkam, brachte Frau Heller gerade schwungvoll, aber leicht gereizt eine Flasche Bier und eine heiße Schokolade in die zweite Loge. »Beeilen Sie sich mit dem Umziehen«, rief sie ihm zu. »Der Herr Waldbauer hat heute Mittag einen dringenden Termin beim Zahnarzt, er hat leider nicht auf Sie warten können. Und wir haben Gäste, wie Sie sehen!«

Oje, dachte Leopold, dicke Luft. Wenn die Chefin einmal selbst die Sache in die Hand nahm, war der Karren ziemlich verfahren. Dass aber der Herr Waldbauer seinen Dienst immer pünktlich auf die Minute beenden musste!

115

Mit Zahnarztbesuch hatte das nichts zu tun, das wusste Leopold. Es waren der Egoismus und die Rücksichtslosigkeit einer jüngeren Generation. Wie oft schon hatte er gewartet, wenn sich ›Waldi‹ ein bisschen verspätete. Aber man konnte von seinen Kollegen offensichtlich keine Gegenleistung im umgekehrten Fall erwarten. Es wehte ein kälterer Wind in diesen neuen Zeiten, und man musste sich warm anziehen.

Der ›Waldi‹ würde von ihm schon noch etwas zu hören bekommen, auch wenn er ihn morgen sicher mit der Leidensgeschichte seiner Zahnschmerzen plagen würde!

Leopold stülpte rasch seine Livree über, dann kam die schwierigste Aufgabe: den Dienst antreten und so tun, als sei nichts gewesen. Er betrat das Lokal mit einer leichten Verunsicherung. Das Bild, das sich ihm bot, ließ ihn auf das Schlimmste gefasst sein.

Frau Heller stand hinter der Theke und würdigte ihn keines Blickes. Schweigend blies sie den Rauch ihrer Zigarette in die Luft. Als sie merkte, dass er ein wenig hilflos zu einem einsamen Billardspieler am zweiten Brett flüchten wollte, befahl sie mit kühler, schneidender Stimme:

»Eine Melange für die Dame an Tisch drei.«

»Bitte sehr«, kam es als Antwort, und dann, beinahe untertänig:

»Ich kann wirklich nichts dafür, Chefin!«

»Nichts wofür?« Frau Hellers Blick ging immer noch geradeaus.

»Na, für die paar Minuten zu spät. Ich war nämlich eingeladen, bei einer alten Bekannten, da kommen Sie nie drauf, wenn ich Ihnen das sage. Richtig losreißen hab ich mich müssen. Und der ›Waldi‹ hätte ruhig etwas sagen können, dass er pünktlich weg muss.«

»Wer redet denn vom Zuspätkommen?«, fauchte sie ihn an. »Ich schaffe das hier auch schon einmal ohne Sie beide, und mein Mann ist schließlich auch noch da. Aber dass ich aus der Zeitung erfahren muss, dass unsere Frau Susi umgebracht worden ist, wo Sie doch angeblich einer der Ersten am Tatort waren, dass Sie mir da nicht ein Wort gesagt haben, das ist schon ein starkes Stück.«

›Ah, daher weht also der Wind‹, dachte Leopold, während er den Kaffee aus der Espressomaschine in die Schale laufen ließ. Es handelte sich keineswegs um eine Verletzung seiner Dienstpflicht, wie er befürchtet hatte, sondern um eine Caprice seiner Vorgesetzten. Mit ihrem kalten Blick und ihrem Schweigen hatte sie nur Schuldgefühle bei ihrem Untergebenen erzeugen wollen. Sie war nicht in diesen kriminalistischen Fall eingeweiht worden und sann nach Rache. Dazu benutzte sie die Waffen einer Frau.

Leopold ließ die Milch aufschäumen. Eigentlich empfahl es sich in solchen Fällen, ebenfalls zu schweigen. Aber nur die wenigsten Männer konnten das. Und Leopold konnte es überhaupt nicht. Er machte den typisch männlichen Fehler, sich rechtfertigen zu wollen, anstatt einfach den Mund zu halten und seiner Arbeit nachzugehen. Er umgab sich nicht, wie anzuraten gewesen wäre, mit einer geheimnisvollen Aura, sondern blätterte sein Innerstes offen vor die Chefin hin.

»Die Polizei hat mich in ein ziemlich hartes Verhör genommen«, sagte er. »Da war so ein cholerischer Inspektor, der überhaupt keinen Spaß verstanden hat. Anstatt froh zu sein, dass ich die Polizei verständigt habe, hat er mich nur zusammengeplärrt. Das hat sich dann alles so hingezogen, wissen Sie … und unangenehm war das Ganze, richtig unangenehm. Wenn nicht mein Freund, der Oberinspektor, gekommen wäre … Und da hat man dann einfach keinen Kopf mehr, verstehen Sie, da will man nichts mehr davon hören und nur noch seiner Wege gehen. Sagen Sie, wer hat Ihnen das eigentlich gesteckt von der Leiche und mir?«

117

»Das ist im Augenblick unerheblich. Fest steht, dass Sie unweit von hier Zeuge der polizeilichen Ermittlungen in einem Mordfall waren. Fest steht ferner, dass das Opfer ein Stammgast unseres Hauses war. Und da haben Sie es nicht der Mühe wert befunden, uns wenigstens über die wichtigsten Details Aufschluss zu geben? Wissen Sie, wie peinlich es ist, wenn einen die Leute fragen, wie sich die Sache zugetragen hat, und man muss sie auf die Zeitung verweisen, anstatt Informationen aus erster Quelle liefern zu können?«

»Als Zeuge bin ich immerhin an eine gewisse Schweigepflicht gebunden«, versuchte Leopold zu kontern.

»Papperlapapp, Schweigepflicht! Das Wichtigste hätten Sie mir schon erzählen können. Ich weiß ja, dass der Herr Oberinspektor Ihr Freund ist und Sie sehr an der Sache interessiert sind. Mir brauchen Sie nichts zu erzählen. Am liebsten würden Sie mit ihm zusammen den Mörder entlarven. Umso enttäuschender ist Ihr Verhalten uns gegenüber.«

Leopold servierte schweigend den Kaffee. Als er zurückkehrte, sagte er:

»Schauen Sie, der Herr Oberinspektor hat mir versprochen, dass er mich, soweit es geht, auf dem Laufenden hält. Er wird heute am Abend bei uns vorbeischauen. Er wird sich nach hinten zu den Kartenspielertischen setzen, da ist es um diese Zeit noch recht ruhig. Und dann wird er mir hoffentlich einige Einzelheiten erzählen, damit ich ihm behilflich sein kann. Der Thomas Korber wird auch noch dabei sein. Wir werden beratschlagen, was zu tun ist, verstehen Sie, und dann wird die Sache richtig spannend: Denn die Spur kann mitten ins Kaffeehaus führen. Vielleicht liegt es an uns beiden, an Ihnen und an mir, den entscheidenden Hinweis zu geben.«

Frau Heller machte einen tiefen Zug an ihrer Zigarette und lächelte süffisant. »Was Sie wieder für einen Unsinn zusammenreden, Leopold«, sagte sie dann. »Es liegt an Ihnen und an mir. Nie im Leben würden Sie mich vollständig informieren, sodass ich der Polizei oder Ihnen wirklich behilflich sein könnte. Sie müssen immer Ihre kleinen Geheimnisse vor mir haben. Aber gut, schauen wir einmal, wer der Polizei den entscheidenden Hinweis geben kann, Sie oder ich. Ich habe da nämlich auch meine Quellen.« Sie drückte ihre Zigarette aus. »Warten Sie's ab, Leopold, und wundern Sie sich nicht, wenn die Sache eine ganz neue Wendung nimmt.«

Leopold verharrte kurz verwundert. Was führte seine Chefin im Schilde? Er spürte instinktiv, dass sie aus gekränkter Weiblichkeit drauf und dran war, eine Unbedachtheit zu begehen. Oder hatte sie sie etwa schon begangen?

Wenn sich die Frauen einmischten, drohte der Fall kompliziert zu werden.

* * *

Niemand hatte ihn kommen sehen. Plötzlich stand er an der Theke und winkte wie wild nach Leopold: Stefan Wanko, sichtlich aufgeregt und offenbar nicht mehr ganz nüchtern.

»Leopold, komm! Ich muss dringend mit dir sprechen!«

Leopold machte eine devote Verbeugung. »Habe die Ehre, Herr Versicherungsrat«, zirpte er. »Zuerst bitte eine Bestellung. Ohne Konsumation geht gar nichts.«

»Bring mir ein Krügerl Bier und hör auf mit deinen Witzen, Leopold«, fauchte Wanko. »Mir ist nicht zum Scherzen zu Mute. Nie bist du da, wenn man dich braucht. Ich habe dich heute früh schon einmal gesucht!«

Leopold stellte das Bier mit einer schönen weißen Schaumkrone vor Stefan hin. »Na, was hast du denn auf dem Herzen?«, fragte er dann.

»Lass einmal vernünftig mit dir reden, Leopold. Die Ermordete aus der Zeitung – das ist unsere Frau Susi?«

Leopold nickte stumm.

»Die am Montagabend gerade gegangen ist, als wir so gemütlich plauderten?«

Leopold nickte abermals.

»Sag, Leopold – ich kann mich an nicht mehr viel erinnern, was diesen Abend betrifft. Wir haben doch noch über diese Susi geblödelt, über ihr Liebesleben und so. Na, und getrunken haben wir auch ganz schön. Aber ist es möglich, dass ich … ich meine, dass ich ihr vielleicht nachgegangen bin?«

»Möglich ist alles«, sagte Leopold. »Das heißt, direkt nachgegangen bist du ihr sicher nicht, denn sie hat das Kaffeehaus um einiges früher verlassen als du. Wir beide sind ja noch ein wenig beisammen gewesen. Da hast du dich dann jedenfalls erkundigt, wo sie eigentlich wohnt. Und richtig anlassig* bist du gewesen. ›Jetzt gehen wir noch zur Susi‹, hast du immer wieder gesagt. Aber du müsstest doch eigentlich selber wissen, ob du bei ihr gewesen bist oder nicht.«

»Das weiß ich eben nicht mehr, verdammt noch mal. Wenn ich es wüsste, würde ich dich ja nicht fragen«, polterte Wanko unwirsch und schlug mit der Faust auf die Theke.

Frau Hellers Gestalt erschien plötzlich wie aus dem Nichts und warf ihm einen strafenden Blick zu.

»Pst, nicht so laut, da hören schon Leute zu«, beschwichtigte ihn Leopold. Er deutete auf einen freien Tisch

---

* Sich anderen provokant annähernd bzw. annähern wollend.

neben den im Augenblick leeren Billardtischen. »Erzähl mir lieber in aller Ruhe, was los ist und warum du so aufgeregt bist.«

Frau Heller schaute noch einmal streng zu Stefan Wanko, machte einen Zug an ihrer Zigarette und verschwand dann in der Küche.

»Verstehst du denn nicht?«, fragte Wanko. »Ich habe das dumpfe Gefühl, als wäre ich bei ihr gewesen, hätte zumindest kurz in ihrer Wohnungstüre gestanden, aber das sind nur Erinnerungsfetzen, Ahnungen, Vermutungen. Was nachher war, und wie ich dann in meine eigene kleine Wohnung gekommen bin, weiß ich überhaupt nicht mehr. Ich war so bedient, dass ich erst gegen Mittag aufgewacht bin. Es war ein richtiges Glück, dass ich nur einige Kundenbesuche am Nachmittag hatte.«

Leopold nickte verständnisvoll. Er dachte an seine kleinen Wehwehchen vom Vortag und daran, dass Stefan noch weit mehr getrunken hatte als er.

»Als ich mir dann heute früh eine Zeitung gekauft und von dem Mord gelesen habe, war ich völlig fertig«, fuhr dieser fort. »Da steht, dass ein Mann in einer schwarzen Lederjacke gesucht wird, Hinweise erbeten an jede Polizeidienststelle. Du, die fahnden nach mir!«

Leopold musterte Stefan Wanko kurz von oben bis unten. »Da ist es ja sehr sinnvoll, dass du dein Markenzeichen heute gleich wieder angezogen hast«, sagte er schließlich.

»Ich hab leider im Moment nichts anderes«, sagte Wanko und fuhr sich nervös mit der Hand über die Stirn. »Der Großteil von meinem Gewand ist bei der Babsi, und da gibt es Schwierigkeiten, wie du weißt. Ich muss die Jacke tragen, ich kann ja um diese Jahreszeit schließlich nicht im T-Shirt herumlaufen.«

»So beruhige dich doch«, sagte Leopold, »und sage mir lieber, ob du mit dem Mord etwas zu tun hast. Du darfst ganz leise reden, aber verheimliche mir bitte jetzt nichts.«

»Das ist ja das Dumme, dass ich es nicht weiß. Aber so etwas müsste doch im Gehirn haften bleiben, selbst wenn man noch so besoffen ist«, flüsterte Wanko. »Also kann ich es meiner Meinung nach nicht gewesen sein, und das musst du mir glauben. Allerdings habe ich vielleicht wirklich noch bei der alten Dame vorbeigeschaut, und es ist mir ein Rätsel, was ich von ihr gewollt haben könnte …«

»Na, ein wenig plaudern mit ihr vielleicht? Du warst ja so verzweifelt und hast ein bisschen Ablenkung und Zuspruch gesucht. Oder auch ein bisschen Sex? Das hat dich schon gereizt, als ich gesagt habe, dass die Susi in ihrem Leben noch keinen Mann gehabt hat. Und vielleicht hast du dir bei einer älteren, allein stehenden Dame mehr Chancen ausgerechnet als bei deinen letzten Eroberungen. Bist halt auch nicht mehr so wählerisch. Oder wolltest du nur ein Gläschen trinken mit ihr? Du, die hat einen guten Wein im Kühlschrank stehen gehabt. Irgend so etwas wird es wohl gewesen sein. Und dann wirft dich diese Frau Niedermayer einfach hinaus. Vorher hast du allerdings ein Kuvert mit Geld in ihrer Wohnung liegen gesehen, mit relativ viel Geld sogar. Geld kannst du doch immer brauchen. Also willst du es dir holen. Sie wehrt sich. Für dich ist vielleicht alles zuerst nur Spaß, aber der Alkohol macht dich aggressiv. Du schlägst zu, und sie ist plötzlich mausetot. Du läufst mit dem Geld davon und säufst weiter bis zur Besinnungslosigkeit. Und jetzt kommst du zu mir und behauptest, du weißt nichts mehr.«

Leopold schaute Stefan Wanko sehr ernst in die Augen.

122

»Mach keine dummen Witze, Leopold, so ist es sicher nicht gewesen«, sagte Wanko ungläubig. »Ich erschlage keinen Menschen, und wegen Geld schon gar nicht.«

»Mag sein, aber andere könnten vermuten, dass es so war, und darum wird man dich suchen«, versetzte Leopold trocken.

»Und was soll ich jetzt machen? Wo soll ich hin?«, fragte Wanko verzweifelt.

Gleichsam in Beantwortung dieser Frage betrat ein Mann mit kurzen roten Haaren und hochrotem Kopf das Lokal, ging auf den Verdatterten zu und fragte:

»Sind Sie Stefan Wanko?«

Wanko nickte nur irritiert. Im selben Augenblick kam Frau Ivanschitz mit leuchtenden Augen herein. »Ist das der Mann, den Sie in der Nacht von Montag auf Dienstag vor der Tür von Frau Niedermayer gesehen haben?«, wollte Inspektor Bollek jetzt von ihr wissen.

»Ja, das ist er. Hundertprozentig. Das ist der Mörder meiner Nachbarin«, sagte Frau Ivanschitz giftig.

Bollek räusperte sich. »Eigentlich dürfen Sie das so nicht sagen, Frau Ivanschitz, denn es gilt noch die Unschuldsvermutung. Es handelt sich aber um den Mann, den Sie gesehen haben? Sie sind sich sicher?«

»Wenn ich es Ihnen doch sage!«, keifte die Ivanschitz.

»Dann danke ich Ihnen einstweilen für die tatkräftige Unterstützung«, sagte Bollek. »Herr Wanko, ich muss Sie jetzt bitten, mit uns aufs Kommissariat zu kommen, um uns einige Fragen zu beantworten. Ich mache Sie außerdem darauf aufmerksam, dass Sie unter dringendem Mordverdacht stehen.«

»Moment, Moment, so einfach geht das nicht«, warf Leopold ein. »Gestern hat mir Frau Ivanschitz erklärt, dass sie den ›großen Unbekannten‹ nur von hinten und bei schlechter Beleuchtung gesehen hat, und jetzt will sie ihn auf einmal eindeutig identifizieren? Da stimmt doch etwas nicht.«

»Mischen Sie sich nicht in eine Amtshandlung ein«, sagte Bollek stur, »sonst werde ich böse. Nicht alles, was man *Ihnen* sagt, hat Beweischarakter, wenn Sie verstehen, was ich meine. Und jetzt gehen Sie lieber abkassieren oder Kaffee servieren, und lassen Sie uns in Ruhe!«

»Ich habe den Herrn heute in der Früh gesehen, wie er das Kaffeehaus betreten hat, und da hat es einfach ›Schnapp‹ bei mir gemacht«, verteidigte sich Frau Ivanschitz. »Ich kann vielleicht einen Menschen nicht so gut beschreiben, aber wenn ich ihn wiedersehe, weiß ich sofort, was los ist.«

»Passen Sie nur auf, dass Sie vor lauter ›Schnapp‹ nicht überschnappen«, zischte Leopold.

»Das ist eine Gemeinheit«, fauchte die Ivanschitz und kam dabei Leopolds Gesicht so nahe, dass sich ein paar Tröpfchen ihres aufgewühlten Speichels in seine Wange eingruben.

»Beruhigen Sie sich doch alle miteinander!«, keuchte Bollek.

»Der da soll sich beruhigen«, sagte die Ivanschitz, immer noch spuckend, und deutete auf Leopold.

»Haben Sie überhaupt einen Haftbefehl?«, wollte der von Bollek wissen.

»Habe ich nicht, brauche ich auch nicht«, sagte Bollek. »Herr Wanko kommt vorläufig nur einmal zum Verhör mit uns mit, obwohl er der Tat dringend verdächtig ist. Und wenn Sie sonst noch irgendwelche Wünsche oder Beschwerden haben, Herr …«

»Hofer. Leopold W. Hofer«, sagte Leopold.

»Richtig. Also sollten Sie noch irgendeine Beschwerde haben, dann melden Sie das doch Ihrem Freund, dem

Herrn Oberinspektor, der wartet nämlich schon darauf, Herr Wehofer.«

»Hofer. Das ›W‹ ist eine Initiale. Zweiter Taufname, Herr Inspektor! Ich hab's Ihnen ja schon gestern gesagt.«

Leopold schüttelte erbarmungslos seinen Kopf. Inspektor Bolleks Gesicht wurde von einem gefährlichen Dunkelrot überzogen. Im selben Augenblick stieß Wanko die Ivanschitz zur Seite und lief aus dem Lokal.

»Hilfe, der Mörder flieht, der Mörder flieht!«, spie Frau Ivanschitz durchs ganze Kaffeehaus.

Bollek blieb verdächtig ruhig. Und tatsächlich brachten zwei uniformierte Beamte den Flüchtigen schon nach wenigen Augenblicken wieder zurück. Sie hatten offensichtlich draußen Wache gestanden, und einen allzu fitten Eindruck machte Stefan Wanko nicht mehr.

»Ich bezweifle, dass dieser Versuch sehr viel dazu beigetragen hat, uns von Ihrer Unschuld zu überzeugen«, bemerkte Bollek nur verächtlich. »Na ja, war jedenfalls ziemlich amateurhaft, das Ganze. Haben Sie gehört, Herr Hofer? *Amateurhaft.* Bringt ihn zum Wagen. Schönen Tag noch, die Herrschaften.«

Leopold wollte noch etwas sagen, tat es dann aber doch nicht. Er räumte stattdessen etwas konsterniert den Tisch ab und trank mit ein paar großen Schlucken Stefans Bier aus. Dann blickte er sich kurz im Lokal um. Die meisten Gäste versteckten ihr Gesicht hinter der Zeitung und raschelten weiter, als ob nichts gewesen wäre. Eine Frau plärrte einer älteren Dame mit Hörgerät ins Ohr:

»Das war die Polizei.« Dann nippte sie nervös an ihrem Kaffee.

Frau Heller stand an der Theke, tat genussvoll einen tiefen Zug an ihrer Zigarette und schüttelte nur den Kopf. »Amateurhaft, Leopold, einfach amateurhaft«, lächelte sie.

125

»Da glauben Sie, Sie sind der große Detektiv, rennen zum Tatort, schweigen sich mir gegenüber aus, aber was hat es Ihnen genutzt? Gar nichts! Keine blasse Ahnung hatten Sie davon, was sich wirklich abgespielt hat. Wenn nicht der Herr Waldbauer und ich …«

»Ja?«, fuhr Leopold, aus seinen Gedanken geschreckt, auf. Ihm schwante etwas ganz Übles.

»Na ja, wenn nicht der Herr Waldbauer und ich so viel Umsicht bewiesen hätten, wäre der Übeltäter nicht so schnell gefasst worden!«

»Was heißt das?«

»Schauen Sie nicht ins Narrenkastl, Leopold, und hören Sie zu. Als der Herr Wanko Sie heute früh gesucht hat, ist er durch Zufall der Nachbarin der Frau Niedermayer über den Weg gelaufen. Die hat sich bei uns im Kaffeehaus nach ihm erkundigt, weil sie ihn wiedererkannt hat. Na, und da wir wussten, dass er um 2 Uhr wiederkommen würde, haben wir alles der Polizei gemeldet. Die hat uns gebeten, Herrn Inspektor Bollek zu verständigen, sobald der Verdächtige im Lokal auftaucht. Und das habe ich schließlich auch gemacht.«

Frau Heller trank jetzt einen Schluck vom Rotwein. Sie hatte ein Glas neben sich stehen und feierte offensichtlich ihre Heldentat.

»Ja, wissen Sie denn, was Sie da gemacht haben?«, fragte Leopold erregt. »Sie haben einen treuen Stammgast, einen Menschen, der uns aufgrund seines unregelmäßigen Lebenswandels zu viel Geld hat kommen lassen, der Willkür der Polizei ausgeliefert. Das war ein großer Leichtsinn von Ihnen und gar keine Reklame für unser Lokal. Wenn Sie die Leute noch ein paar Mal so großzügig ins Kriminal vermitteln, haben wir bald keine Gäste mehr.«

»Im Vertrauen, auf solche Gäste bin ich nicht neugierig: ungezügelt, ständig betrunken, ein Ärgernis für unser seriöses Publikum. Weit ist es mit Ihnen gekommen, Leopold, wenn Sie jetzt schon so einem die Stange halten. Ich bin froh, dass wir alles so gut eingefädelt haben. Die Polizei ist uns dankbar, und von unserer Klientel werden wir schon niemanden verlieren.«

Täuschte sich Leopold, oder tönte Frau Hellers Stimme jetzt ein wenig höher als sonst? Und das Wort ›Klientel‹ hatte er sie auch noch nie aussprechen hören. Dafür machte sie gleich noch einen Schluck vom Rotwein. Dann fragte sie:

»Sagen Sie, Leopold, Ihr Freund, der Oberkommissar, kommt heute Abend noch?«

»Oberinspektor, Frau Chefin«, fauchte Leopold.

»Ja, genau, der Herr Oberinspektor«, sagte Frau Heller genüsslich und schon ein wenig beschwipst. »Also, ich habe beschlossen, Ihnen für diesen Zeitraum eine halbe Stunde freizugeben, damit er Ihnen Ihre Niederlage so richtig auseinandersetzen kann. Mein Mann wird in der Zwischenzeit unsere Gäste bedienen. Und dann ist dieser Fall hoffentlich abgeschlossen, Leopold. Wir sind ein Kaffeehaus und kein Kommissariat.«

»Jawohl, Frau Chefin, jawohl!« Nur mit Mühe unterdrückte Leopold die Wut, die sich langsam in ihm aufgestaut hatte. Frau Heller war davon überzeugt, richtig gehandelt zu haben, da war im Augenblick nichts zu machen. Seine Zeit würde schon noch kommen. Denn einer Sache war er sich sicher: So aufbrausend und vulgär Stefan Wanko auch sein mochte, ein Mörder war er nicht. Also musste man schauen, wie man ihm aus der Patsche helfen konnte.

Leopold blickte auf die große Kaffeehausuhr, die das Rad der Zeit hier drin sich immer ein wenig langsamer drehen ließ, als es draußen über die Menschen hinwegrollte. Die Zeiger standen auf fünf Minuten nach drei, was bedeutete, dass es schon auf die Viertelstunde zuging. In ein paar Stunden würde Richard Juricek kommen. Und während Herr Heller bediente, würden sich vielleicht neue Aspekte in dem Mordfall ergeben.

9

Draußen war es bereits dunkel geworden, im Kaffeehaus strahlten die Lampen angenehm gedämpftes Licht ab. Zeitungen raschelten, Löffel rührten im Kaffee, Billardkugeln machten ›Klack‹. Aus einer Ecke drang chronisches Husten.

Frau Heller hatte ihre zuvor an den Tag gelegte Euphorie in eine besinnliche Müdigkeit übergehen lassen. Jetzt war ihr Mann an der Reihe. Er sollte aber nicht nur an Stelle von Leopold servieren, er sollte auch möglichst viel von der Besprechung der drei Herren mitbekommen. Man musste auf dem Laufenden bleiben, und auf Leopold war in dieser Hinsicht leider kein Verlass.

Herr Heller selbst lief bereits in einer Livree durchs Lokal, die nicht so saß, wie er es aus früheren Zeiten gewohnt war. Er hatte gerade eine Abmagerungskur hinter sich und kam sich in der neuen Weite seiner Kellneruniform ein wenig verloren vor. Sein Arzt und der Blutdruck hatten ihm verordnet, dass er etwas für seine Gesundheit tun müsse. Jetzt war der Arzt zufrieden, nur er selbst fühlte sich bei einem Blick in den Spiegel um Jahre gealtert. Er dachte öfter an frühere Zeiten, als ihm lieb war.

Leopold hatte als Zeichen, dass er vorläufig außer Dienst war, sein Mascherl* abgelegt und saß bereits hinten bei den Kartentischen, wo es um diese Zeit am ruhigsten war, mit Thomas Korber zusammen. Sie plauderten angeregt über den gestrigen Abend und verhandelten Korbers bisherige Spesen.

Um genau zwei Minuten nach 6 Uhr kam dann Oberinspektor Richard Juricek zur Tür herein. Er wirkte ein wenig zerstreut und müde. Er seufzte kurz, hängte seinen Hut mit der breiten Krempe auf, ließ sich von Herrn Heller aus dem Mantel helfen und bestellte eine Schale Gold*.

»Na, Sie haben aber auch schon einmal besser ausgeschaut, Herr Heller«, bemerkte er dann zu seinem Gegenüber. Vermutlich waren Polizisten nur selten zu einer anderen Art von Kompliment fähig.

Mit einem Lächeln und einem warnenden Zeigefinger gesellte sich Juricek zu Leopold und Thomas Korber. »Servus, Leopold«, grüßte er. »Ja, wen hast du denn da wieder mitgebracht? Herrn Professor Korber, wenn ich mich nicht irre, der dir schon einmal hilfreich unter die Arme gegriffen hat. Aber, sag, waren wir nicht zu einem Gespräch unter vier Augen verabredet? Wie kommen wir zu der Ehre eines pädagogischen Beistandes?«

»Schau, Richard, es wäre doch ungeschickt gewesen, wenn ich in dieses Lokal gegangen wäre, wo mich jeder kennt. Und da hat es sich zufällig ergeben, dass …«

»Sieh an, sieh an, zu den Senioren hast du ihn geschickt, in den Klub ›Fernweh‹, weil du dich selber nicht getraut hast. Alle Achtung. Aber weißt du, Leopold, wenn du mir schon helfen willst, dann solltest du auch das tun, worum ich dich bitte, und zwar persönlich, bitte. Stattdessen steckst du deine Nase wahrscheinlich wieder in hundert

---

* Seine Fliege.
* Mokka mit heißer, geschäumter Milch.

129

andere Dinge hinein, die dich nichts angehen und von denen ich dann bei Gelegenheit erfahre. Und nichts gegen Sie, Herr Korber …«

»Ich kann ja gehen, wenn ich hier nicht erwünscht bin«, reagierte Korber beleidigt.

»Also, der Thomas hat wirklich sehr gute Arbeit geleistet, Richard«, warf Leopold ein. »Er kann dir einiges erzählen.«

Juricek machte eine wegwerfende Bewegung mit der Hand. »Bleiben Sie ruhig da, Herr Korber, es scheint in diesem Fall ohnedies keine allzu großen Geheimnisse mehr zu geben. Die Sache liegt einigermaßen klar auf der Hand. Stefan Wanko hat Frau Susanne Niedermayer im Rausch erschlagen und dann beraubt.«

»Nein, nein, lieber Freund, der Stefan war es nicht, der hat keinen Menschen erschlagen«, ereiferte sich Leopold. »Ich habe mir heute Nachmittag schon diese Schmierenkomödie von eurem Inspektor Bollek ansehen müssen. Die war ja nicht von schlechten Eltern. Aber welche Beweise habt ihr denn?«

»Der Bollek ist zwar ein wenig übereifrig, aber Indizien haben wir eine ganze Menge«, sagte Juricek trocken.

Im selben Augenblick kam Herr Heller mit seinem Kaffee und begann dann umständlich, den Nebentisch abzuwischen und die Sessel zurechtzurücken. Juricek machte einen Schluck, zündete sich eine Zigarette an und brummte dann ungeduldig:

»Sie haben es auch schon einmal geschickter angestellt, wenn Sie etwas mithören wollten, Herr Heller.« Woraufhin sich der Chef des Hauses leicht errötend, mit beleidigter Miene und unbefriedigter Neugier entfernte.

Leopold und Korber aber lauschten andächtig Juriceks Ausführungen.

»Da ist zunächst einmal die Zeugin Ivanschitz, die deinen Freund Wanko eindeutig als jenen Mann identifiziert hat, der in der fraglichen Nacht bei Susanne Niedermayer in der Tür stand und zudringlich wurde«, begann er.

»Richard, die Frau Ivanschitz hat mir gegenüber behauptet, dass sie den Mann nicht genau beschreiben kann, sondern dass ihr nur seine schwarze Lederjacke aufgefallen ist. Und jetzt will sie ihn auf einmal eindeutig wiedererkannt haben. Da stimmt etwas nicht, so eine Zeugin kann höchstens einen Ahnungslosen wie den Bollek beeindrucken«, meldete sich Leopold gleich zu Wort.

Juricek winkte ab. »Das kommt oft vor, dass Zeugen zunächst nur reichlich ungenaue Angaben machen können, aber wenn sie einem Menschen wiederbegegnen, dann funkt es. Welchen Grund hätte die Ivanschitz, Wanko zu belasten? Außerdem haben wir an Frau Niedermayers Wohnungstür und im Vorzimmer Wankos Fingerabdrücke gefunden. Und er behauptet, nie dort gewesen zu sein. Wie passt denn das zusammen, meine Herren?«

»Vielleicht war er dort, aber er muss sie ja nicht gleich umgebracht haben«, sagte Leopold. »Wann ist denn der Mord genau passiert?«

»Zwischen halb 2 und 2 Uhr früh.«

»Aber laut Frau Ivanschitz war der Stefan früher dort.«

Juricek winkte wieder ab. »Es wurde auch der Betrag von 5.000 Euro, den die Schwester angeblich überbracht hat, nicht in der Wohnung gefunden. Kein Kuvert, kein Geld, gar nichts. Frau Niedermayer hat an diesem Tag auch nichts bei der Bank eingezahlt. Entweder hat sie es also gar nicht bekommen, raffiniert versteckt, oder es wurde gestohlen. Am wahrscheinlichsten ist Letzteres.« Juricek faltete genüsslich seine Hände im Schoß zusammen. »Wir haben einiges Geld bei Stefan Wanko gefunden. Einige 100-Euro-Scheine. Und seine Lebensgefährtin hat uns versichert, dass er am Morgen nach der Tat bei ihr auftauchte, ihr ein paar 100-Euro-Scheine zusteckte und sie bat, ihn wieder bei sich aufzunehmen. Sie hat ihn hinausgeworfen, die Scheine aber behalten. Angeblich war er sie ihr schuldig.«

»Und er hat nicht erwähnt, wo er das Geld herhatte?«

»Er konnte kaum mehr stehen. Er hat ihr nur eine Unfreundlichkeit ins Gesicht gesagt und ist dann wieder gegangen. Beim Verhör hat er sich an nichts mehr erinnern können.«

Juricek kratzte sich kurz an der Stirn, ehe er weiter deklamierte. »Schulden hat er angeblich immer, der Herr Wanko. Es ist durchaus möglich, dass er auch anderen Leuten etwas zurückzahlen musste – oder dass er irgendwo in der Firma in eine Schublade gegriffen hat und etwas Geld brauchte, damit er sie wieder auffüllen konnte. Wer weiß!«

»Das müsste sich herausfinden lassen«, sagte Leopold. »Aber etwas anderes: Wenn er wirklich nach eins dort war, mit der Niedermayer gestritten hat und dann zornig abgezischt ist, wie kam er noch einmal in die Wohnung? Sie wird ihn doch nicht wieder herein gelassen haben?«

»Das wissen wir nicht, Leopold, aber die Tür! Die Türe könnte offen gewesen sein! Sie klemmt ja ein bisschen, wie wir festgestellt haben. Wenn man sie zuzieht, muss es nicht sein, dass sie ganz schließt. Du hast das ja am eigenen Leib erfahren. Stefan Wanko geht also nach unten, zündet sich eine Zigarette an und denkt nach, soweit er noch denken kann. Aus irgendeinem Grund bleibt das Haustor offen, oder er geht gar nicht hinaus. Er ist jetzt beleidigt, in seiner Ehre gekränkt, weil ihn Frau Niedermayer vor die Türe gesetzt hat. Er will noch einmal zu ihr, plaudern, vielleicht ein Gläschen trinken. Mag sein, dass er die Sache beim ersten Mal nur falsch angestellt hat. Er reißt sich also zusammen, geht nochmals hinauf und merkt, dass die Türe nur angelehnt ist.

Er betritt die Wohnung, marschiert gleich forsch ins Wohnzimmer. Frau Susi erblickt ihn und will ihn erneut hinauswerfen. Jetzt sieht er das Kuvert mit dem Geld auf dem Tisch liegen, greift hin, die Niedermayer ebenfalls. Es kommt zu einem kurzen Handgemenge, die Niedermayer rettet das Geld vorerst – so scheint's – gegen ihren betrunkenen Widersacher. Sie dreht sich triumphierend um, da ergreift er den schweren Aschenbecher, der auf dem Tisch steht, und schlägt ihr damit auf den Hinterkopf. Er entreißt ihr das Kuvert, beseitigt schnell alle Spuren, nimmt den Aschenbecher und verschwindet. Irgendwo entledigt er sich dann der Mordwaffe und setzt seine Lokaltour fort – wahrscheinlich irgendwo in der Rotlichtszene, wo er das Geld ohne viel Aufhebens umwechseln kann.«

Leopold zuckte nur die Achseln. »Ich weiß nicht, ich weiß nicht«, sagte er. »Ein Aschenbecher war also die Mordwaffe?«

»Möglich. Frau Niedermayer wurde mit einem schweren, stumpfen Gegenstand erschlagen, so der Obduktionsbericht. Laut Herrn Berger besaß sie einen großen, ziemlich schweren Aschenbecher, den sie in letzter Zeit öfter auf dem Wohnzimmertisch stehen hatte, manchmal befanden sich auch Zigarettenkippen drin. Dieser Aschenbecher ist jetzt ebenfalls verschwunden.«

»Sie hatte also einen Bekannten, der raucht und der sie öfters besuchte«, schloss Leopold messerscharf. »Daher auch der Rauchgeruch in der Wohnung. Warum sollte das nicht der Täter gewesen sein?«

»Wir werden der Sache nachgehen, aber Stefan Wanko bleibt zunächst einmal unser Hauptverdächtiger. Er soll sich mit seinem Anwalt etwas einfallen lassen, das ihn entlastet. Bis dahin bleibt er bei uns.«

»Wünschen die Herren noch etwas?« Herr Heller scharwenzelte dienstbeflissen um den Tisch herum und versuchte, einzelne Gesprächsfetzen aufzuschnappen.

»Nein, danke«, sagte Juricek. Er wartete, bis sich der Chef des Hauses zögernd, aber doch wiederum ein paar Tische entfernt hatte, dann raunte er seinen beiden Tischnachbarn zu:

»Unsere Tote war übrigens kein Kind von Traurigkeit. Sie hatte beinahe zwei Promille Alkohol im Blut, und – jetzt pass gut auf, Leopold – sie hat in ihrem Leben einen Mann gehabt, und das ist noch gar nicht so lange her. Sie hatte in letzter Zeit regelmäßigen Geschlechtsverkehr. Ihr Sexualleben war also ausgeprägter, als wir alle vermutet haben.«

Leopold schüttelte ungläubig den Kopf. »Nein, das ist ein Tiefschlag«, sagte er mit gespieltem Ärger. »Ihr Leben lang hat die Niedermayer keinen Mann, und dann das! Ob sie wohl der Herr Berger zum Nachtisch vernascht hat? Oder ist der Alois doch noch in ihr gelandet? Egal, jedenfalls hatte sie jemanden, mit dem sie kurz vor ihrem Tod in sehr engem Kontakt stand. Und das bestärkt mich in meiner Annahme, dass der Stefan unschuldig ist und wir hier nach der Lösung des Falles suchen sollten. Ich glaube, euer Besuch im Klub morgen wird gar nicht so uninteressant werden.«

Damit hatte Korber sein Stichwort erhalten. Rasch erzählte er das Wichtigste vom Vorabend. Juricek lauschte gespannt und geduldig. Wer ihn kannte, wusste, dass er einen Fall erst dann für abgeschlossen erachtete, wenn er ein Geständnis in Händen hielt oder die Beweislast gegen eine Person erdrückend war. Er maß allen Einzelheiten die größte Bedeutung zu, auch wenn es oft nicht so aussah.

»Also, das mit den Spendengeldern ist ja ganz interessant, aber glaubt ihr wirklich, dass das ein Motiv für einen Mord sein könnte?«, fragte er schließlich.

»Der Krizmanits ist ein Pülcher«, warf Leopold ein. »Ein Spieler der übelsten Sorte. Eine Zeit lang ist er hier ein- und ausgegangen, aber nicht nur bei uns. Und überall ist er Geld schuldig geblieben. Der Gratzer hat ihm einmal finanziell ausgeholfen, das weiß ich, aber von dem hergeliehenen Geld dürfte er nicht mehr viel gesehen haben. Was liegt näher, als dem Krizmanits Spendengelder zukommen zu lassen, damit er seine Schulden beim Gratzer bezahlen kann?«

»Und die Scherer-Tochter bekommt ein Kind vom Nowotny-Sohn. Da liegt doch die Verbindung ebenfalls klar auf der Hand«, ergänzte Korber.

»Na gut, da lassen ein paar Bezirkspolitiker in einer ehrenamtlichen Funktion auf nicht ganz feine Art ein paar Leuten aus ihrem Umfeld etwas Geld zukommen«, beschwichtigte Juricek. »Aber wie auch immer man darüber denken mag, verboten ist so etwas leider nicht. Und glaubt ihr wirklich, die beiden mussten so viel Angst davor haben, dass die Niedermayer einen Skandal daraus macht, dass sie sie umgebracht haben? Ich halte das für mehr als fragwürdig. Was mich bei Weitem mehr interessiert, ist dieser unbekannte Intimpartner der letzten Wochen und die Tatsache, dass unsere liebe Tote vorhatte, zu verreisen. Womöglich mit ihm, auf jeden Fall nach Amerika.«

»Nach Amerika?« Leopold tat so ungläubig wie nur möglich.

»Nach Amerika?«, entfuhr es Herrn Heller an einem der hinteren Tische.

»Nach Amerika«, wiederholte Juricek geheimnistuerisch. »Eine Angestellte des Reisebüros am Spitz hat uns angerufen. Sie hat Frau Niedermayer auf dem Foto in der Zeitung erkannt und konnte sich genau an die Dame erinnern. Die hat sie nämlich noch am Montagvormittag – also knapp vor ihrem Tod – beinahe eine Stunde lang beschäftigt. Sie hat sich genau nach allen Arrangements für Reisen nach Amerika erkundigt, sich alle möglichen Preiskalkulationen für zwei Personen und die Telefonnummer geben lassen.«

»Na siehst du«, grinste Leopold zufrieden.

»Das könnte deinen Herrn Wanko tatsächlich entlasten. Interessanterweise hat gestern, Dienstag, ein Mann im Reisebüro angerufen und nach Frau Niedermayer und ihren Urlaubsplänen gefragt. Das könnte unser Liebhaber gewesen sein.«

Leopold machte verlegen einen Schluck aus seinem Glas Apfelsaft.

»Du könntest es natürlich auch gewesen sein«, sagte Juricek nach einer Pause.

»Ich? Wie kommst du denn darauf?« Leopold setzte jetzt seine unschuldigste Miene auf.

»Erstens kenne ich dich schon lange genug. Und zweitens hat sich der Anrufer angeblich derart umständlich nach Frau Niedermayer erkundigt, wie ich es dem Mörder einfach nicht zutraue. Du bist irgendwie an die Telefonnummer gekommen und hast mir ins Handwerk gepfuscht, Leopold. Gehört sich das unter Freunden?«

»Du hast meinen Freund auch gleich ohne Beweise festnehmen lassen.«

»Du bockst also. Was machst du, wenn ich jetzt auch bocke? Mein Kollege Bollek hat ohnehin schon eine gewisse Abneigung gegen dich entwickelt. Soll ich ihm mitteilen, dass du – um es höflich auszudrücken – Geheimnisse vor uns hast?«

Leopold versuchte es mit seinem besten ›Ich werde es ganz gewiss nicht wieder tun‹-Blick.

»Also gut, pass auf, was ich dir jetzt sage«, fuhr Juricek mit drohendem Zeigefinger fort. »Wenn du noch so ein paar Einzelgänge auf Lager hast, kannst du mich und unsere Freundschaft vergessen. Wenn du hingegen deinem Freund Wanko und vielleicht auch mir helfen willst, dann tu bitte, was man dir sagt. Ich hätte ja schon wieder eine Idee, wie man dich beschäftigen könnte.«

»Ja?« Leopolds Augen bekamen einen freudigen Glanz.

»Es gibt da noch diesen Alois, diesen Herrn Herbst. Mit dem müsste man einmal unter vier Augen reden, weißt du? Der war doch in letzter Zeit häufig mit unserem Opfer beisammen, wenn es stimmt, was man so hört. Von dem könnten wir etwas erfahren, was wir noch nicht wissen. Aber den Bollek kann ich da nicht hinschicken, der fällt gleich mit der Tür ins Haus und kriegt nichts heraus. Da bräuchte man einen Mann mit Diplomatie …«

»Und da hast du an mich gedacht«, strahlte Leopold.

»Ja, wo du doch morgen ohnedies hingehen wolltest.«

»Ich? Aber Richard …«

»Schwören könnte ich, dass du dich schon einige Zeit mit dem Gedanken getragen hast. Aber bitte! Am einfachsten ist, du gehst hin und richtest schöne Grüße von der Frau Gertrud aus, die du anlässlich des Todes ihrer Schwester wiedergesehen hast.«

»Das soll ich erzählen?«, fragte Leopold mit gespielter Ungläubigkeit.

»Natürlich! Es stimmt ja auch«, donnerte Juricek. »Oder war das etwa nicht dein Wagen, der gerade um die Ecke gebogen ist, als ich der Dame heute Mittag einen kurzen Besuch abstattete? Leopold, sei jetzt *einmal* ehrlich zu mir.«

»Ich wollte doch nur meine Kondolenz …«

»Ja, ja, kennen wir! Ausgefratschelt hast du sie, auf deine charmante Art. Ich hoffe, du wirst mir demnächst mehr darüber erzählen. Dasselbe sollst du jetzt jedenfalls mit diesem Herbst machen. Und mich gleich nachher verständigen, verstehst du?«

Juricek nahm noch einmal eine mahnende Haltung Leopold gegenüber ein, dann sagte er, zu Korber gewandt:

»Und wir sehen uns dann wohl heute Abend im Klub. Aber wir kennen uns nicht. Wenn Sie etwas Wichtiges herausfinden, rufen Sie mich später auf dem Handy an, der Leopold hat meine Nummer. Und jetzt adieu, meine Herren!«

Er stand auf, schüttelte Leopold und Korber die Hand und griff nach seinem breitkrempigen Hut und dem Mantel an der Garderobe. Als er merkte, dass Leopold noch etwas sagen wollte, fiel er ihm ins Wort:

»Den Wanko müssen wir derzeit leider bei uns lassen, da kann ich dir nicht helfen. Aber wir werden ja sehen.«

Dann verabschiedete er sich mit einer kurzen Handbewegung und einem spitzbübischen Lächeln, so als wisse er noch irgendetwas von Bedeutung, das er aber seinen beiden unfolgsamen Helfern um keinen Preis der Welt mitteilen wollte.

Vorne wartete Herr Heller in strammer Haltung. »Zahlen gewünscht, Herr Polizeirat?«, fragte er forsch.

Juricek deutete nach hinten. »Zahlt alles der Leopold«, sagte er. »Und was Sie nicht gehört haben, weiß er auch.«

* * *

Es war schon einige Zeit später, die Nebelschwaden tanzten vor den Fenstern des Café Heller auf und ab, und Thomas Korber lehnte immer noch an der Theke, ganz gegen seine guten Vorsätze, trank ein Bier und blickte in die Runde. An den hinteren Tischen fand wieder einmal eine legendäre Tarockpartie mit dem Herrn Kammersänger, dem pensionierten Kanzleirat, dem Herrn Adi und dem Herrn Hofbauer statt. Es ging diesmal recht hitzig zu, und über Mangel an Konsumation konnte sich Leopold nicht beschweren. Als Kiebitz dabei saß, wie gewohnt, Herr Ferstl, zu dieser vorgerückten Stunde bereits mehr Schläfer denn Beobachter. Nur ab und zu riss es ihn aus seinem Schlummer, wenn die Karten besonders heftig auf den Tisch geklatscht wurden.

Der erste Billardtisch war schon seit Stunden von Gottfried Kreuzer belegt. Er kam nicht mehr so oft wie früher, aber war er einmal da, ging er meist erst zur Sperrstunde wieder weg und spielte in der Zwischenzeit gegen alles und jeden, der ihm über den Weg lief. Ihm eilte der Ruf voraus, nur im nüchternen Zustand besiegt werden zu können. Hatte er einmal ein gewisses Quantum zu sich genommen, galt er als unschlagbar. Korber sah mit ebenfalls nicht mehr ganz munterem Blick zu, wie die Bälle aufeinander prallten und hörte, wie sie dabei ›Klack‹ machten, ein Geräusch, das ihm angenehm war und ihn beruhigte, auch wenn er selbst dieses Spiel nur unvollkommen beherrschte.

Am sogenannten ›Cheftisch‹ gleich neben der Theke spielten Herr Heller und ein gewisser Robert Sedlacek eine Partie Schach. Niemand wusste, wann Sedlacek die letzte Partie in dieser ungleichen Auseinandersetzung gewonnen hatte. Nichtsdestotrotz versuchte er es immer wieder. Er war zwar ein guter Theoretiker, der sich seit Jahren sein Wissen aus allen möglichen Schachbüchern aneignete und behauptete, zu Hause regelmäßig seinen Schachcomputer zu schlagen, aber im Kaffeehaus versagten ihm ständig die Nerven. Diesmal sah es besonders schlimm für ihn aus. Herr Heller reagierte sich ob seiner nicht sehr geglückten Spionierversuche an ihm ab und war bereits einen Turm und zwei Bauern im Vorteil.

In einer der hinteren Logen saßen die Bauer-Geli und zwei ihrer Freundinnen und amüsierten sich über Belangloses. Korber musste innerlich schmunzeln. Die Geli war eine seiner ersten Schülerinnen gewesen, damals noch ein wenig mollig mit strähnigen, ungepflegten Haaren. Sie hatte sich jetzt ohne Zweifel gemausert. Die leicht gewellte Frisur passte gut zu ihr, die Kleidung war unauffällig, aber in angenehmen, weichen Farbtönen gehalten, und dem bisschen Speck um ihre Hüften war sie schon seit geraumer Zeit entwachsen. Ein sympathischer, herzlicher Typ, immer ein Lächeln auf den Lippen, immer den Schalk in den Augen, nie um eine Antwort verlegen.

Warum hatte sich Korber eigentlich nie für sie interessiert? Diese Frage stellte er sich im Augenblick wieder, als sein Blick in ihre Richtung schweifte. Es fehlte das gewisse Prickeln, die Gänsehaut, die er bekommen hatte, als Gabi ihm das erste vertrauensvolle Lächeln geschenkt hatte. Aber was waren denn seine Empfindungen dem anderen Geschlecht gegenüber wirklich wert? Führten sie ihn nicht mit einer bedauernswerten Regelmäßigkeit in die Irre?

Leopold, der schon einmal erfolglos versucht hatte, Korber und Geli einander näher zu bringen, hatte es so formuliert:

»Solange du deine Spinnereien nicht ablegst, kann dir auch niemand helfen.«

»Auf deine Hilfe bin ich nicht angewiesen, kümmere dich um deine eigenen Angelegenheiten«, hatte Korber

140

damals ziemlich unwirsch geantwortet. Leopolds Fehler war, dass er sich immer genötigt sah, sich in die Probleme anderer Menschen einzumischen. Korbers Problem war, dass ihn wahrscheinlich kein Mensch so gut kannte wie Leopold. Leopold ahnte, was gut oder schlecht für ihn war. Korber wusste das, würde es aber nie zugeben.

Im Augenblick versuchte Leopold, Korber wegen seiner Auslagen im Klub ›Fernweh‹ friedlich zu stimmen. Er hatte ein Geschäft in Naturalien vorgeschlagen und Korber jetzt schon auf ein drittes Bier eingeladen. Korber trank es, ohne sich festzulegen, ob er tatsächlich auf dieses Angebot eingehen würde. Er war missmutig und müde. Er wollte sich nicht über Gabi den Kopf zerbrechen, und doch ließen ihn die Gedanken an sie nicht los.

Sollte er sich vergewissern, ob Prokesch recht hatte?

»Schauen Sie nicht so grantig drein, spielen wir lieber eine Partie um ein gutes Flascherl«, rief Kreuzer, der im Augenblick keinen Spielpartner hatte, herüber und prostete Korber mit einem Glas seines Zielwassers zu.

Eine kurze Verlockung kam in Korber auf. Der Alkohol gaukelte ihm einen leichten Anflug von Stärke vor. Schon war er gewillt, die Herausforderung anzunehmen.

Da berührte ihn jemand kurz an der Schulter.

»Mit dem spielen Sie heute lieber nicht mehr, das wird nix, da kommt bloß ein Streit heraus«, raunte ihm Geli zu. »Wissen Sie was? Ich glaube, es ist überhaupt am besten, wenn Sie jetzt nach Hause gehen. Ihnen muss ja eine ordentliche Laus über die Leber gelaufen sein, Herr Professor. Das wird mit dem Bier da auch nicht mehr gut. Es scheint, als hätten Sie heute keinen guten Tag gehabt.«

Nein, heute keinen guten Tag gehabt, gestern auch keinen guten Tag gehabt, dachte Korber. »Meinen Sie wirklich?«, fragte er dann nachdenklich.

»Ja, auf jeden Fall«, sagte Geli.

»Wollen Sie nicht noch ein Gläschen mit mir trinken?«, machte Korber einen vagen Versuch, seinem Schicksal zu entgehen.

»Nein, nein, danke! Zumindest ich gehe jetzt, sonst schaffe ich den morgigen Arbeitstag nicht. Aber tun Sie ruhig, was Sie nicht lassen können, war ja nur ein gut gemeinter Rat.«

Dann war sie schneller aus der Türe draußen, als ihm lieb war. Auch ihre Freundinnen hatten das Lokal bereits verlassen. Der kurze Funke Hoffnung, dass ihn heute noch jemand aufheitern würde, erlosch jäh in Korber. Er dachte kurz nach, dann sagte er:

»Leopold, das mit der Naturalienzahlung wird ein Verlustgeschäft für mich, aber danke für die Einladung heute. Ich mach mich auf den Weg.«

»Jetzt schon?« Leopold war ganz baff. Sein Freund war normalerweise einer der letzten Gäste, die den Heimweg antraten.

»Also keine Partie mehr?«, rief Kreuzer hinüber. »Dann geh ich auch. Ist ja langweilig.«

Und so leerte sich das Lokal schneller, als es Leopold oder Herrn Heller lieb war. Nach und nach entließ das Kaffeehaus sein Inventar hinaus in die unfreundliche Nacht. Nur bei der Tarockpartie ging es noch lustig zu. Und Herr Heller trieb gerade sein Gegenüber ins Matt.

»Ist ja nicht zu fassen«, seufzte Sedlacek. »Ich glaub, heut verlier ich!« Er bewegte einen Bauern sinnlos um ein Feld nach vor.

Herr Heller fuhr mit seiner Dame auf die Grundlinie. »Schach und matt!«, sagte er. Und zu Leopold hinüber:

142

»Schaun S', dass wir bald zusperren können. Die beim Tarock solln ein Radl *(eine letzte Runde)* machen. Es ist ja schon fast leer herinnen.«

So bewegten sich auch die Kartenspieler nach 20 Minuten, einer weiteren Runde Achteln und heftigen Protesten ins unwirtliche Freie. Leopold saugte die Billardtische gewissenhaft ab. Herr Heller ließ über die Lautsprecher das Lied ›Sperrstund is‹ erklingen und begab sich dann sachte nach oben zu seiner Frau. Bis auf die Thekenbeleuchtung und die Lampe über dem Billard waren alle Lichter abgedreht.

Es herrschte eine merkwürdige Stimmung. Rauch und Staub aus etlichen Jahrzehnten tanzten durch die Luft. Vom Großteil des Mobiliars waren nur mehr die Umrisse auszumachen. Die nebelverhangene Außenwelt flimmerte wie ein Film durch die großen Fensterscheiben.

Plötzlich ein heftiges Husten aus einer hinteren Ecke.

»Ui jegerl, der Herr Ferstl«, entfuhr es Leopold. »Dass der auch immer noch im Finsteren sitzen bleibt, wenn die anderen gehen. Und der Chef ist schon oben bei seiner Alten, der geht mir nicht mehr herunter. Wie kriege ich den bloß wieder hinaus! Herr Ferstl, sind Sie munter?«

»Wie spät ist es denn? Ist die Partie schon aus?«, kam es mit belegter Stimme aus der Dunkelheit.

»Ja freilich, Herr Ferstl. Alle sind schon gegangen. Es ist gleich Mitternacht. Und wir sperren zu. Morgen ist auch noch ein Tag.«

Man hörte ein erneutes Husten und ein kräftiges Räuspern. Ein Sessel wurde umständlich hin und her gerückt. Ein paar unsichere, schleifende Schritte. Herr Ferstl bewegte sich nach vorne. Als er in den Lichtkegel der Lampe über dem Billard trat, kratzte er sich an der Stirne.

143

»Immer dieser Nebel«, seufzte er. »Heute ist es wieder gleich wie vor zwei Tagen. Und da habe ich mich ja verlaufen. Hoffentlich komme ich heute gut nach Hause.«

»Verlaufen haben Sie sich?«, fragte Leopold mehr beiläufig denn aus wirklichem Interesse.

»Ja, denken Sie sich das nur, ich als ortskundiger, ansässiger Floridsdorfer. Plötzlich war ich wo und habe mich nicht mehr ausgekannt. Eine ganze Weile bin ich umhergeirrt. Und dann bin ich vor dem Mordhaus gestanden.«

Jetzt wurde Leopold hellhörig. »Vor dem Mordhaus?«

»Ja, dort, wo die Susi Niedermayer gewohnt hat. Wahrscheinlich hat sie zu der Zeit sogar noch gelebt. Es war ja die Mordnacht. Ich stehe also dort, kratze mich am Kopf wie jetzt, weil ich nicht weiter weiß, da kommt plötzlich jemand fluchend aus dem Haus gelaufen und torkelt in mich hinein.«

»Wissen Sie vielleicht, wer es war?«

»Ich bin mir nicht sicher … Ob das nicht dieser Trunkenbold war, der mit Ihnen so laut an der Theke geredet hat, dass man nicht einmal ordentlich schlafen konnte.«

»Würden Sie ihn wiedererkennen?«, fragte Leopold aufgeregt.

Ferstl schüttelte nur langsam den Kopf. »Ich weiß nicht. Ich weiß wirklich nicht. Er ist so schnell im Nebel verschwunden. Aber ich glaube schon. Die andere Person, die mich fast niedergerannt hat, aber nicht.«

»Welche andere Person?«

Ferstl grinste. Sein Gesicht wirkte im Lichtkegel der matt schimmernden Lampe wie eine Fratze. »Ich weiß nicht. Ich habe gerade noch einmal versucht, mich zu orientieren, als sie daherkam. Ich wurde unsanft angerempelt, dann verschwand die Gestalt im Mordhaus. Nicht

144

gleich, ich glaube, sie hat vorher angeläutet. Aber jetzt frage ich Sie, Leopold: Kann das nicht der Mörder gewesen sein?«

Leopold fiel es wie Schuppen von den Augen. Wenn Stefan Wanko die betrunkene Person war, die das Mordhaus so ungestüm verlassen hatte, dann hatte es eine andere unmittelbar nach ihm betreten. Und diese Person hatte Susi Niedermayer wahrscheinlich umgebracht. So ließ sich auch leicht die Zeitspanne erklären, die – laut Frau Ivanschitz – zwischen Wankos rüpelhaftem Auftreten und dem tatsächlichen Mord vergangen war. Es schien so gut wie ausgeschlossen, dass Wanko in seinem Zustand noch einmal in die Wohnung zurückgekehrt war.

Was Ferstl gesehen hatte, war also von größter Wichtigkeit. Es konnte Stefan Wanko entscheidend entlasten.

»Sie sind dem Mörder begegnet, ohne Zweifel«, suggerierte Leopold. »Sagen Sie, würden Sie das alles auch vor der Polizei aussagen?«

Ferstl schien es kalt den Buckel hinunter zu laufen. »Sie sagen es also auch: Es war die Bestie«, meinte er. »Aber zur Polizei will ich nicht, mit der habe ich mein Leben lang nichts zu tun gehabt.«

»Sie könnten aber damit der Polizei sehr behilflich sein – und einem Menschen, der unschuldig in die Patsche geraten ist«, drängte Leopold weiter.

»Ich weiß nicht, ich weiß nicht – ich weiß nicht einmal, ob ich heute noch nach Hause finde.«

»Ich gehe mit Ihnen, Herr Ferstl, keine Angst.«

»Na, dann«, Ferstl lächelte jetzt ein wenig und zwinkerte Leopold zu, »dann von mir aus. Helf ich halt der Polizei.«

10

Als Korber sich entschloss herauszufinden, ob Gabi, wie Prokesch behauptete, tatsächlich ein intensiveres Verhältnis mit einem Kerl mit Motorrad hatte und ihre Annäherungen an ihn deshalb nur ein Spiel gewesen waren, hatte es die Sonne gerade wieder geschafft, durch die Nebeldecke zu stechen. Es war Donnerstagnachmittag. Er blickte missmutig zum Fenster des Lehrerzimmers hinaus. Den ganzen Tag über trug er schon so etwas wie ein Gefühl der Eifersucht in sich. Dabei musste er sich von den Gedanken an dieses Mädchen zu lösen suchen, das offenbar nichts dabei fand, erwachsenen Lehrern den Kopf zu verdrehen, und froh sein, dass die Sache vorderhand so glimpflich ausgegangen war.

Aber er konnte es nicht.

Mehrmals hatte er sich seit dem gestrigen Tag gefragt, welchen Sinn so viele Dinge in seinem Leben eigentlich hatten. Er unterrichtete. Gut. Aber füllte ihn das aus? Er fand, dass ihn diese Tätigkeit jetzt manchmal langweilte, dass er sich überwinden musste, Stunden vorzubereiten oder Hefte zu verbessern. Er musste zugeben, dass diese Langeweile auch sonst sein Leben immer mehr bestimmte. Warum ging er jetzt öfter ins Kaffeehaus? Oder zum Heurigen?

Warum trank er mehr als früher?

Warum fand er nichts dabei, sich an ein Mädchen, das um so vieles jünger und noch dazu seine Schülerin war, zu klammern?

Korber wusste, dass er in einer Krise, einer Art vorverlegter Midlife-Crisis, steckte. Er fand jedoch keinen Ansatz zu einer Lösung. Er war viel zu sehr von Selbstmitleid erfüllt. Fast schien es, als fühle er sich wohl in seinem Schneckenhaus.

Und er tat wiederum das Falsche.

Wie in Trance packte er seine Sachen in den Aktenkoffer und verließ das Schulhaus. Es war jetzt kurz nach 2 Uhr am Nachmittag. Wenn er sich beeilte, konnte er um halb drei bei dem fraglichen Parkplatz sein.

Dieser Parkplatz war ein Insidertreff.[*] Er gehörte eigentlich zu einer kleinen Gartenanlage, und wer die schmale, versteckte Zufahrt nicht kannte, dem blieb er unerschlossen. Er lag auch ein wenig abseits der Badewiesen an der Alten Donau und blieb so von den Autos der Badegäste im Sommer großteils verschont. Irgendwann hatten ihn dann Schüler und Jugendliche für sich entdeckt. Der Parkplatz war wunderbar von der Außenwelt abgeschottet und wurde außerdem nach einer Seite hin von einer idyllischen Baumgruppe, einer Art kleinem Wäldchen, begrenzt. Hier konnte man, wenn man Glück hatte, ungestört laue Sommerabende genießen und ein wenig seinen romantischen Neigungen nachgehen.

Jetzt, im Spätherbst, sah die Sache natürlich weit weniger idyllisch aus. Die Bäume hatten schon fast ihr gesamtes Laub verloren. Der ganze Platz wirkte kalt und frostig. Die Gärten lagen größtenteils verwaist da, dem nahenden Winter überlassen, und ein Auto war jetzt, unter der Woche, weit und breit keines zu sehen.

Einsam und allein stand nur, unweit der Baumgruppe, ein protziges, schwarzes Motorrad.

›Das ist er‹, dachte Korber, der sich vorsichtig näherte und verzweifelt einen Platz suchte, von dem aus er die Szene überschauen konnte. Die Bäume waren bereits zu

---

[*] Wer den Parkplatz sucht, wird ihn nicht finden, er ist ein reines Phantasieprodukt des Autors.

147

leer und boten keinen geeigneten Schutz. Ein kleiner Vorsprung und ein Zaun deuteten den Beginn eines schmalen Pfads an, der an der Hinterseite der Gärten vorbei führte und von der Baumgruppe aus nicht eingesehen werden konnte. Er eignete sich wohl noch am besten als kurzfristiges Versteck.

Korber eilte auf den Vorsprung zu und versuchte, möglichst unauffällig dahinter zu verschwinden.

Wie stellte er sich eigentlich seinen Nebenbuhler vor? Groß und schlank etwa, mit einem Hang zum Intellektuellen? Dann musste er freilich enttäuscht sein, als er den kleinen, untersetzten Burschen mit Stoppelfrisur und ausdruckslosem Gesicht erspähte, der sich nun, nachdem er sich offensichtlich an einem Baumstamm erleichtert hatte, gemächlich eine Zigarette rauchend gegen das Motorrad lehnte, ein Liedchen vor sich hin pfiff und seine Fingernägel begutachtete.

Korber schüttelte den Kopf. ›James Dean der Vorstadtmädchen‹, war das Einzige, was ihm dazu einfiel. Gabi hatte Besseres verdient.

Da kam sie auch schon herbei, trippelnden Schrittes, lächelte den jungen Mann am Motorrad verführerisch an, und lag einen Augenblick später in seinen Armen. Ihre Lippen öffneten sich und berührten einander. Korbers letzte Hoffnung, es könne sich um eine rein platonische Beziehung handeln, schwand spätestens, als sein unbekannter Rivale Gabis volle, nackte Brust in der Hand hielt und zu massieren begann, während sie den Reißverschluss seiner Hose öffnete und sich zu dem dahinter liegenden Körperteil vorarbeitete.

Korber war angesichts dieses ungeniert vorgetragenen Austausches von Intimitäten tief getroffen. Musste er sich diese Sache wirklich bis zum Ende anschauen?

Es sah leider so aus. Von seiner jetzigen Position aus hatte er es schwer, unerkannt wegzukommen. Hinter ihm lag die Gartensiedlung, das war eine Sackgasse. Vor ihm vollführten Gabi und ihr Freund ihre Verrenkungen. Wollte er zu der kleinen Einfahrt, musste er an ihnen vorbei, einen anderen Weg gab es nicht.

Die Hilfe kam wie ein Geschenk des Himmels, aber in einer Form, wie es Korber nie erwartet hatte.

Gabi stieß plötzlich einen grellen Schrei aus. Es war aber kein Schrei der Lust. Sie ließ ihre Brust schnell wieder hinter ihrer aufgeknöpften Bluse verschwinden und bedeutete ihrem Gespielen, seine erregte Blöße zu bedecken. Kaum hatte er dies mit einigen Schwierigkeiten zustande gebracht, tauchte ein sichtlich auf andere Weise erregter Erich Nowotny vor den beiden auf und gestikulierte wild mit beiden Händen.

Korber war nun wieder etwas mehr an dem Geschehen vor ihm interessiert, aber er verstand nur Wortfetzen und konnte aus den unkoordinierten Bewegungen der Beteiligten kaum Schlüsse ziehen. Erich wollte etwas von Gabi, er schien ihr allerlei Anschuldigungen an den Kopf zu werfen. Daraufhin wurde er von ihrem Freund gepackt und kurz durchgeschüttelt. »Lass sie in Ruhe!«, hörte Korber ihn schreien.

Erich versuchte sich loszumachen, aber seine Kräfte reichten dazu nicht aus. »Sag mir wenigstens, woher du das weißt!«, schrie er nun mindestens ebenso laut in Richtung Gabi.

Die war mittlerweile auf das Motorrad geflüchtet und tat so, als ob sie die ganze Sache nichts mehr anginge. Sie setzte ihren Helm auf und stemmte die Hände in die Hüften. Das hieß offenbar:

»Komm und lass uns abzischen, mein Bester, die Luft hier wird mir etwas zu dick.«

149

Ihr Freund redete noch einmal auf Erich ein und nahm dabei immer wieder seinen Zeigefinger zu Hilfe. Nach einem kurzen, schüchternen Versuch, sich Gabi noch einmal zu nähern, blieb Erich schließlich in einigem Respektabstand stehen. Das Motorrad heulte kurz auf, dann wand es sich durch die enge Parkplatzeinfahrt nach draußen.

Erich stand da wie angeleimt, schien etwas immer noch nicht realisieren zu wollen. Es dauerte einige Augenblicke, die Korber sehr lange vorkamen, ehe er sich in Bewegung setzte, die Gestalt jetzt ein wenig geknickt, immer wieder den Kopf schüttelnd und einige Worte vor sich hin brummend, und schließlich ebenfalls aus Korbers Gesichtsfeld verschwand.

Korber kroch langsam aus seinem Versteck hervor, in dem ihm, trotz der kühlen Temperaturen, sehr, sehr heiß geworden war. Und das nicht nur wegen Gabi und der freizügigen Szene mit ihrem Freund. Nein, der Auftritt mit Erich Nowotny hatte ihn beinahe noch mehr mitgenommen. Was wollte denn der von seiner Klassenkameradin? Warum hatte er sie und danach ihren Lover so heftig attackiert, was sonst so gar nicht seiner Art entsprach? War er, gleich Korber, diesem lasziven Ding in eine Falle gegangen, hatte der werdende Vater Gefühle für sie, die nicht erwidert wurden? War die Sache mit Isabella etwa bereits beendet? Korber konnte sich das alles nicht recht vorstellen, musste aber wieder einmal zugeben, dass er für solche Dinge nicht den rechten Instinkt besaß.

Und wenn es doch etwas anderes war? Aber was? Von Erich oder Gabi würde er es wohl nicht erfahren, von Isabella Scherer wahrscheinlich auch nicht, und von dem Loverboy, den er außerdem nicht kannte, schon gar nicht. Er konnte sich höchstens erneut große Schwierigkeiten einhandeln, wenn Ferdinand Nowotny auch nur ahnte, dass er seinem Sohn zu nahe trat. Und doch fühlte er sich als Klassenvorstand verpflichtet, der Sache nachzugehen.

Vielleicht wusste Leopold eine Lösung. Wenn ihn der Mordfall nicht zu sehr beschäftigte, würde er ihm sicher helfen. Immerhin etwas.

Als er so in Gedanken verloren den Parkplatz und die Gartensiedlung verließ, erlebte Korber die nächste Überraschung. Ein Fahrrad kam ihm entgegen, dessen Lenker ihn stürmisch anklingelte. Es war sein Kollege und Personalvertreter Peter Prokesch.

»Na, Herr Kollege, habe ich zu viel versprochen?«, rief er in freudiger Erregung, während er neben Korber abbremste. »Mir ist das Motorrad gerade begegnet. Heute sind sie etwas früher weggefahren als sonst. Aber du wirst sicher genug von dem Geknutsche mitbekommen haben, um dich von der Richtigkeit meiner Angaben zu überzeugen.«

Prokesch wirkte frisch und gar nicht verschwitzt. Die Herbstluft schien ihm gut zu tun.

»Was machst denn du hier?«, fragte Korber, immer noch ein wenig verblüfft. Kam Prokesch etwa regelmäßig zum Spechteln* her?

»Unsere Familie besitzt einen Kleingarten hier, das weißt du gar nicht? Sonst wäre mir die Sache mit den beiden ja nie so richtig aufgefallen. Hast du Zeit? Ich zeige dir gerne unser kleines, bescheidenes Zweitheim.«

Korber winkte ab. »Furchtbar nett, aber leider wird es bei mir schon wieder furchtbar knapp. Ich habe noch einen wichtigen Termin und muss vorher einiges für die Schule erledigen.«

»Na, dann ein andermal. Dass du auch immer so gewissenhaft sein musst. Kopf hoch, Thomas! Bis morgen.«

---
* Voyeuristisches Beobachten der lustvollen Betätigung anderer.

Korber erwiderte den Gruß schwach. Hatte er sich getäuscht, oder war in der Stimme seines Kollegen tatsächlich eine leichte Ironie zu hören gewesen? Egal! Bei Prokesch, der offenbar reinen Herzens war, auch wenn er fremde Paare heimlich bei ihren Lustbarkeiten beobachtete, kannte er sich ohnehin nicht aus. Prokesch, der kleingeistige Kleingärtner, dachte er nur bei sich. Wahrscheinlich hatte er noch ein paar kleine Einwinterungsarbeiten in seinem Garten zu erledigen und ärgerte sich, dass er das junge Paar versäumt hatte.

Korber selbst verspürte nur eine tiefe Müdigkeit und das Bedürfnis, sich auszuruhen. In sein Inneres kroch eine fatale Leere, die seinen Körper in den Zustand absoluter Trägheit versetzte. Er nahm sich vor, bis zum Abend zu schlafen, ehe er sich noch einmal in den Klub ›Fernweh‹ zum ›Beinsteiner‹ begab.

Und wie alle Menschen, die sich in einem momentanen seelischen Ungleichgewicht befinden, war ihm vor dieser nächsten Aufgabe gar nicht wohl zumute.

* * *

An eben diesem Donnerstagnachmittag konnte Leopold bereits auf einige Anstrengungen innerhalb der letzten Stunden verweisen. Chronologisch sah die Sache in etwa folgendermaßen aus:

13.30 Uhr: Herr Ferstl betrat, wie am Vorabend vereinbart, das ›Heller‹. Leopold winkte ihm nur kurz zu, sagte:

»Fünf Minuten, Herr Ferstl, dann bin ich schon bei Ihnen, gell«, und ging sich umziehen. Der verdatterten Frau Heller erklärte er:

»Der Herr Waldbauer war gestern beim Zahnarzt, ich muss heute zur Polizei. Suchen Sie sich aus, was wichtiger ist.«

14.00 Uhr: Leopold und Herr Ferstl erreichten das Polizeikommissariat, Abteilung Mordkommission. Oberinspektor Juricek schien im Augenblick nicht zugegen zu sein, also war eine erneute Begegnung mit Inspektor Bollek unausweichlich. Der lächelte nur süffisant, als er Leopold erblickte:

»Sieh an, sieh an, der Herr Privatdetektiv erweist uns die Ehre seines Besuches. Hat er vielleicht etwas herausgefunden, das er uns mitteilen möchte? Oder will er sich nur wieder beschweren, dass wir seinen Freund festgenommen haben?«

»Beides«, entgegnete Leopold trocken und wies auf den mitgekommenen Ferstl. »Der Herr da hat Ihnen etwas Wichtiges zu sagen.«

14.30 Uhr: »Noch einmal«, stöhnte Bollek entnervt. Sein Kopf hatte wieder diese satte, rötliche Farbe angenommen. »Wann genau ist der Verdächtige, Stefan Wanko in Sie hineingerannt, und wo war das?«

»Ich habe es Ihnen ja schon gesagt. Es kann um viertel zwei oder um halb zwei gewesen sein, auf jeden Fall nach 1 Uhr früh, glaube ich. Ganz genau weiß ich es nicht. Es war aber vor dem Haus der Ermordeten, dessen bin ich mir sicher.«

»So, so, trotz des Nebels. Man konnte ja die eigene Hand nicht vor den Augen sehen. Und Sie behaupten selbst, sich verlaufen zu haben. Wie können Sie sich da so sicher sein?«

»Na ja, so halt. Ich bin mir eben sicher.«

»Herr Ferstl, das ist kein Spaß, sondern eine wichtige Aussage, die Sie jetzt tätigen. Ist Stefan Wanko von dem Haus weg oder auf das Haus zugerannt?«

»Na, gerannt ist er auf keinen Fall. Er hat ja kaum noch stehen können!«

»Herr Ferstl, ich habe Sie etwas gefragt.«

»Und der Herr Ferstl hat Ihnen schon dreimal alles genau erklärt«, mischte sich Leopold ein. »Ich verstehe nicht, warum Sie ihm ständig das Wort im Mund verdrehen. Bei der Frau Ivanschitz haben Sie das bestimmt nicht gemacht, da war Ihnen ja alles recht.«

»Jetzt reicht's mir aber, Sie Kaffeehausschnüffler«, polterte Bollek. »Ständig mischen Sie sich unqualifiziert in Amtshandlungen ein. Aber eines sage ich Ihnen jetzt schon: Die paar traurigen Erinnerungsfetzen, die Ihr Zeuge hier zu Protokoll geben möchte, halten keiner genaueren Untersuchung stand. Alle Angaben sind voller Verwicklungen und Widersprüche. Damit können Sie keinen Verdächtigen der Welt entlasten.«

Im selben Augenblick kam Juricek zur Tür herein, zog den Mantel aus und hängte ihn zusammen mit seinem sombreroartigen Hut auf einen Haken. »Na, was gibt's, Leopold?«, fragte er dann. »Neuigkeiten?«

14.45 Uhr: »Danke für Ihre Aussage, Herr Ferstl«, sagte Juricek. »Lesen Sie das Protokoll noch einmal in Ruhe durch, bevor Sie es unterzeichnen.«

Bollek wollte irgendetwas von sich geben, kam aber nicht dazu.

»Was wir jetzt gehört haben, ist doch äußerst hilfreich«, hörte er Juricek in seine Richtung weiterreden. »Vielleicht nicht in allen Teilen hieb- und stichfest, aber wir können annehmen, dass nach Stefan Wanko noch jemand in die Wohnung der Niedermayer gegangen ist. Und das passt gut zu dem, was ich gerade erfahren habe.«

Bollek blickte Juricek fragend an.

»Ja, ja, machen Sie nur große Augen, Bollek, Sie werden gleich noch viel größere machen. Wir werden den Wanko freilassen müssen. Er hat das Geld von woanders her. Sein

154

Anwalt quält mich schon seit den frühen Morgenstunden. Er hat den Besitzer eines Automaten-Kasinos aufgetrieben, in dem Wanko in der Nacht von Montag auf Dienstag von circa halb 2 Uhr früh bis halb 3 Uhr war, und wo er sage und schreibe 2.200 Euro gewonnen hat. Ich habe gerade mit dem Herrn gesprochen, er hat mir alles bestätigt. Nachher scheint sich Wanko in seinem Glück total betrunken zu haben, und zwar in einem zwielichtigen Nachtklub – im ›Fleur du Mal‹, für die Eingeweihten. Die Mädchen dort kennen ihn schon und haben ihn nicht zu sehr ausgenommen, sodass ihm ein Großteil des Geldes geblieben ist. Was dann war, wissen wir ja. Nur Wanko konnte sich einfach an nichts mehr erinnern, weil er einen kompletten Absturz hatte.«

»Heißt das jetzt vielleicht, dass die Tote zu so später Zeit wirklich noch Besuch von jemandem bekommen hat?«, fragte Bollek ungläubig.

»Allem Anschein nach, und zwar von ihrem Mörder, wenn der Wanko sie nicht umgebracht hat«, sagte Juricek. »Das Motiv ist aber weiterhin unklar. Es kann mit der geplanten Amerikareise zu tun haben, mit dem Geld, das immer noch fehlt, mit beidem, oder mit etwas ganz anderem. Jedenfalls müssen wir uns heute Abend einmal diesen Klub ›Fernweh‹ vornehmen, aber diskret, Bollek. Sind alles lauter nette, alte Leute, nur einer ist möglicherweise ein Mörder.«

»Und den Wanko lassen wir jetzt wieder frei?«

»Wird uns derzeit nichts anderes übrig bleiben, wenn Sie's auch noch so ungern tun.«

Leopold grinste verschmitzt.

Bollek warf ihm einen giftigen Blick zu. Er schien mit einem Mal die Welt nicht mehr zu verstehen.

* * *

Leopold stand im Hof des großen Gemeindebaus, in dem Alois Herbst einen Einzelraum bewohnte. Das Areal, die Bänke und der Spielplatz waren leer, nur unzählige Fenster schauten, Stockwerk für Stockwerk, auf ihn herab. Hinter jedem dieser vielen Fenster lebten Menschen, alleine oder zusammen, in Krieg oder in Frieden miteinander. Man konnte sie bloß nicht sehen. Sie mussten aber da sein, zumindest einige, wenn sie sich auch in ihren Wohnungen versteckten. Und einer von ihnen war eben Alois Herbst.

Frühmorgens am Telefon war er sehr freundlich gewesen. Natürlich konnte er sich noch an Leopold erinnern und an die Zeit im Kaffeehaus. Nein, es machte ihm überhaupt nichts aus, wenn Leopold am Nachmittag auf einen Sprung vorbeikommen wollte. Um diese Zeit war er ohnehin immer alleine. Aber keine Sentimentalitäten bitte, weder Susi noch ihre Schwester Gertrud betreffend.

Leopold steckte die Hände in die Manteltasche und betrat das Haus durch die Stiege 7, mühte sich dann zwei Stockwerke hinauf und hielt vor Tür Nummer 8. Er wollte anläuten, da bemerkte er, dass die Tür einen Spalt breit offen stand.

Hatte ihn Alois kommen sehen? War er unbemerkt hinter einem der Hunderte von Fenstern gestanden und hatte still und heimlich auf ihn gewartet?

Es mochte der Fall sein. Trotzdem war es irgendwie komisch. Es herrschte Totenstille. Leopold vernahm kein Lebenszeichen aus der Wohnung.

Er klopfte sachte an und rief:

»Herr Herbst, sind Sie da?« Dann fasste er sich ein Herz und trat ein.

Er durchschritt das enge, kleine Vorzimmer, vorbei am Spiegel und der Garderobe, und landete bei einer zweiten Tür, die ebenfalls nur angelehnt war.

Am Türgriff waren Blutspuren zu erkennen.

»Herr Herbst?«, rief Leopold noch einmal, diesmal eine Spur sorgenvoller. Er erhielt keine Antwort.

Jetzt vernahm er so etwas wie ein leises Stöhnen. Er stieß die Zimmertüre auf und sah Alois Herbst, nur halb bekleidet, auf einer ausgezogenen Bettbank liegen. Er hatte die Augen geschlossen und schien in einen unruhigen Schlaf verfallen zu sein. Die Brille war genau auf seine Nasenspitze verrutscht und wirkte ziemlich verbogen. Das Kinn war zerkratzt und hatte an einer Stelle stärker geblutet. Über den rechten Ellenbogen war ungeschickt ein Taschentuch gebunden, das offenbar eine weitere Wunde verdecken sollte. Auf dem Tisch neben der Bettbank stand eine offene Flasche Slibowitz mit einem Glas. Alois Herbst hatte seine Wunden wohl außen und innen desinfiziert.

»Herr Herbst!« Leopold versuchte es noch einmal, aber vergeblich. Der Angesprochene stöhnte zwar kaum hörbar, gab aber sonst kein Lebenszeichen von sich.

›Was ist da bloß vor sich gegangen?‹, dachte Leopold. Gleichzeitig überlegte er fieberhaft, was er mit Alois Herbst tun sollte. Er war verletzt, wie schwer, war nicht auszumachen, anscheinend jedoch nicht bewusstlos.

Er entschied sich für kaltes Wasser. Es war eine erprobte Methode. Einmal hatte er sie im Kaffeehaus bei Herrn Ferstl anwenden müssen, als alle anderen Dinge keine Wirkung zeigten. Also ging er ins Bad, benetzte einen Waschlappen mit dem kühlen Nass und fuhr Herbst damit unsanft ins Gesicht. Er reagierte.

»Was ist das? Wer ist da?«, keuchte er. Und dann, als er seine Sinne langsam wieder beisammen hatte, vorsichtig:

»Wer sind Sie? Was wollen Sie? Wie sind Sie hier hereingekommen?«

»Durch die Tür, Herr Herbst, durch die Tür, wie jeder normale Mensch. Und das ging umso leichter, als die Türe offen stand. Mein Name ist Leopold, Leopold Hofer. Ich habe heute früh angerufen.«

Alois Herbst richtete sich mühsam auf und verbiss sich nur mit Mühe seine Schmerzen. Leopold sah jetzt, dass auch sein Unterleibchen in der Hüftgegend blutbefleckt war. »Ach ja«, stöhnte er mit Mühe, »der Ober vom Kaffeehaus. Ich sollte Sie ja kennen, war früher etliche Male dort, ehe ich weggezogen bin. Aber die Zeit, die Zeit.«

Er griff nach der Flasche auf dem Tisch, schenkte sich das Glas voll und trank es auf einen Schluck aus. »Ich muss wohl vergessen haben, die Tür zuzumachen«, sagte er dann. »Sie haben sich überhaupt einen ungünstigen Zeitpunkt für Ihre Visite ausgesucht. Ich bin heute einigermaßen derangiert.«

Er sprach jetzt sicherer, und seine Intonation bekam jenen leicht nasalen Akzent, der wohl früher mit zu seiner Beliebtheit bei Frauen beigetragen hatte. In der augenblicklichen Situation wirkte eine solche Geziertheit aber eher peinlich.

»Wer hat Sie denn so zugerichtet?«, versuchte Leopold gleich zur Sache zu kommen.

»Es ist gerade noch einmal gut gegangen. Hoffe ich zumindest«, wich Herbst mit seiner Antwort aus.

»Gott, was ist passiert? Spannen Sie einen doch nicht so auf die Folter«, wurde Leopold ungeduldig.

»Ich war unaufmerksam. Unaufmerksam und unvorsichtig. Ich habe bei meinem Vormittagsspaziergang einen Augenblick nicht geschaut, als ich die Straße überquerte, und schon hat mich ein Fahrzeug erwischt. Der Fahrer muss mich wohl in dem Nebel zu spät erkannt haben.

Aber Gott sei Dank bin ich noch einmal glimpflich davongekommen. Unkraut vergeht nicht.«

»Von glimpflich kann keine Rede sein, Herr Herbst. Schauen Sie sich doch an. Sie bluten und betäuben Ihre Schmerzen mit Alkohol. Ich würde gerne Ihre rechte Seite einmal von oben bis unten sehen. Sie wissen ja nicht einmal, ob Sie innere Verletzungen haben. Sie gehören in ein Spital.«

»Papperlapapp, Spital! Das wird schon wieder. Es sind nur einige Kratzer und Schrammen, das Schlimmste habe ich notdürftig verbunden. Und den Schnaps trinke ich, weil er mir schmeckt. Wollen Sie auch einen Schluck?«

»Nein, danke!« Leopold hatte selten Lust auf Schnaps, schon gar nicht auf billigen Fusel. Und es war wahrlich keine besondere Marke, die Herbst da in sich hineinschüttete.

»Verstehen Sie doch«, raunte er Leopold zu, wobei sich sein nasaler Akzent noch verstärkte. »Es war eindeutig meine Schuld, ich war einen Moment lang geistesabwesend, fast wäre ich voll in das Auto gerannt. So hat es mich nur auf der Seite erwischt, und das auch nur leicht. Wenn ich ins Spital gehe, muss ich eine Anzeige machen und bekomme nur Scherereien. Außerdem weiß ich nicht einmal die Nummer von dem Fahrzeug.«

»Was, der Fahrer hat nicht einmal angehalten?«

»Nein. Doch, kurz, ja. Ich habe aber gesagt, er soll weiterfahren, mir ist nichts passiert.«

»Das haben Sie so gesagt, wie Sie blutend auf der Straße gelegen sind?«

»Nein, ich bin ja gleich wieder aufgestanden. Los, fahren Sie, habe ich dann gesagt, es geht schon.«

»Das ist doch nicht Ihr Ernst. Und Sie haben keine Autonummer? Gab es Zeugen?«

»Ich weiß nicht, ich habe keine gesehen.«

»Und das Auto? Typ? Farbe?«

»Weiß ich nicht. Fragen Sie mich doch nicht so kompliziertes Zeug. Lassen Sie mich einfach mit der Sache in Ruhe und kommen Sie zum wirklichen Grund Ihres Besuches.«

»Gleich, Herr Herbst, gleich. Aber wenn ich jetzt keine ärztliche Hilfe herbeihole, und Sie segnen das Zeitliche, komme *ich* in verdammt große Schwierigkeiten. Mir ist es egal, was Sie wem erzählen, aber Sie werden mich jetzt nicht daran hindern, die Rettung anzurufen.«

Leopold nahm rasch sein Handy zur Hand und wählte die entsprechende Nummer. Herbst leistete keinen Widerstand. Er goss sich nur noch ein Glas ein und leerte es auf einen Zug.

Leopold erkannte, dass er jetzt schnell etwas aus seinem Gegenüber herausholen musste, ehe Herbst wegkippte. Er steckte, sobald alle Formalitäten erledigt waren, das Telefon wieder ein und fragte:

»Hat das mit der Susi eigentlich gestimmt? Waren Sie beide ein Paar?«

»Wie kommen Sie darauf?«, näselte Herbst leicht lallend. »Ich und die Susi waren nie ein Paar, merken Sie sich das. Was andere in dieser Hinsicht behaupten, ist vollkommen irrelevant. Die Gertrud und ich, ja. Das waren noch Zeiten. Das war eine Idylle. Erzählen Sie mir doch was von der guten, lieben, alten Gerti. Wie geht es ihr denn?«

»Wenn ich ehrlich bin, weiß ich nicht, ob es ihr gut geht«, sagte Leopold. »Sie scheint mir sehr alleine zu sein. Es würde ihr vermutlich besser gehen, wenn Sie sie damals nicht im Stich gelassen hätten.« Und, nach einer Pause:

»Sie lässt Sie jedenfalls schön grüßen.«

Herbst machte eine wegwerfende Handbewegung. »Danke. Aber ich sagte schon, es war eine Idylle. Und Idyllen halten meistens nicht ewig. Wer weiß, was gewesen wäre, wenn ich mich damals für Gertrud und gegen meine Frau entschieden hätte. Die Desillusionierung wäre wahrscheinlich schrecklich gewesen. Außerdem hat sich die Gerti ja nie so richtig von ihrer Schwester emanzipieren können, wenn Sie wissen, was ich meine.«

»Was meinen Sie denn?«

»Na ja, die Susi war mir doch immer hinterdrein und hat versucht, uns das Leben schwer zu machen. Da hätte die Gerti ruhig strenger zu ihr sein können. Ich habe des Öfteren zu ihr gesagt: ›Ohne deine Schwester wäre alles viel leichter. Wirf sie doch aus deiner Wohnung und schicke sie zurück zu deinen Eltern.‹ Alles wäre dann viel einfacher gewesen. Aber sie hat es nie übers Herz gebracht.«

»Jetzt, nach Ihrer Rückkehr, haben Sie sich aber mehr um Susi als um Gerti gekümmert.«

Herbst schüttelte, schon leicht benebelt, den Kopf. »Wer behauptet so etwas? Es war reiner Zufall, dass ich ihr wieder begegnet bin. Ich habe etwas gesucht, wo man in meinem Alter noch Spaß unter seinesgleichen haben kann. Da bin ich auf diesen Klub, oder wie immer Sie es bezeichnen wollen, gestoßen. Auf einmal war sie auch dort.« Er machte eine Pause, während der es seinen ganzen Körper durchbeutelte. Entweder spürte er seine Schmerzen, oder er begann sich vor dem Schnaps zu ekeln. Zur Sicherheit nahm er aber noch einen Schluck.

»Zuerst war ich freudig überrascht«, fuhr er dann fort. »Es war eine gute Gelegenheit, sich wieder bei Gerti in Erinnerung zu rufen. Es schien, als habe uns das Schicksal nach so langer Zeit erneut zusammengeführt. Aber Gerti wollte mich nicht wiedersehen, sie wirkte gekränkt und

161

verletzt, als ich sie anrief. Statt ihr hatte ich nun die Schwester am Hals. Und Susi hatte sich nicht geändert.

Wissen Sie, ich bin ein Mensch, der versucht, aus jeder Situation das Beste zu machen. Ich gebe ja zu, dass es mir manchmal gefiel, wenn Susi mit mir kokettierte und wenn es für viele im Klub so aussah, als seien wir ein Liebespaar. Aber sie ging mir oft auch gehörig auf die Nerven. Und richtige Gefühle habe ich nie für sie entwickelt.«

Vielleicht hat dich aber doch einmal die Lust gepackt, und du hast dein williges Opfer vernascht, dachte Leopold. War Alois Herbst Susanne Niedermayers unbekannter Liebhaber der letzten Tage?

»Herr Herbst, wissen Sie vielleicht, mit wem Susi nach Amerika fahren wollte?«, fragte er unvermittelt. Jetzt war jede Minute kostbar. Niemand konnte sagen, wie lange Herbst noch ansprechbar sein würde.

»Amerika? Woher wissen Sie denn das?«, kam die erstaunte Gegenfrage. »Mit mir wollte sie fahren, ja, mit mir. Andauernd hat sie nur davon geredet und versucht, mich weichzuklopfen. Ja, ja, Amerika war eben ihr großer Traum.« Herbst wirkte jetzt schon sehr lethargisch.

»Wissen Sie auch, dass sie sich von ihrer Schwester noch kurz vor ihrem Tod eine beträchtliche Summe Geld wegen dieser Reise organisiert hat? Dass sie sich konkret nach Reisearrangements nach Amerika für zwei Personen erkundigt hat?« Leopolds Ton wurde nun konkreter, kühler.

»Eigentlich nicht. Was hat denn das überhaupt mit mir zu tun? Es war nie die Rede davon, dass ich tatsächlich mit ihr über den großen Teich fahren würde. Sie missverstehen die Situation vollkommen, lieber Freund.«

»Ich kann mir nicht helfen, ich denke eben, Sie waren der Auserwählte.«

»Und ich denke, ich habe Ihnen gerade mitgeteilt, dass ich kein Interesse an einer solchen Reise hatte. Wozu sage ich überhaupt etwas, wenn Sie mir ohnehin nicht glauben? Was soll das Ganze? Wollen Sie mir etwa weismachen, dass ich etwas mit Susis Tod zu tun habe? Vielleicht fragen Sie mich noch, ob ich ein Alibi für die Mordzeit habe. Das ist doch lächerlich, ich bitte Sie.«

»Und, haben Sie eins?«

»Soviel ich gehört habe, ist das Verbrechen nach Mitternacht geschehen. Wo werde ich wohl um diese Zeit gewesen sein? Hier, bei mir zu Hause, in meinem Bett. Alleine natürlich. Außerdem ging es mir an diesem Tag nicht gut, ein kleiner grippaler Infekt. Ich habe geschlafen wie ein Walross. Und jetzt lassen Sie mich bitte in Ruhe.« Herbst sagte das schon mit sehr schwacher und unsicherer Stimme. Er nippte nur noch an seinem Glas.

»Entschuldigung, Entschuldigung, ich gehe ja schon«, sagte Leopold. »Vielleicht sollten Sie noch wissen, dass die Gerti Sie offenbar immer noch mag. Sie lebt jetzt sehr alleine da draußen in dem, was nach dem Tod ihrer Eltern noch von der Gärtnerei übrig geblieben ist. Und es sieht nicht so aus, als ob es in ihrem Leben viel Abwechslung gäbe.«

»Die Zeit vergeht und gibt uns immer weniger Chancen auf schöne Augenblicke oder ein neues Glück. Nur in der Erinnerung erscheint alles schön und neu erlebbar. Auch ich habe mich damit abfinden müssen. Glauben Sie, mir geht es immer gut? Glauben Sie, mein Leben ist abwechslungsreich? Wen interessiert es schon, was ich fühle, wenn ich am Abend in eine leere Wohnung nach Hause komme? Wer fragt mich, wie ich meine Scheidung verkraftet habe? Alle Sentimentalitäten sind sinnlos, glauben Sie mir.«

163

Herbst atmete mittlerweile tief und schwer. Er stellte das Glas auf den Tisch neben sich und fiel in sein Bett zurück. Er brach jetzt langsam zusammen.

Beinahe im selben Augenblick läutete unten glücklicherweise die Rettung. Leopold öffnete und winkte die Leute herein. »Er ist, glaube ich, schwerer verletzt, als es aussieht«, sagte er nur.

Die Rettungsleute trafen ihre Vorbereitungen, um Alois Herbst abzutransportieren. Er wurde zwar kurz wieder wach und protestierte so gut er konnte gegen seine Einlieferung ins Spital, aber es nützte nichts.

Währenddessen fiel Leopolds Blick noch einmal auf den Tisch bei der Bettbank. Dort stand nicht nur die Schnapsflasche, es lag auch ein Handy daneben. Er überlegte nur einen Augenblick, dann bemächtigte er sich des Geräts und drückte auf der Menütaste herum. Er fand eine Nummer mit niederösterreichischer Vorwahl. Die betreffende Person hatte zeitig in der Früh mit Alois Herbst telefoniert …

»Geben Sie mir bitte mein Handy, Leopold, es muss hier irgendwo liegen«, keuchte Herbst mit letzter Anstrengung. Gleichzeitig händigte er seine Schlüssel an einen der Rettungssanitäter aus und bat diesen, die Wohnung zu verschließen, wenn schon alles so sein müsse. Leopold bedauerte kurz, dass es ihm nicht gelungen war, mehr über Herbsts letzte Anrufe in Erfahrung zu bringen. Dann fragte er noch, in welches Spital man Herbst bringen würde.

Draußen auf der Straße notierte Leopold die Telefonnummer aus seinem Gedächtnis. Er hatte die Vorwahl von Groß-Enzersdorf zwar nicht auswendig im Kopf, aber es schien ihm so gut wie sicher, dass es sich bei dem Anrufer nur um eine Person handeln konnte.

164

Gertrud Niedermayer!

War die Romanze also doch noch nicht ganz vorbei? Konnte das vielleicht der Grund für einen Mord gewesen sein? War Susanne Niedermayer dieser Verbindung erneut hinderlich gewesen – zu hinderlich?

Oder hatte Gertrud Alois gebeten, ihrer Schwester das Geld, welches sie plötzlich so vehement für sich beansprucht hatte, wieder abzunehmen, mit Gewalt, wenn nötig? Und gab es jetzt rein geschäftliche Telefonate, bezüglich Übergabe des Geldes, Vertuschung der Bluttat, etc.?

Aber wie passte das wieder damit zusammen, dass Alois unter Umständen der Mann war, mit dem Susanne nach Amerika reisen wollte, also derjenige, der ihr helfen sollte, eben dieses Geld jenseits des großen Teiches wieder auszugeben?

Leopold stellte wieder einmal fest, dass er immer noch viel zu wenig wusste. Er musste die Sache gründlich überdenken und natürlich die eingespeicherte Telefonnummer überprüfen. Er musste auch Richard Juricek verständigen, damit der Alois Herbst gehörig in die Mangel nahm, sobald es ihm ein wenig besser ging und er wieder ansprechbar war.

Ihn fröstelte. Es war mittlerweile dunkel und wieder kalt geworden. Aber er hatte das Gefühl, dass andere Menschen von einer noch größeren Kälte umgeben waren. Alois Herbst etwa. Oder Gertrud Niedermayer. Und wahrscheinlich hatte auch die Tote in ihrem Inneren öfter gefroren, als sie sich hatte anmerken lassen.

Er hätte gerne geahnt, welche Rolle die Einsamkeit in diesem Drama spielte. So aber ging er einmal mehr unverrichteter Dinge nach Hause.

11

Über den hinteren Tischen beim ›Gemütlichen Floridsdorfer‹ hingen große Rauchwolken. Hitzige Debatten wurden geführt. Schließlich war die Polizei im Hause. Jeder der eintreffenden Gäste wurde mehr oder weniger dezent von Oberinspektor Juricek oder Inspektor Bollek einer kurzen Befragung unterzogen: Wo man etwa in der Mordnacht zur fraglichen Zeit gewesen sei? Wie gut man Susanne Niedermayer gekannt habe? Ob sie irgendwelche Feinde gehabt habe? Ob man etwas von der geplanten Amerikareise wisse?

So nebenbei sickerte auch durch, dass Alois Herbst von einem Auto angefahren worden war und jetzt im Spital lag. Eine gewisse Frau Kopp hatte von ihrem Fenster aus den Abtransport mit der Rettung beobachtet. Natürlich hatte sie die Nachricht wie ein Lauffeuer verbreitet. Die von Leopold verständigte Polizei wollte nun auch wissen, was die einzelnen Klubmitglieder über die Beziehung zwischen Alois und Susanne sagen konnten.

Siggi zündete sich eine weitere Zigarette an. »Der arme Alois«, murmelte er. »Zuerst stirbt ihm seine große Liebe weg und dann das.«

»Er wird eben schon alt«, erwiderte Erika, »und wird halt nicht geschaut haben, wie er über die Straße gegangen ist. In letzter Zeit hat er manchmal auch so unzusammenhängendes Zeug geredet.«

»Quatsch«, meinte Siggi. »Kannst du dich nicht in seine Lage versetzen? Er hat um seine liebe Susi getrauert. Da hat man seine Gedanken nicht immer beisammen. Der Autofahrer hätte besser aufpassen müssen.«

»Bei dem Nebel?«, warf Erika ein. »Es war heute Morgen wieder so diesig.«

»Der Alois war ja noch nicht einmal ganz gesund«, meldete sich Emil zu Wort. Dann schwieg er wieder.

»Trotzdem wird er schon langsam ein alter Dummkopf«, ließ sich Erika nicht beirren.

»Sagt mal, seid ihr von der Polizei auch so genau befragt worden?«, versuchte Korber das Gespräch auf ein anderes Thema zu lenken.

Siggi machte eine wegwerfende Handbewegung. »Natürlich! Wir scheinen hier ja alle der Tat verdächtig zu sein. Gott sei Dank habe ich für die Tatzeit ein Alibi. Ich war in der Nacht zu Hause bei meiner Erika. Wo sonst?«

Erika schien nur einen Augenblick lang zu überlegen, dann nickte sie stumm.

»Ich war auch zu Hause«, kam es jetzt zögernd von Emil. »Aber wer weiß, ob sie mir das glauben. Ich lebe ja alleine.«

»Warum nicht?«, sagte Korber. »Ich war auch zu Hause, lebe auch alleine und kann's auch nicht beweisen. Das ist bei dieser Tatzeit doch normal, oder?«

»Was Emil meint«, sagte Siggi und staubte dabei langsam die Asche seiner Zigarette in den Aschenbecher, »ist, dass wir die Susi alle gut gekannt haben. Uns kann man leicht ein Tatmotiv anhängen. Dir wahrscheinlich nicht.«

»Am besten hat sie sicher der Alois gekannt«, meinte Korber.

»Der war es auch, glaubt mir das«, sagte Erika. »In seiner Verkalkung wusste er nicht, was er tat. Und denkt doch nur an den Streit vor zwei Wochen.«

»Sachte, Erika, sachte. Sei doch nicht schon wieder so voreingenommen. Welchen Streit?«

»Du weißt es ganz genau, Siggi, wir haben es ja alle mitverfolgt. Es ging um diese … diese Amerikareise.«

»Das war doch kein Streit. Zumindest nicht ein Streit, der eine derart dramatische Reaktion nach sich ziehen würde. Die Niedermayer hatte diesen Amerika-Tick, das wissen wir alle. In letzter Zeit war sie ja wieder besonders auf Amerika fixiert. Und da die Sache mit Alois gut anzulaufen schien, wollte sie eben mit ihm diese Reise machen. Er wollte aber nicht. Das war doch sein gutes Recht. Und die verbalen Meinungsverschiedenheiten danach … Ich würde das nicht überbewerten.«

»Und sie wollte wirklich von heute auf morgen eine so große Reise machen? Sie war doch nicht mehr die Jüngste«, sagte Korber. »Die Polizei geht zwar offensichtlich davon aus …«

»Dass der, mit dem sie verreisen wollte, der Mörder ist, meinst du?«, unterbrach Siggi. »Durchaus überlegenswert. Ich hatte auch den Eindruck. Und da versteifen sie sich nun, inklusive dir, liebe Erika, auf den armen Alois.«

»Ist doch logisch, oder?«, feixte Erika. Dann entstand eine kurze Pause, während der keiner etwas sagte. Erst nach einigen Augenblicken peinlicher Stille übernahm Siggi erneut das Wort. Er schien sich dabei ein Herz zu nehmen:

»Wie unser Thomas schon richtig bemerkte, wissen wir letztendlich nicht, ob sie die Reise wirklich in Angriff nehmen wollte, oder ob es nicht wieder nur ein Hirngespinst von ihr war. Wir werden es wohl auch nie mehr erfahren. Aber immer, wenn sie der Amerika-Gedanke intensiver beschäftigte, stand Susi auch der Männerwelt offener gegenüber.«

Alle drei Tischnachbarn versuchten angestrengt, Siggis Ausführungen zu folgen. Emil rauchte eine Zigarette nach der anderen, nippte ab und zu an seinem Spritzer und sagte überhaupt nichts mehr. Erika lächelte ihren Mann verständnislos an. Korber versuchte, sich zu konzentrieren.

»Versteht ihr nicht?«, fuhr Siggi fort. »Amerika stand für sie für das Neue, das Abenteuer, und gleichzeitig für die Geborgenheit, die sie vermisste. Amerika wurde so zu einer Art Symbol für sie: das Symbol für eine glückliche Beziehung. Sie war hinter einem Mann genauso her, wie sie nach dem neuen Kontinent verrückt war. Beides ging für sie Hand in Hand. Und die Amerikareise war für sie sozusagen der Liebesbeweis desjenigen, den sie auserkoren hatte. Das war in jenem Fall eben Alois. Ihr Angebot war wie ein Heiratsantrag an ihn. Dass er ihn ablehnte, zeigte ihr, dass er sie verschmähte.«

»Ihr seht jetzt, wie fad meinem Mann den ganzen Tag ist, wenn ihm derart Kurioses durch den Kopf geht«, sagte Erika und leerte kopfschüttelnd ihr Glas. Emil lehnte sich ein wenig zurück. Sein Gesicht lag jetzt im Schatten des fahlen Lichtes.

»Was heißt hier kurios, mein Liebling? Ich folgere nur. Und so sehr sie Alois' Absage getroffen haben mag, hat sie sich doch rasch um einen passenden Ersatz bemüht. Aber beruhigt euch, ich habe es nicht für notwendig erachtet, die Polizei darüber zu informieren.«

Wieder wurde es einen Augenblick lang sehr ruhig. Emil starrte wie benommen durch seine Tischnachbarn hindurch. Schließlich fasste er sich ein Herz und sagte:

»Na gut, wenn ihr's ohnedies wisst: Zu mir ist sie auch gekommen wegen ihrer Reise. Und ich habe ja gesagt.«

Siggi verzog die Mundwinkel zu einem kaum merkbaren, aber triumphierenden Grinsen. »Du wolltest sie also dem Alois abspenstig machen«, platzte Erika heraus. »Hast du vielleicht etwas mit ihr gehabt? Gestehe!«

169

Emil hob die Hände zu einer symbolischen Verteidigung in die Höhe. »Keine Rede davon, meine Lieben. Ich war doch nicht wirklich an Susi interessiert. Aber nach Amerika wäre ich schon gerne einmal gefahren. Und zu zweit habe ich es mir für einen Augenblick recht schön vorgestellt.«

»Und da wärt ihr wirklich so von heute auf morgen losgefahren?«, wollte Korber wissen.

»Aber nein! Von heute auf morgen war niemals die Rede. Ich wollte mir das alles noch einmal durch den Kopf gehen lassen. Einen fixen Termin haben wir nicht vereinbart. Ich dachte eher an das Frühjahr, wenn das Wetter schöner ist.

»Hast du der Polizei etwas gesagt?«, fragte Siggi ganz leise.

»Nein«, seufzte Emil. »Ich habe es doch nicht für so wichtig gehalten.«

Siggi klopfte ihm aufmunternd auf die Schulter. »Ist es auch nicht, lieber Freund. Niemand behauptet, dass du etwas mit dem Mord zu tun hast. Woher denn. Ich wollte nur aufzeigen, wie sinnlos es ist, den armen Alois so pauschal zu verdächtigen. Und dass es nicht gerade fein war, sich hinter seinem Rücken an Susi heranzumachen. Aber komm, debattieren wir nicht länger, trinken wir lieber einen auf den Schrecken.«

Die beiden prosteten einander zu, ihre Mienen blieben dabei jedoch seltsam starr. Erika rutschte ein erleichtertes »Das war aber kompliziert« heraus. Korber, dem gerade die nervösen Schweißausbrüche seiner Nachbarin in die Nase zu steigen begannen, erhob ebenfalls sein Glas.

Da wurde das Licht mit einem Mal matter und gedämpfter. Der Beginn der Vorstellung kündigte sich an.

Wieder erschien zuerst Ferdinand Nowotnys eindrucksvolle Gestalt auf dem Podium. Er räusperte sich kurz, dann wandte er sich an die anwesenden Damen und Herren:

»Liebe Freunde! Ich möchte mich zunächst einmal im Namen der Polizei für Ihre Geduld und Mitarbeit im Fall Susanne Niedermayer bedanken. Möge Ihre Mithilfe den entscheidenden Beitrag zur Festnahme des Mörders geleistet haben. Gleichzeitig ist es mir ein Bedürfnis, von hier aus Genesungswünsche an unser treues Mitglied, Herrn Alois Herbst, zu richten, der heute Vormittag Opfer eines Verkehrsunfalls geworden ist.«

Wie schon am vorhergehenden Dienstag ging ein Raunen durch den Saal, aber Nowotny fuhr diesmal fort, ohne eine Pause zu machen:

»Ich kann Sie beruhigen, die Verletzungen sind nicht lebensgefährlich. Ja, liebe Freunde, passen Sie auf, wenn Sie heute nach Hause gehen, es ist feucht und kalt, und das Schicksal meint es nicht gut mit uns. Ich möchte nächstes Mal nicht wieder eine traurige Verlustmeldung machen müssen. Jetzt aber genießen Sie bitte ungestört unseren heutigen Film ›Traumstraßen Kaliforniens‹, den wir auf vielfachen Wunsch wiederholen. Anschließend kann sich jeder, der möchte, für die in zwei Wochen in unserm Klub stattfindende Vorauswahl zum österreichweiten Quiz ›Wie heißt das Land? Wie heißt die Stadt?‹ anmelden. Gute Unterhaltung!«

Es wurde jetzt ganz dunkel im Saal. Laute Musik kündigte den Anfang des Filmes an. Der Kellner machte Anstalten, den Saal zu verlassen, da rief Korber ihm zu:

»Bringen Sie mir rasch noch ein Bier, bitte!« Er spürte eine seltsame Wehmut in sich aufsteigen.

»Ruhe!«, zischte es von zwei Tischen weiter vorne. »Die ganze Woche hab ich mich auf den Film gefreut.«

›Und mir liegt er seit Dienstag im Magen‹, dachte Korber.

* * *

Gratzer war nervös. Er suchte nach einem Aschenbecher. Der Kellner hielt vier davon in seiner Hand. »Lassen Sie doch einen da«, japste Gratzer, machte einen tiefen Zug und blies dann den Rauch durch seine beiden Nasenflügel ins Freie.

Während der Film lief, saß er zusammen mit Ferdinand Nowotny, Juricek und Bollek im Speisesaal vom ›Gemütlichen Floridsdorfer‹. Nowotny war gerade bemüht, die Notwendigkeit seines, wie er meinte, ›liebsten Kindes‹, des Klubs ›Fernweh‹, der Polizei gegenüber zu erläutern:

»Wir haben diesen Klub gegründet, weil einfach die Notwendigkeit bestand. Es gibt so viele alte Menschen, die nicht mehr viel von zu Hause wegkommen und es sich nicht leisten können, in ferne Länder zu reisen. Mit Computern haben sie auch nicht viel am Hut. Aber zu uns kommen sie und lassen sich virtuell in die ganze Welt entführen. So nebenbei erfahren sie dadurch auch noch viel Wissenswertes über unseren Planeten.«

»Und dieses Quiz?«, fragte Juricek.

»Das ist ein österreichweites Städte- und Länderquiz. Wir sind stolz darauf, dass eine der Vorrunden in unserem Klublokal stattfinden wird. Hoffentlich mit reger Beteiligung unsererseits.«

»Wie viele Mitglieder hat Ihr Klub eigentlich?«

»Das schwankt, aber derzeit sind es mehr als 70 ständige Mitglieder.«

»Genau einundachtzig«, kam es in knarrendem Ton von Gratzer.

»Und aus welchen Mitteln wird der Klub erhalten?«

»Es hat bei uns alles seine Ordnung, da werden Sie nichts Gegenteiliges finden«, verteidigte sich Gratzer um jene Spur zu vehement, die ein reines von einem schlechten Gewissen unterscheidet.

Nowotny kam seinem Kollegen zu Hilfe:

»Unsere Mitglieder zahlen einen jährlichen Beitrag, der aber leider für unsere bescheidenen Aktivitäten nicht ausreicht. Dankenswerterweise wird unser Klub auch von der Bezirksvertretung und einigen im Bezirk ansässigen Unternehmen unterstützt. Ich glaube, das war es, was Sie hören wollten.«

Juricek nickte verständnisvoll mit dem Kopf. »Sie unterstützen auch jedes Jahr eine bedürftige Familie aus Spendengeldern?«

»So ist es. Wir halten die Mitgliedsbeiträge niedrig und appellieren an die Spendierfreudigkeit unserer Mitglieder, um einigen Sorgenkindern in unserem Bezirk helfen zu können.«

»Die allesamt zu Ihrem persönlichen Umfeld gehören?«

Nowotny lachte kurz laut auf. »Also hat sich dieser Niedermayersche Vorwurf schon bis zu Ihnen herumgesprochen. Ja, leider kann man es nicht allen Menschen recht machen. Jeder würde das Geld gerne bei einer anderen Familie ankommen sehen. Aber die Entscheidung kann nur einer treffen, und da sind wir letztendlich den Betrieben verpflichtet, die unsere Spenden noch um einen wirklich großzügigen Betrag erhöhen.«

»Es war also reiner Zufall, dass beim letzten Mal die Familie Scherer in den Genuss des Geldes kam?«

»Aber Herr Oberinspektor, ich bitte Sie, jetzt ganz im Ernst: Wenn Sie auf das Verhältnis meines Sohnes mit der Scherer-Tochter anspielen, so hat das eine mit dem anderen nichts zu tun. Vor dem Sommer, als die Scherers von uns als unterstützenswürdig gewählt wurden, war noch keine Rede davon, dass Erich und Isabella im September eine Beziehung miteinander eingehen würden. Die Familie war

173

arm, der Vater hatte gerade seinen Posten verloren, zwei Kinder standen vor dem Ende ihrer Ausbildung: der Sohn in der Handelsschule, die Tochter am Gymnasium. Darum ist damals wohl so entschieden worden. Es ist übrigens durchaus möglich, dass wir unsere Gaben im nächsten Jahr im Sinne der Integration verteilen. Die Familie Stupancic aus Serbien hat zwei verwandte Kinder adoptiert, deren Eltern bei einem Autounfall ums Leben gekommen sind. Wir helfen, wo es sinnvoll ist. Kleingeistige Entscheidungen haben wir nicht nötig.«

»Na schön, dann kommen wir zurück auf die Tote. Wissen Sie vielleicht etwas über ein Verhältnis mit Alois Herbst?«

Ferdinand Nowotny lächelte nun wieder ein wenig entspannter. »Es ist schwer für mich, darüber ein Urteil abzugeben«, sagte er. »Natürlich war da etwas. Aber was genau es war, weiß ich nicht. Vielleicht mochten die beiden einander doch mehr als rein platonisch. Wie gesagt ...«

»Haben Sie irgendwo gehört, dass die beiden eine gemeinsame Amerikareise planten?«

»Gehört habe ich nichts, aber möglich ist es durchaus. Was Amerika betrifft, war die Niedermayer nämlich nicht wählerisch. Seit sie hier bei uns ist, wollte sie ständig mit jemandem dorthin fahren. Einmal hat sie mich sogar gedrängt, dass unser Klub eine Amerikareise veranstaltet. Das ging denn doch zu weit: Es hätte die Möglichkeiten der meisten unserer Mitglieder überstiegen – und unsere natürlich auch. Hie und da ein Ausflug in der schönen Jahreszeit, das lässt sich machen, das ist eine willkommene Abwechslung. Aber Amerika ... ich weiß nicht, woher sie die Marotte hatte.«

»Über eine fix geplante Reise sind Sie also nicht informiert?«

»Ganz und gar nicht.«

174

Gratzer machte sich mit einem Husten bemerkbar. Die beiden Finger, zwischen denen er die Zigarette hielt, zitterten. »Ist denn das alles tatsächlich so wichtig?«, krächzte er. »Ich dachte immer, Frau Niedermayer sei einem Raubmord zum Opfer gefallen.«

»Vielleicht«, sagte Juricek gelassen, »vielleicht aber auch nicht. Der Mord kann genauso gut mit den Vorgängen hier im und um den Klub zu tun haben.«

»Das ist doch lächerlich«, zischte Gratzer. »Weswegen sollte einer von uns …«

»Eben das gilt es herauszufinden. Wir dürfen keine Möglichkeit ausschließen. Und eine dieser Möglichkeiten ist zum Beispiel – so seltsam das klingen mag – dass Frau Niedermayer mit jemandem hier nach Amerika reisen wollte und deshalb ums Leben gekommen ist.«

»Und das glauben Sie wirklich?«, fragte Gratzer kopfschüttelnd. »Seltsam, welche Ideen mit der Zeit in kriminalistisch geschulten Hirnen zu sprießen beginnen.« Auch Ferdinand Nowotny schickte einen leicht irritierten Blick in Richtung Oberinspektor.

In der Zwischenzeit hörte man aus dem Saal ein leichtes Anschwellen der Musik, das den die ganze Zeit vernehmbaren monotonen Kommentar abwürgte. Sessel wurden gerückt, Stimmen wurden laut. Der Film war offensichtlich zu Ende. »Wenn mich die Herren jetzt bitte entschuldigen wollen«, raunte Gratzer. »Ich muss die Spendengelder einsammeln. Oder haben Sie noch irgendwelche Fragen?«

»Wo waren Sie am Dienstag, dem 7. November, zwischen 1 und 2 Uhr früh?«, kam es von Inspektor Bollek wie aus der Pistole geschossen.

Gratzer blickte Bollek kurz ungläubig an, dann bleckte er seine grauen, vom übermäßigen Nikotingenuss stark in Mitleidenschaft gezogenen Zähne.

175

»Sie wollen vermutlich wissen, ob ich ein Alibi für die Tatzeit habe«, zischte er. »Nun, ich und meine Frau waren am Montagabend mit der Familie Jochum essen, dann war das Paar noch auf einen Drink bei uns. Sie sind etwa um 1 Uhr gegangen, meine Frau und ich haben uns dann zu Bett begeben. Zufrieden? Ich möchte jetzt doch …«

Bollek verzog keine Miene. »Und Sie, Herr Nowotny?«, fragte er nur mitleidlos.

Ferdinand Nowotny tat so, als amüsiere er sich über so viel Unverfrorenheit. »Ich war, wie jeden zweiten Montag, mit meinen Kegelbrüdern unterwegs. Es ist spät geworden, ich denke ebenfalls gegen 1 Uhr. Dann bin ich nach Hause gefahren. Meine Frau wird Ihnen bestätigen, dass ich so um halb 2 Uhr daheim war. Meine Herren?«

Juricek nickte nur schweigend auf diese Andeutung hin, und Gratzer und Bollek begaben sich, nicht ohne Bollek vorher eines strafenden Blickes zu würdigen, zurück in den Saal.

Bollek schien nachzudenken. »Ich weiß nicht, wie Sie das sehen«, bemerkte er dann zu Juricek, »aber für mich haben alle beide kein Alibi. Zur Tatzeit waren sie zu Hause. Angeblich. Niemand außer ihren Frauen kann das bestätigen. Wir können ihnen jetzt glauben oder nicht.«

»Nicht so hastig, Bollek«, sagte der Oberinspektor. »Das sind Menschen, die sich um unseren Bezirk verdient gemacht haben. Denen wollen wir doch vorerst unseren Glauben schenken oder nicht?«

Bollek schwieg. Er sah jetzt so aus, als ob er sich persönlich gekränkt fühle.

»Was man in unserem Beruf braucht, ist Geduld«, fuhr Juricek fort. »Man muss warten können, bis sich die Teile zu einem Ganzen zusammenfügen. Wenn man die Sache erst einmal klar sieht, dann weiß man auch, was ein Alibi wert ist. Derzeit gibt es noch zu viele Möglichkeiten. Ich möchte doch zu gerne wissen, welche Bewandtnis es mit dieser Amerikareise hat. Hoffentlich ist der Herbst morgen in einem halbwegs ansprechbaren Zustand, damit ich ihm ein wenig auf den Puls fühlen kann. Und jetzt machen Sie nicht so ein trauriges Gesicht, Bollek, sonst wird Ihnen ja die Limonade sauer.«

»Die haben kein Alibi, das steht für mich fest«, brummte der Angesprochene nur und nahm einen großen Schluck aus seinem Glas.

12

Die Kälte schlich sich langsam von unten in den Körper. Auch wenn man warm angezogen war, fröstelte einen also unwiderruflich, wenn man sich um diese Zeit – es war bereits halb elf abends – längere Zeit im Freien aufhielt. Nicht einmal ein Glimmstängel im Mund nützte da etwas.

Leopold begann, seine Neugier zu bereuen. Er hatte plötzlich den Entschluss gefasst, sich noch mit Thomas Korber zu treffen, um die neuesten Entwicklungen in Erfahrung zu bringen und irgendwo in aller Ruhe ein Glas zu trinken. Aber Korber kam und kam nicht aus dem ›Beinsteiner‹ heraus. Und hinein wollte Leopold nicht.

Er begann, sich die Hände zu reiben und ein wenig mit den Füßen zu tänzeln. Drinnen hätte er sich jetzt einen heißen Tee mit einem Schuss Rum gönnen können. Oder ein Glas milden Rotwein. Aber es war eine Frage

177

der Ehre, dieses Lokal zu meiden. Warum sich Thomas nur so lange Zeit ließ.

Plötzlich, durch das leichte Nieseln und den wieder einsetzenden Nebel, hörte er die Stimme einer jungen Frau:

»Herr Leopold?«

»Ja?« Er drehte sich ein wenig irritiert um.

»Herr Leopold? Ist der Herr Nowotny noch drinnen? Sie wissen, der Vater vom Erich?« Es war die zierliche Gestalt von Isabella Scherer, die plötzlich wie aus dem Nichts kommend vor ihm stand.

»Ich weiß nicht …«, zögerte Leopold, seltsam angetan von dieser zufälligen Begegnung.

»Ich muss ihn sehen, und zwar schnell. Es ist äußerst wichtig.« Sprachs und war schon durch die Tür geschlüpft, in die angenehme Wärme des ›Gemütlichen Floridsdorfers‹.

Da gab es für Leopold kein Halten mehr. Sollte er sich etwa noch länger hier draußen seine Zehen abfrieren? Alles hatte seine Grenzen, auch die jahrelange Aversion gegen ein Konkurrenzlokal. Und immerhin interessierte es ihn, was das Fräulein Isabella plötzlich so dringend mit ihrem Schwiegervater in spe zu besprechen hatte, und was Thomas Korber so lange trieb. Forschen Schrittes betrat er das Gasthaus.

Das Lokal hatte sich bereits ziemlich geleert. Vereinzelt saßen noch einige übrig gebliebene Gäste an den Tischen und leerten ihr Glas. Ganz hinten in der Ecke wurde Preference, ein französisches Kartenspiel, gespielt, aber Leopold konnte kein bekanntes Gesicht erkennen. Schade, er hätte so gern einen abtrünnigen Gast des Café Heller auf frischer Tat ertappt. Aus dem Veranstaltungsraum hörte man leise und schon etwas müde die Stimmen der letzten ›Fernweh‹-Mohikaner.

178

»Ja, was schneit denn da zur Tür herein?«, tönte es ihm plötzlich rau, aber herzlich entgegen. »Das ist doch nicht möglich, der Herr Leopold!«

Es war Ernst Marek, der sein Gesicht gleich nach dieser Begrüßung wieder in der weißen Schaumkrone seines Bierkruges verbarg. »Was treibt Sie denn in feindliches Territorium?«

»Ach, nichts Bestimmtes, es ist wohl mehr der Zufall«, entgegnete Leopold. Er versuchte, irgendwo die Stimme Thomas Korbers herauszuhören.

»Na dann«, meinte Marek, »dann haben Sie sicher Zeit, mir bei einem Bier Gesellschaft zu leisten.«

»Ein Tee wär mir lieber«, sagte Leopold.

»Also einen Tee mit Schuss für unseren Chefober. Das waren noch Zeiten, als wir im Kaffeehaus immer gestritten haben. Können Sie sich erinnern?«

Und ob sich Leopold erinnern konnte. Ernst Marek hatte immer die unangenehme Eigenschaft gehabt, stundenlang am Billardtisch stehen zu wollen, ohne etwas zu konsumieren. Wenn man ihn dann dezent um eine Bestellung bat, verließ er meist fluchtartig das Lokal. Irgendwann einmal wechselte er die Szene und quartierte sich beim ›Beinsteiner‹ als Stammgast ein. Irgendwie zeigte dieser Wechsel Auswirkungen auf seine Psyche, denn von nun an konsumierte Ernst Marek, wie man hörte, kräftig und regelmäßig Bier in allen Farben und Schattierungen. Standhaft verteidigte er den Schankraum bis zur Sperrstunde.

»Ja, ja, damals warst du halt noch ein Konsumationsmuffel«, sagte Leopold, um irgendetwas zu sagen. Dabei hielt er seinen Blick gerade nach hinten gerichtet.

Von dort kamen jetzt Isabella Scherer und Ferdinand Nowotny.

Sie schienen einigermaßen in Eile zu sein. Isabella trippelte voraus, krebsrot im Gesicht. Nowotny hastete hinterher und nahm ihren Arm. Täuschte sich Leopold, oder war da eine ganz natürliche Zärtlichkeit in dieser Bewegung?

»Komm«, hörte Leopold Nowotny keuchend sagen, »schnapp nicht gleich ein. Das hat gar nichts zu bedeuten, ich schwöre es dir.« Und schon war sie draußen aus dem Lokal, der Herr Bezirksrat hinterdrein.

»Der Chef von unseren Senioren, die sich hier immer die Welt anschauen«, raunte Marek Leopold zu. »Sie kennen ihn ja sicher, den Bezirksrat Nowotny. Keine Ahnung, warum er diesen Sterbehilfeverein hier aufgebaut hat. Ich kann mir nicht vorstellen, dass das sehr förderlich für sein Image ist. Aber Ihr Freund, der Lehrer, ist ja seit Neuestem auch dabei, fragen Sie mich nicht, warum.«

»Den such ich ja eben«, sagte Leopold. »Hast du ihn heute nicht gesehen?«

Marek nahm triumphierend einen Schluck Bier. »Wie ich's mir dachte. Der Herr Leopold sucht seinen Freund, den Lehrer. Was sonst würde ihn in dieses übel beleumundete Haus führen? Aber er sucht vergeblich, der Lehrer ist schon fort. Die meisten sind heute früher als üblich gegangen. Es war nämlich die Polizei da, weil eine von den Alten erschlagen worden ist. Und das macht eben keine gute Stimmung.«

Leopold wurde nervös. »Der Thomas ist schon fort? Wann ist er denn gegangen?«

»Vor einer halben Stunde vielleicht, vielleicht auch früher. Ich schaue nicht ständig auf die Uhr, wenn ich trinke. Ich wollte ihn noch überreden, ein Bierchen mit mir zu kippen, aber er hat gesagt, es tut ihm leid, er hat schon ein Taxi bestellt. Und dann war das Taxi da, und Ihr Freund war weg.«

180

»Ein Taxi? Ojeoje!« Leopold schwante Übles. Er kannte die Launen seines Freundes. Ein Taxi war immer ein kritisches Zeichen. »Da werd ich dich aber verlassen müssen, Ernst«, sagte er zu Marek, der gerade wieder einen tüchtigen Schluck aus seinem Bierglas nahm.

»Aber Sie kommen wieder, wo doch Ihr Freund jetzt hier Stammgast ist.«

»Da bin ich mir nicht so sicher. Einen kleinen Gefallen könntest du mir allerdings noch tun. Sag, hast du die Frau, die umgebracht worden ist, auch ein bisschen gekannt?«

»Die Frau Niedermayer? Aber sicher.«

»Wie war die denn so, wenn sie hier war?«

»Na ja, am Anfang ist sie mir nicht sehr aufgefallen, da war sie ein eher stilles Wasser. Aber in den letzten ein, zwei Jahren ist sie allmählich in Form gekommen, ist so ziemlich alle Männer angegangen, hat sich gerne auf ein Glas einladen lassen. Wie eine richtige Spätberufene. Es würde mich nicht wundern, wenn da auch sonst noch was gelaufen ist. An manchen Abenden war sie echt gamsig *(geil)*.«

Schau, schau, da gab es also tatsächlich eine andere Susanne Niedermayer, nicht nur die ruhige ›süße Susi‹ aus dem Kaffeehaus, sondern eine lebenslustig gewordene ältere Dame, die gerne trank und den Männern nachstellte. Mit einem davon hatte sie dann tatsächlich in letzter Zeit etwas gehabt.

Mit dem Mörder?

»Wenn Sie mich fragen, so war das ein glatter Eifersuchtsmord«, sinnierte Marek in sein Bierglas hinein. »Entweder hat sie mit zweien gleichzeitig etwas angefangen oder irgendein verheiratetes Weib rasend gemacht. Das geht dann schnell. Die halten gefühlsmäßig nicht mehr viel aus, die Alten. Wenn sie sich betrogen fühlen, werden sie

181

halt gleich rabiat. Irgendwer von denen wird es schon gewesen sein, so friedlich und harmlos sie auch aussehen.«

Marek erging sich nun in philosophischen Reflexionen. »Eigentlich gar nicht so dumm, noch schnell jemanden zu erschlagen, bevor man selber abkratzt«, hörte Leopold ihn sagen, als er die Tür öffnete und hinaus in die kühle Nachtluft trat.

Eigentlich war er zufrieden. Sein Besuch beim ›Beinsteiner‹ hatte einige weitere interessante Aspekte zutage gefördert. Dennoch stieg er nervös in sein Auto und fuhr schneller, als er eigentlich wollte, Richtung Innenstadt.

Er musste Thomas Korber finden. Er hatte das Gefühl, als sei dieser gerade wieder drauf und dran, eine große Dummheit zu begehen.

* * *

Als Leopold das Lokal, das aus irgendeinem unerfindlichen Grund ›Botafogo‹ hieß, betrat, kam ihm eine dichte Rauchwolke entgegen, die ihm für einige Augenblicke den Atem verschlug. Im Halbdunkel lehnte, stand oder saß eine beträchtliche Anzahl nur in ihren Konturen erkennbarer, angeheiterter Menschen. Auf einer Art Bühne spielten zwei Musiker in grauen Sweatshirts den alten Supertramp-Hit ›Give a little bit‹ und johlten dazu ins Mikrofon. Die Menge grölte mit.

Leopold musste warten, bis sich seine Augen an das dämmrige Licht gewöhnt hatten. Er versuchte, sich einen Weg durch das Menschendickicht zu bahnen, aber überall stellte oder legte sich ihm etwas entgegen: Taschen, Füße, Ellenbogen, Jacken und sonstige Kleidungsstücke und vieles mehr. Wie durch ein Wunder ging alles ohne gröbere Puffer ab, und auch sein Mantel blieb trocken. Gar manches Glas befand sich nämlich bereits in einer sehr unsicheren Hand.

Ganz hinten, in einer halbkreisförmigen Ausbuchtung, in der es etwas ruhiger war, stand Thomas mit einem Drink und einer etwas aufgedonnerten, nicht mehr ganz jungen Frau im Arm. Beide klopften im Takt mit und heulten begeistert:

»Oh yeah, oh yeah, oh yeeeeeah!«.

»Na, brüllt euch nicht gleich die Seele aus dem Leib!«, rief Leopold ihnen zu. Es wunderte ihn dabei selbst, dass es ihm gelang, den Lärm im Lokal zu übertönen.

»Ja Leopold, das ist aber eine Überraschung«, sagte Korber mit einem Anflug von Leutseligkeit. Er schien sich kurz zusammenzureißen. Aber Leopold wusste es besser: Thomas Korber war im Augenblick ziemlich bedient, sowohl körperlich als auch seelisch.

»Komm, Mauserl, besorg uns noch einen Gin-Tonic«, säuselte die nicht mehr ganz taufrische Lady und drückte Korber einen Kuss auf die Wange.

»Aber natürlich, Schatzerl«, sagte der mit demonstrativ zur Schau gestellter Heiterkeit. Er machte den Eindruck, als wolle er sich krampfhaft in eine Woge der Glückseligkeit hineinsteigern.

»Moment«, hielt Leopold ihn auf und machte dabei ein sehr ernstes Gesicht. »Ich habe geglaubt, ich soll dich hier abholen.«

»Du sollst mich hier … was?«

»Hast schon richtig gehört. Abholen.« Leopold zwinkerte kurz in Richtung der Lady. »Denk bitte an unsere Vereinbarung.«

Thomas Korber wirkte wieder nüchtern und zurück auf dem Boden der Wirklichkeit. Irgendetwas in ihm schien sich noch kurz gegen etwas auflehnen zu wollen. Er fuhr sich unsicher mit der Hand durchs Haar. »Du meinst …?«, fragte er.

»Jawohl, ich meine«, beharrte Leopold. Vorne spielte das Gitarrenduo mittlerweile ›Sounds of Silence‹. Und das Publikum grölte dazu.

»Was ist denn das für eine Geheimsprache?«, wollte die Lady wissen. »Was soll denn das heißen?«

»Das soll heißen, dass wir jetzt gehen, der Leopold und ich«, rang sich Korber mit einem kleinen Seufzer durch.

»Ihr gehts jetzt? Und ohne mich? Ja, seid ihr zwei denn verheiratet?«, reagierte Korbers Begleitung mit verständlicher Empörung.

»Nein, aber so gut wie. Auf Wiedersehen!«, sagte Leopold und packte seinen Freund dabei sanft an der Schulter.

»Na, dann viel Spaß, ihr Schwulis. Da bin ich ja richtig froh, dass es heute nichts aus uns beiden wird! Geradezu Ekel erregend, wenn ich mir vorstelle, dass ich mit so einem Individuum vielleicht im Bett gelandet wäre!«, schimpfte die unbekannte Dame Korber nach, der sie – wenn überhaupt – nur mehr aus der Distanz hörte, während er mit Leopold den Weg über Taschen, Füße und andere Hindernisse zum Ausgang suchte.

Draußen sagte Leopold:

»Komm, ich habe mein Auto nicht weit weg stehen. Fahren wir noch auf einen Sprung zu mir.«

Es war ein beiden lieb gewordenes Ritual, einen solchen Abend bei einer Schale Kaffee in Leopolds geräumiger Gemeindewohnung am nördlichen Stadtrand von Wien, unweit von Stammersdorf*, ausklingen zu lassen und dabei über Gott und die Welt zu reden. Dennoch zierte sich Korber zunächst ein wenig. Wortlos folgte er Leopold zum Auto, ehe es aus ihm losbrach:

---

* Bezirksteil von Floridsdorf und bekannter Heurigenort.

184

»Du mit deiner Vereinbarung. Wie ein Schulkind hast du mich abgeholt, nicht wie einen erwachsenen Menschen.«

Leopold seufzte achselzuckend:

»Ja, was hätte ich denn machen sollen? Anders hätte ich dich überhaupt nicht von dem Weibsbild wegbekommen. Und das mit der Vereinbarung war schließlich deine Idee. Erinnere dich doch, wie du mich letztens förmlich auf den Knien angefleht hast, dich vor erotischen Abenteuern der gefährlichen Art zu bewahren, wenn es sich machen lässt. Ich habe nur meine Pflicht erfüllt.«

Tatsächlich hatte Korber manchmal eine bestimmte, vom Alkohol und einer gehörigen Portion Selbstmitleid herbeigeführte Laune, die bei ihm spontan ins Romantische umschlagen konnte. Er suchte dann krampfhaft ein schnelles Abenteuer im Bett. Für solche Zwecke war das ›Botafogo‹ das geeignete Lokal. Hier ließ sich Korber willenlos in die Arme von Frauen treiben, die auf solche Freier nur warteten und die Situation eiskalt ausnützten. Meistens war seine Geilheit nämlich größer als sein tatsächliches Stehvermögen, trotzdem musste er für das zweifelhafte Vergnügen nicht selten auch noch einen anständigen Betrag hinlegen. Schließlich hatte er sich geschworen, solche Dummheiten in Zukunft ein für allemal zu unterlassen – und Leopold sollte ihm dabei helfen. So war es zu der Vereinbarung gekommen, dass er sich von Leopold aus solchen Situationen auch gegen seinen Willen ohne viel Aufhebens befreien lassen musste, andernfalls er ihm einen Betrag zu erstatten hatte, der nicht viel unter dem lag, was so manche Lady für ihre Dienste in die Hand haben wollte.

Korber blieb also nichts anderes übrig als zu stöhnen:

»Ist ja gut, ist ja gut. Verzeih mir bitte. Aber heute ist einfach nicht mein Tag.«

In Leopolds Wohnung, bei besagter Schale Kaffee, erzählte er ihm dann, wie er Gabi und ihren Liebhaber heimlich auf dem Parkplatz beobachtet hatte.

Leopold schüttelte nur seinen Kopf. »Ja, wenn du auch so dumm bist und noch extra nachschauen gehst, dann ist dir freilich nicht zu helfen. Genügt es dir nicht, wenn du von allen Seiten hörst, dass sie nur mit dir spielt? Jetzt weißt du bereits, dass dieses Luder dich deinen Job kosten kann, trotzdem rennst du ihr nach und steigerst dich in eine Melancholie hinein, die dich in den nächsten Blödsinn treibt. Mein Gott, Thomas! Wirst du denn nie vernünftig?«

»Du tust immer so abgeklärt, als hätte es in deinem Leben nie eine Frau oder eine Affäre gegeben«, sagte Korber, durch den Kaffee jetzt ein wenig aufgekratzter. »Das finde ich ziemlich scheinheilig. Warst du denn über solche Dinge immer erhaben? Sind deine Gefühle nie mit dir Schlitten gefahren?«

Leopold gab es einen kleinen, aber wohl dosierten Stich. Gott sei Dank wusste Thomas nicht viel von seiner Vergangenheit. Wie sollte er ihm auch erklären, dass er selbst in puncto Frauen beinahe alles falsch gemacht hatte? Dass er eine langjährige Beziehung unnötig aufs Spiel gesetzt und schließlich verloren hatte? Und dass er danach ruhelos jedem Rock, der ihm über den Weg gelaufen war, nachgerannt war, um nur ja nichts zu versäumen, ehe es vielleicht zu spät dafür war?

Für einen Augenblick wurde Leopold selbst ein wenig sentimental.

»Ich war einmal mit einer Frau beisammen, sogar recht lange«, sagte er merklich leiser. »Aber ich will heute nicht darüber sprechen.«

»So, so, du willst nicht darüber sprechen. Das ist ja interessant. Dann meckere bitte nicht die ganze Zeit an mir herum, als ob du weiß Gott wie gescheit wärst.«

Leopold winkte ab. »Ach was, gescheit! Ich möchte nur nicht, dass du dieselben Fehler machst, die ich einmal begangen habe. Mit der Zeit wird man ohnehin ruhiger. Man findet sich damit ab, dass das Leben ein ständiges Kommen und Gehen ist, dass nichts Bestand hat, vielleicht nicht einmal das altehrwürdige Kaffeehaus, für das man arbeitet. Man steht den Dingen dann gleichgültiger und gelassener gegenüber. Heute gibt es nur mehr eine Sache, die mich aus der Reserve lockt, weil sie eine der wenigen beständigen Dinge ist, die es auf der Welt gibt: das Verbrechen.«

»Das habe ich mich schon öfters gefragt, was am Verbrechen so interessant ist«, schüttelte Korber den Kopf.

»Du bist doch Deutschlehrer, Thomas, und sehr belesen«, lächelte Leopold, und seine Augen funkelten jetzt wieder. »Da musst du die Erzählung ›Das vorzeitige Begräbnis‹ von Edgar Allan Poe kennen. Sie handelt von den Ängsten eines Mannes, einmal lebendig in einem Sarg zu landen und so verscharrt zu werden. Du weißt, nach einem epileptischen Anfall zum Beispiel war so etwas früher möglich. Dieser Mann hat einen Traum: Er wird von einem Dämon heimgesucht, der ihn hinaus in die Nacht führt und dort vor seinem geistigen Auge die Gräber der ganzen Menschheit aufspringen lässt. Da bemerkt er – den Satz habe ich mir gemerkt – ›eine allgemeine und schlimme Unrast‹*, die Mehrheit der sogenannten Toten ist gar nicht tot, sondern aus Versehen lebend begraben worden. Sie krümmen und winden sich, und ihre Gesichter sind aus Verzweiflung entstellt. Niemand aber kann es sehen außer diesem einen Menschen, dem Rest der Welt bleibt die grauenvolle Tatsache verborgen, und jeder Friedhof

---

* Dieser Satz und der weiter unten sind zitiert nach: Schuhmann, Kuno und Hans Dieter Müller: Edgar Allan Poe, Werke II., Deutsch von Hans Wollschläger und Arno Schmidt, Olten 1967.

und jedes Grab wirkt von außen so ruhig und friedlich wie
nur irgend etwas.«

»»Oh Gott, ist's nicht ein jammervoller Anblick?‹«,
zitierte Thomas mit einer ausladenden Handbewegung.
»So rufen sie doch, die Stimmen, die ihn nicht mehr los-
lassen. Ja, natürlich kenne ich diese Erzählung, sie gehört sogar zu meinen absoluten Lieblingen. Aber was
hat das Ganze mit deinem Faible fürs Kriminalistische
zu tun?«

»Schau hinaus«, sagte Leopold triumphierend. »Hier,
vom sechsten Stock aus, habe ich einen Blick auf einen
großen Teil unseres Bezirkes. Hunderte Häuser, tausende
Fenster, unzählige Lichter. Weißt du, was hinter all diesen Fenstern vorgeht? Nach außen hin sieht alles so ruhig
und friedlich aus. Weil die Fenster geschlossen sind, weil
wir nicht hineinsehen oder hören können, was drinnen
vorgeht. Wenn aber alle Fenster gleichzeitig aufspringen
würden und wir in jedes Haus und jede Wohnung schauen
könnten wie auf eine Kinoleinwand …«

Korber war mittlerweile beim Bier gelandet. Er machte
einen Schluck und fragte desinteressiert:

»Na, was würden wir dann sehen? Ein paar würden
noch fernsehen, ein paar schnackseln, und der Rest würde schlafen.«

»Du bist ein Idiot, Thomas! Nein, nein, du kannst nicht
sehen, was ich sehe. Ich erkenne eine Orgie an Gewalt:
Männer, die ihre Frauen und Kinder schlagen, Ehepaare,
die in wildem Streit miteinander liegen, nach außen hin gut-
mütige Menschen, die ihre alten oder behinderten Eltern
quälen, ehe sie sie in ein Heim abschieben. Und ich sehe,
wie in den Köpfen grausame Morde und andere Sauerei-
en geplant werden, ich fühle, wie sorgsam ein Verbrechen
nach dem anderen ausgedacht wird und niemand da ist, es

zu verhindern. Was denkst du denn, weshalb jetzt noch so viele Lichter brennen?«

»Vielleicht, weil sich der eine oder andere noch einen Drink genehmigt, so wie wir zwei gerade?«, mutmaßte Korber teilnahmslos.

»Thomas, Thomas, in welcher Welt lebst du? Nein, weil sie sich gerade wieder auf die Nerven gehen, natürlich, und dann können sie nicht schlafen und malen sich aus, wie sie einander loswerden können oder zumindest erniedrigen oder etwas Ähnliches. Es ist so, Thomas, das Verbrechen ist um uns und überall. Die Gewalt ist die Normalität, die friedliche Koexistenz die Ausnahme. Wir wissen gar nicht, wie viele gewaltsame Tode aus irgendeinem Versehen als unbedenklich erklärt wurden. Ist das nicht faszinierend? Fordert es einen nicht geradezu heraus, sich damit zu beschäftigen?«

Korber zündete sich eine Zigarette an. Er hielt es im Augenblick für sinnlos, Leopold in seiner Begeisterung bremsen zu wollen. Außerdem wurde er langsam ein bisschen müde.

»Du willst mir nicht glauben, was?«, fuhr Leopold schmunzelnd fort. »Ich kann es dir nicht verdenken. Aber nimm nur einmal unseren Fall, den Fall der erschlagenen Susanne Niedermayer. Auf einmal liegt ein Mensch tot in seiner Wohnung. Ermordet. Keiner kann es sich erklären. Jeder denkt zuerst an einen Raubmord. Aber da gibt es eine Schwester, und ich möchte nicht wissen, wie oft sie einander schon den Tod gewünscht haben. Da gibt es einen Mann, den Susanne ihr ganzes Leben lang auf eine seltsame Weise verehrt, und der mit ihren Gefühlen nur gespielt hat. Da gibt es überhaupt jede Menge recht seltsamer Gestalten in diesem Klub ›Fernweh‹ …«

»Ein gewisser Emil war zum Beispiel heute ganz nervös, weil ihn die Niedermayer angeblich auch wegen Amerika angeredet hat. Der wäre sogar nicht einmal abgeneigt gewesen, dann wollte er aber auch wieder nicht sofort ...«, erinnerte sich Thomas.

»Na siehst du! Man weiß eben nie, was sich im Gemüt von älteren und vereinsamten Menschen abspielt. Und irgendwo in diesem Umfeld müssen wir das Motiv für den Mord suchen, das spüre ich. Vergessen wir dabei nicht die Herren Gratzer und Ferdinand Nowotny, die offensichtlich die Spendengelder ein wenig manipulieren. Nichts Besonderes an sich, eher eine kleine Spielerei und Freunderlwirtschaft, kein Vergleich zu den Summen, die sonst oft im Baugewerbe oder bei Politikern geschmiert werden, aber es genügt, um Neid und Eifersucht bei ein paar nicht sehr begüterten Senioren aufkommen zu lassen. Und damit wären wir schon wieder bei meiner Theorie.«

»Komisch«, sinnierte Korber. »Eigentlich könnten wir diese Theorie im Maßstab 1:1 auf die Seelengemeinschaft meiner Klasse umlegen. Die bringen sich in ihren Träumen wahrscheinlich auch ständig gegenseitig um.«

»Vor allem, wenn in dieser Seelengemeinschaft ein Biest wie deine Gabi ihr Unwesen treibt.«

»Kein Salz auf meine offenen Wunden, Leopold, bitte«, protestierte Korber. »Aber weil du Gabi gerade erwähnst: Da fällt mir etwas ein. Ich habe dir ja noch gar nicht erzählt, dass sie und dieser Halbstarke auf dem Motorrad bei ihrem Liebesspiel unterbrochen worden sind. Und weißt du von wem? Von Erich Nowotny. Plötzlich stand er da, war sichtlich erzürnt, brüllte Gabi an und stürzte auf sie los. Fast wäre er sogar tätlich geworden, aber ihr Kerl hat ihn schließlich abgedrängt. Komisch, so wütend habe ich den Erich überhaupt noch nie gesehen. Geschimpft hat er wie ein Rohrspatz und ist mit Zornesröte im Gesicht davon.«

»Seltsam«, meinte Leopold nur. »Das ist doch sonst so ein phlegmatischer Typ.«

»Eben. Der wird doch nicht auch etwas mit der Gabi angefangen haben?«

Leopold machte eine wegwerfende Handbewegung. »Nein, nein, die gehört schon dir alleine. Und diesem Motorradheini natürlich. Aber du hast recht. Wir machen uns viel zu wenig Gedanken darüber, was bei den Jungen so abgeht. Hass, Eifersucht, Kränkung – Emotionen, die geradezu die ideale Grundlage für ein Verbrechen darstellen. Es ist wie bei den Erwachsenen. Meine Theorie bewahrheitet sich eben immer wieder. Darum müssen wir auch herausfinden, was der Grund dieser Auseinandersetzung war.«

»Meinst du?«, gähnte Korber eher schläfrig.

»Natürlich«, sagte Leopold. »An der Sache ist etwas faul, das spüre ich.«

Korber bekam jetzt seinen großen Zusammenbruch. »Ich denke, ein paar Stunden sollte ich doch noch schlafen«, murmelte er zu sich selbst.

Leopold stand wortlos auf, rückte den kleinen Tisch zur Seite und machte die Bettbank auf. Es war sinnlos, Thomas jetzt nach Hause führen zu wollen. Er würde wieder munter werden und sich zu Hause erst recht nicht niederlegen. Leopold kannte seinen Freund. Also lagen in seinem Kasten ein oder zwei Garnituren von Korbers Gewand, frisch gewaschen und gebügelt, im Badezimmerschrank lehnte in einer Ecke eine alte Zahnbürste, und die Bettbank im Wohnzimmer war auch im Nu überzogen. So schien es – eine ausgiebige Dusche und ein starker Kaffee vorausgesetzt – gewährleistet, dass sein Freund am nächsten Morgen wieder einigermaßen munter zur Tat schreiten konnte.

Während Korber so vor sich hin döste und er selbst alle Vorbereitungen für seine Bettruhe traf, überdachte Leopold noch einmal, was er an diesem Tag gesehen und gehört hatte. Es war doch etwa wirklich seltsam, dass Vater und Sohn Nowotny am selben Tag eine Auseinandersetzung mit zwei Mädchen aus derselben Klasse gehabt hatten. Was steckte dahinter? Hatte es vielleicht etwas mit dem Mordfall zu tun? Oder braute sich nur langsam irgendein anderes Verbrechen zusammen?

Es war aber auch seltsam, dass Alois Herbst von einem Auto angefahren worden war und keine Anstalten machte, diesen Unfall zur Anzeige zu bringen. Wenn es überhaupt ein Unfall war und nicht ein – kaltblütiger Mordversuch?

Schließlich war da noch Gertrud Niedermayer. Sie hatte Alois vor seinem Unfall angerufen, das hatte Leopold bereits überprüft. Also hatte sie gelogen, als sie ihm hatte weismachen wollen, sie habe jeglichen Kontakt zu ihrem früheren Liebhaber abgebrochen.

Und damit geriet diese sympathische, zurückgezogen lebende Frau wieder mitten in den Kreis der Verdächtigen.

13

Das Telefon läutete etliche Male, ehe sie abhob. »Niedermayer«, meldete sich eine belegte Stimme.

»Leopold hier! Guten Morgen, Frau Gertrud.«

»Ach, Sie sind's. Gibt es etwas Neues?«

»Sozusagen. Ihr Freund Alois ist angefahren worden. Von einem Auto. Er liegt im Krankenhaus Floridsdorf.«

»Das ist ja furchtbar. Wie ist es denn passiert?«

Leopold schwieg einige Augenblicke. Man hörte nur ein leises Summen in der Leitung. Dann sagte er:

»Es war neblig, und er hat nicht aufgepasst. Behauptet er zumindest. Glauben Sie, dass es so war?«

»Wie soll ich das wissen? Ich war ja nicht dabei. Mein Gott, wie geht es ihm denn?«

»Den Umständen entsprechend, denke ich, aber ich muss mich erst wieder erkundigen.« Erneut machte Leopold eine Pause, ehe er fragte:

»Sie haben nichts mit der Sache zu tun?«

»Ich? Wie kommen Sie denn darauf? Ich habe Ihnen ja bereits gesagt …«

»Ich weiß, was Sie mir gesagt haben, Frau Gertrud, aber da haben Sie leider ein bisschen geflunkert. Sie haben so getan, als ob es keinerlei Kontakt mehr zwischen Ihnen und Alois Herbst gäbe. Dabei haben Sie ihn gestern noch vor seinem Unfall angerufen«, unterbrach Leopold.

Jetzt war es am anderen Ende der Leitung für einige Augenblicke still.

»Ich habe mir doch gedacht, dass Sie ein Schnüffler sind, Leopold«, kam es dann etwas betreten zurück. »Sie stecken Ihre Nase wirklich in alle Dinge hinein. Aber dass Alois Ihnen das verraten hat …«

»Er hat es mir nicht verraten, Frau Gertrud, da kann ich Sie beruhigen. Ich weiß nicht, ob Sie sich mit Mobiltelefonen auskennen. Da kann man recht schnell herausfinden, wer wen um welche Zeit angerufen hat. Aber wenn ich das konnte, kann es die Polizei auch. Und die will natürlich wissen, wer Herrn Herbst angefahren hat, und kommen und jede Menge unangenehme Fragen stellen. Wäre es da

193

nicht besser, wenn Sie mir als Freund vorher reinen Wein einschenkten?«

Am anderen Ende der Leitung war so etwas wie ein Lächeln zu ahnen. »Leopold, Leopold, Sie tun ja geradezu so, als ob Sie mir wieder aus der Patsche helfen wollten.«

»Natürlich, Frau Gertrud, sonst hätte ich Sie ja nicht angerufen.«

»Sparen Sie sich Ihre Ausreden, sonst werde ich noch böse. Aber vielleicht haben Sie recht. Vielleicht ist es wirklich besser, wenn ich Ihnen die Wahrheit sage. Also gut, ich habe Alois noch einmal angerufen. Ich wollte einfach persönlich von ihm hören, wie nahe ihm der Tod meiner Schwester gegangen ist.«

»Das war alles?«

»Mehr oder weniger ja. Ich habe Ihnen ja bereits erzählt, dass wir einander nichts mehr zu sagen haben. Aber ich hätte es herzlos gefunden, mich nicht einmal in einer solchen Ausnahmesituation bei dem Menschen zu melden, den ich einmal geliebt habe.«

»Frau Gertrud, ich bitte Sie! Das ist doch nur die halbe Wahrheit, und mit der kommen Sie vielleicht bei mir durch, aber nicht bei der Polizei. Ich weiß nicht, ob Sie schon das Vergnügen hatten, den rabiaten Kerl kennenzulernen, den sie bei so verstockten Personen wie bei Ihnen neuerdings einsetzen. Bollek heißt er. Bei dem bleibt kein Auge trocken, das schwöre ich Ihnen.«

»Und was sollte dieser Bollek mehr von mir erfahren als Sie?«, fragte Gertrud Niedermayer unschuldig.

»Ich weiß es nicht so genau, sonst würde ich Sie nicht fragen. Aber ich persönlich gehe von zwei Möglichkeiten aus: Die erste ist, dass Sie so von Eifersucht gequält waren, dass Sie von Alois wissen wollten, ob er Ihre Schwester wirklich genauso oder vielleicht noch mehr geliebt hat als

Sie selbst. Nehmen wir an, er hat ja gesagt, und sei es nur, um Sie zu ärgern. Könnte es nicht sein, dass Sie da die Wut gepackt hat, Sie unter irgendeinem fadenscheinigen Vorwand ein Treffen mit ihm vereinbart und ihn dann vor seinem Haus angefahren haben?«

Es blieb kurz still in der Leitung. »Das ist einfach lächerlich«, sagte Gertrud Niedermayer dann.

»Die zweite Möglichkeit ist für Sie aber noch unangenehmer, Frau Gertrud«, kam es von Leopold sehr bestimmt. »Eigentlich kann ich mir gar nicht vorstellen, dass Sie Alois nicht wiedersehen wollten. Eigentlich kann ich mir viel eher vorstellen, dass Ihnen nur wieder einmal die Schwester im Wege stand. Ich möchte das jetzt gar nicht weiter analysieren, aber es gibt da jede Menge von Gründen, warum Sie oder Alois in eine tödliche Auseinandersetzung mit Ihrer Schwester geraten sein könnten. Immerhin fehlen da auch noch 5.000 Euro, um die es einen großen Wirbel gegeben hat. Na ja, und jetzt ruft man einander halt an, fragt vorsichtig nach, wie es dem anderen geht, und so weiter …«

»Leopold, Sie enttäuschen mich«, sagte Gertrud Niedermayer nur schroff. »Ich dachte, Sie sind ein Mensch, der zu mir hält.«

»Bin ich ja, bin ich ja, aber gerade deswegen …«

»Ein Schnüffler sind Sie«, unterbrach ihn Gertrud noch einmal, »nichts als ein kleiner, besserwisserischer Schnüffler, dessen Gehirn sich in die verrücktesten Phantasien versteigt. Aber es ist nicht so, wie Sie denken, glauben Sie mir. Mehr kann ich Ihnen dazu nicht sagen. Und auch niemandem sonst, der mich fragen sollte.«

Damit knallte sie den Hörer auf die Gabel.

Leopold schüttelte kurz den Kopf. Ihm tat es beinahe leid, dass er so grob zu Gertrud Niedermayer hatte sein müssen. Ihm war diese Frau ja wirklich sympathisch, egal, was sie letzten Endes mit der Sache zu tun hatte. Deswegen musste sie gewappnet sein, wenn Bollek bei ihr auftauchte. Den mochte er nämlich ganz und gar nicht.

* * *

Das Café Heller war am Freitagabend gut besucht, wie es vor einem Wochenende Tradition war. Mehrere Kartentische waren besetzt, und auf allen drei Billardtischen liefen Partien. Am ersten Brett setzte Herr Kreuzer gerade drei ehemaligen Schülern des hiesigen Gymnasiums in einer Dreibandpartie* mächtig zu. Er hatte sie überredet, um eine Flasche Wein mit ihm zu spielen, und da kannte er keine Gnade, auch wenn er ihnen sonst manchen Stoß erklärte und darauf bedacht war, ihr Talent zu fördern. Wenn es um einen edlen Tropfen ging, lag er aber für gewöhnlich – wie jetzt – unangefochten in Führung.

Auch die legendäre Tarockpartie hatte sich wieder eingefunden. Dem Herrn Kanzleirat hatte man allerdings innerhalb kurzer Zeit zweimal den Mond gefangen*, was nicht nur eine bedenkliche Leere in seinem Tatzerl* sondern auch seine immens schlechte Laune zur Folge hatte.

Oberinspektor Juricek hatte kurz gekiebitzt, setzte sich jetzt aber an einen freien Tisch und ließ sich von Leopold eine Melange bringen. Sichtlich entspannt, aber mit unbewegter Miene ließ er sich dabei mit den neuesten Nachrichten versorgen.

»Und? Wie geht's dem Alois Herbst? Müssen wir uns Sorgen machen?«, fragte Leopold unschuldig.

---

* Hier muss der Spielball zwischen Beginn und Ende des Stoßes nicht nur die anderen beiden Bälle treffen, sondern auch mindestens drei Banden berühren.
* Von ›Mondfang‹ spricht man, wenn der ›Sküs‹, die höchste Tarockkarte, über den ›Mond‹, die zweithöchste Tarockkarte, sticht. Dieses Ereignis ist extra zu bezahlen und zieht normalerweise eine Runde um den doppelten Einsatz nach sich. Der Spieler, der sich den ›Mond‹ fangen lässt, ist oft dem Spott der Mitspieler und Kiebitze ausgesetzt.
* Kleine flache Tasse, in welcher jeder Spieler sein Spielgeld aufbewahrt.

»Dem geht es, den Umständen entsprechend, eigentlich recht gut«, lächelte Juricek ebenso unschuldig zurück. »Er hat sich Gott sei Dank nichts gebrochen und auch keine inneren Verletzungen davongetragen. Eine Beckenprellung, einige andere Prellungen, Rissquetschwunden, Hautabschürfungen, Blutergüsse und so weiter. Eine ganz schöne Latte. Schmerzhaft, aber nicht gefährlich. Er hat Glück im Unglück gehabt.«

»Na, dann prost, meine Herren!«, hörte man Kreuzer vom ersten Billardtisch rufen, der gerade genüsslich von seinem Glas nuckelte.

»Und sonst?«, fragte Leopold ungläubig.

»Was heißt ›und sonst‹, Leopold? Gar nichts ›und sonst‹. Er hat uns nicht mehr erzählt als dir gestern, nicht einmal deinem Freund Bollek. Der war übrigens ausgesprochen reizend heute. Irgendwie steht Herbst anscheinend noch unter Schock, außerdem leidet er unter gewissen Entzugserscheinungen. Vielleicht ist es aber auch die Wahrheit, und er ist von selbst in das Auto gerannt, was weiß man«, sagte Juricek eher gleichgültig und nippte an seinem Kaffee.

»Kaffeetscherl in Ordnung?«, fragte Leopold. Er wirkte dabei wie ein Kind, das darauf wartet, dass ihm eine Geschichte weiter erzählt wird.

»Ja, ja, ausgezeichnet«, kam es von Juricek.

»Aber – unter uns – du weißt was.«

»Selbst wenn ich etwas weiß, Leopold, gibt es Dinge, die ich dir einfach nicht sagen kann oder will. Da darfst du nicht böse sein. Der Fall kommt nämlich jetzt in seine entscheidende Phase, und du entwickelst mir ein wenig zu viel Eigeninitiative«, brummte Juricek.

»Wie meinst du denn das schon wieder, Richard«, verteidigte Leopold sich. »Du kriegst doch von mir alle Informationen aus erster Hand, sogar von dem komischen

197

Auftritt vom alten Nowotny mit seiner Schwiegertochter hab ich dir erzählt, auch wenn er vielleicht nicht unbedingt etwas mit unserem Fall zu tun hat.«

»Nimm dir ein Beispiel an deinem Freund Korber«, grinste Juricek. »Der ist brav und tut, was man ihm sagt. Bei dir bin ich mir da nie so sicher. Warum hast du etwa heute Morgen bei Gertrud Niedermayer angerufen?«

»Mir war einfach danach«, kratzte sich Leopold verlegen am Kopf.

»So so, dir war einfach danach. Und warum erfahre ich schon wieder nichts davon? Ich möchte dir gar nicht sagen, wonach mir manchmal ist, wenn ich von solchen Einzelaktionen höre«, sagte Juricek jetzt sehr deutlich. »Zum letzten Mal: Halte dich bitte aus den Dingen heraus, bis ich wieder eine nette, kleine Aufgabe für dich habe – *wenn* ich eine habe. Lass doch einfach die Dinge sich entwickeln. Ich habe, wie gesagt, das Gefühl, dass sich bald Entscheidendes ereignen wird, und mein Gefühl hat mich noch selten betrogen. Geduld, mein Freund, Geduld.«

Im selben Augenblick kam Frau Heller mit hochrotem Gesicht und einem knusprigen Toast nach hinten gelaufen. Sie blickte sich fragend um.

»Tisch zwei, Frau Geheimrat Havlicek«, säuselte Leopold. »Aufpassen, Frau Geheimrat, sehr heiß!« Frau Havlicek, ihres Zeichens Hausmeisterin in einem Gemeindebau und passionierte Rommee-Spielerin, brummte nur ungeduldig und biss, ohne auf Leopolds Warnung zu hören, so heftig in den Toast, dass der geschmolzene Käse zwischen ihre Finger und die Spielkarten geriet.

»Prost, meine Herren, prost rundherum!«, hörte man wieder Kreuzer mit erhobenem Glas vom ersten Brett.

»Wenn der Herr Kriminalrat Hofer zufälligerweise Zeit hat, möge er gegebenenfalls die Arbeit wieder aufnehmen«, sagte Frau Heller in einem Ton, der Gewitterstimmung ankündigte. Seit ihre eigenen Ausflüge in den Bereich der Kriminalistik nicht von Erfolg gekrönt waren, brachte sie auch den Bemühungen ihres Obers kein Verständnis mehr entgegen.

»Was sage ich, Leopold, ans Werk, ans Werk«, munterte Juricek seinen Freund auf und rückte seinen Sombrero zurecht. »Vielleicht sehen wir uns ein wenig später noch vorne an der Theke, bei deinen Freunden. Eigentlich bin ich ja heute schon außer Dienst. Da könnte ich mir in guter Gesellschaft direkt ein Glaserl gönnen.«

Die ›gute Gesellschaft‹ stand bereits einige Zeit da. Sie setzte sich im Wesentlichen aus Thomas Korber und dem wieder die Luft der Freiheit atmenden Stefan Wanko zusammen. Man trank eine Wochenausklangsrunde und prostete zwischendurch den Billardspielern zu. Natürlich sprach man vor allem über Wankos unverhofften Ausflug in polizeilichen Gewahrsam.

»Es ist schon komisch«, meinte Wanko leicht lallend, aber immer noch Herr der Lage, »schon komisch, wie schnell es einen erwischen kann. Aber Hut ab vor meinem Dienstgeber. Ein Urlaubstag, und die Sache war erledigt. Das findet man selten in der heutigen Zeit.«

»Wir haben ja nie wirklich gedacht, dass du es warst«, versuchte Thomas Korber ihn zu beruhigen. »Alles ein Missverständnis.«

»Wer weiß, ob sie nicht noch etwas Belastendes finden«, stöhnte Wanko. »Außerdem hat die Babsi geglaubt, dass ich ein Mörder bin, und das ist schlimm genug. Ich muss ohnedies schauen, dass ich schnell nach Hause komme. Dieses Wochenende ist Versöhnung angesagt.«

»Ein Bier noch?«, fragte Korber, der nicht schnell nach Hause musste. Überdies hatten er und seine Maturaklasse im Zuge der von der Regierung vorgeschriebenen Stundenkürzungen am Samstag schulfrei.

»Na ja, eins halt noch«, sagte Wanko durstig, aber nachdenklich.

Dann, beinahe nebensächlich, rutschte es aus Korber heraus:

»Wo ist denn eigentlich die Geli heute?«

»Sicher nirgendwo besonders, aber du weißt ja – am Freitag gehen die jungen Leute gerne aus, nicht unbedingt ins Kaffeehaus«, meldete sich Leopold mit den zwei eingeschenkten Krügerln bei seinem Freund.

»Ja, ja, viele treten aus dem Kaffeehaus hinaus ins Leben – nur für uns bleibt das Leben das Kaffeehaus«, sinnierte Frau Heller, nun wieder eine Spur besserer Laune.

Und somit blieb Korber nichts anderes übrig, als die Abwesenheit seiner ehemaligen Schülerin auf sonderbare Weise zu bedauern. Welche Idee hatte sich da bloß wieder in seinen müden Kopf eingekrallt. Sein schon ein wenig leerer Blick glitt einmal mehr auf die Billardpartie am ersten Tisch, bei der sich allerdings wenig verändert hatte. Kreuzer triumphierte auf allen Linien. Schließlich schaute er beinahe fordernd zurück auf seinen Nachbarn und machte einen ziemlich großen Schluck aus dem schaumgekrönten Glas.

»Also nach dem Bier da … wirklich … ich muss mich mit Babsi versöhnen«, hörte er wie von weit her Wanko sagen, der sich mit allen Mitteln bemühte, Haltung zu bewahren.

Da betrat eine nicht mehr ganz junge blonde Frau, ein wenig planlos in die Gegend starrend, das Lokal. Sie trug eine vornehme schwarze Veloursjacke und eher gewöhnliche Jeans. Das sorgfältig gewählte Make-up konnte nicht mehr alle Falten in einem Gesicht verdecken, das früher schön gewesen sein mochte, jetzt aber wie von einem rauen Herbstwind aufgepeitscht schien.

»Die Frau Bezirksrat«, spöttelte Stefan leise.

»Die Nowotny?«, fragte Korber ungläubig. Wanko nickte.

Mit einem beinahe zärtlich gesäuselten:

»Küss die Hand, die Dame, bitte Platz zu nehmen«, wies Leopold dem neu eingetretenen Gast einen Fensterplatz an. »Was wünschen Gnädigste? Eine Melange mit Schlag vielleicht?«

Frau Nowotny lächelte. »Ich bin schon lange nicht mehr da gewesen, aber früher hatten Sie einen sehr guten Hauswein, einen Grünen Veltliner. Gibt es den noch?«

»Selbstverständlich, Gnädigste. Ein Viertel?«

»Ja, bitte«, sagte Frau Nowotny, Leopold zublinzelnd. »Wären Sie außerdem so nett, den einen Herrn an der Theke kurz zu mir zu bitten? Das ist doch Professor Korber vom Gymnasium hier um die Ecke?«

»Bitte sehr, bitte gleich, gnädige Frau. Ich eile«, sagte Leopold und deutete seinem Freund mit einer großen Geste und einem Achselzucken an, dass die Dame am Fenster ihn sprechen wolle. Korber trennte sich nur unwillig von Stefan Wanko und seinem Glas. Was war denn jetzt schon wieder los? Er stellte sich kurz vor und nahm gegenüber von Frau Nowotny Platz.

»Guten Abend, Herr Professor. Ich bin Evelyn Nowotny, Mutter von Erich Nowotny, der bei Ihnen den Maturajahrgang besucht«, stellte sie sich Thomas gegenüber vor. Sie behielt dabei jenes süße Lächeln, das sie wohl neben einem so aalglatten Menschen wie Ferdinand Nowotny mit der Zeit ganz automatisch angenommen hatte.

»Und was verschafft mir die Ehre?«, fragte Korber zurückhaltend.

201

»Ich wollte nur wissen, ob Erich heute in der Schule war. Bitte erteilen Sie mir ehrliche Auskunft und verheimlichen Sie nichts.«

Korber dachte kurz nach, dann erinnerte er sich wieder. Er hatte ja auf irgendeine Weise versuchen wollen herauszubekommen, was Erich am Vortag so in Rage versetzt hatte. Aber Erich hatte heute Vormittag im Unterricht gefehlt. Und anstatt Gabi oder Isabella zu fragen, hatte er um die beiden sicherheitshalber einen großen Bogen gemacht.

»Um ehrlich zu sein, Ihr Sohn war heute von der Schule abwesend, Frau Nowotny«, sagte er.

Evelyn Nowotny nippte an ihrem Glas, dann sprach sie lächelnd weiter:

»Also doch! Ich habe es befürchtet. Erich ist nämlich weder gestern Abend noch heute aufgetaucht, nicht bei seinen Eltern und auch nicht bei seiner Freundin Isabella. Ich suche ihn seit Mittag schon überall. Wo kann er denn nur sein?«

»Ich weiß nicht, Frau Nowotny, aber ich würde die Sache nicht so tragisch sehen«, versuchte Korber sein Gegenüber zu beruhigen. »Junge Menschen schlagen sich heutzutage öfters die Nacht um die Ohren, da ist ja nichts dabei. Sie schlafen dann bei Freunden, vergessen ihre schulischen Pflichten, weil sie noch verkatert sind, und tauchen irgendwann wieder auf, so als ob nichts gewesen wäre.«

»Aber er hat sich nicht einmal bei uns gemeldet. Und sein Handy ist abgeschaltet, sodass man ihn nicht erreichen kann. Seltsam, nicht?«

In der Tat seltsam, dachte Korber. Natürlich war etwas faul an der Sache, aber er wusste leider nicht was. Und jetzt saß Erichs Mutter ihm gegenüber und machte sich Sorgen, obwohl sie das hinter einer lächelnden Maske verbarg. Er überlegte, ob er etwas über den Zwischenfall am Parkplatz sagen sollte, aber sogleich fiel ihm wieder die Szene ein, die ihm Ferdinand Nowotny beim ›Beinsteiner‹ gemacht hatte. Vorsicht, alter Junge, sagte er sich, vielleicht geht es hier um Dinge, die dich überhaupt nichts angehen. Warte ab.

»Und morgen, Samstag, ist ja keine Schule«, hörte er Evelyn Nowotny wie von weit her. »Was ist, wenn er sich dann wieder nicht blicken lässt, Herr Professor? Wissen Sie denn keine Lösung? Haben Sie denn gar keinen Rat für mich?« Sie berührte seine Hand ganz leicht mit der ihren, und erstmals konnte ihr Lächeln die Traurigkeit in ihrem Blick nicht mehr verbergen.

»Sie können natürlich warten … oder eine Vermisstenanzeige machen«, sagte Korber, dem die Sache jetzt peinlich wurde.

»Vermisstenanzeige ist so ein scheußliches Wort.« Frau Nowotny machte einen großen Schluck, und ihr Blick verlor sich im matten Licht des Kaffeehauses. Sie seufzte. »Ich danke Ihnen auf jeden Fall, dass Sie mir Ihr Ohr geliehen haben und möchte Sie nicht länger belästigen, Herr Professor. Sie können wieder zu Ihren Freunden gehen. Nur eine Bitte habe ich noch: Rufen Sie mich an, wenn Sie etwas in Erfahrung gebracht haben. Hier ist meine Nummer.«

Korber steckte die ihm gereichte Visitenkarte ein und begab sich nach einer undeutlich gemurmelten Verabschiedung zurück an die Theke, wo Richard Juricek inzwischen seinen Platz eingenommen hatte und Stefan Wanko bei einem Glas Rotwein Gesellschaft leistete. Frau Heller hatte sich auch ein Achterl kredenzt und war nun wieder guter Dinge.

»Der Herr Oberinspektor hat meine kriminalistischen Fähigkeiten gelobt«, sagte sie zu Korber. »Wir trinken jetzt gerade darauf, dass unser Herr Wanko hoffentlich trotzdem unschuldig ist.«

203

»Was wir immer noch nicht wissen, Frau Heller«, mahnte Juricek mit erhobenem Zeigefinger. »Solange wir den Täter und das verschwundene Geld nicht gefunden haben, kann ich ihn nicht ganz aus der Liste der Verdächtigen streichen, obwohl vieles dafür spricht, dass er es nicht war.«

»Vielen Dank, dass Sie mir vertrauen«, sagte Wanko und leerte sein Glas in einem Zug. »So, jetzt muss ich aber zur Babsi.«

»Dann lassen Sie sich nicht aufhalten, und machen Sie keine Dummheiten«, lächelte Juricek.

Einige Augenblicke wurden nun Belanglosigkeiten ausgetauscht, wobei Frau Heller Juricek deutlich zu verstehen gab, dass sie jederzeit wieder bereit wäre, der Polizei einen ähnlichen Dienst zu erweisen, aber hoffte, das nächste Mal doch den richtigen Täter präsentieren zu können. Erst als Leopold, der eine weitere Runde Achteln zur legendären Tarockpartie hatte bringen müssen – man hatte dem Herrn Kanzleirat erneut den Mond gefangen, und das wurde nun anständig gefeiert – wurde es wieder ernst.

»Er ist weg?«, fragte Juricek.

»Wer?«, fragte Korber verdattert zurück.

»Nun, Ihr Schüler, Erich Nowotny. Das ist doch der Grund, warum Sie seiner Mutter Gesellschaft leisten durften, oder?«

Korber nickte nur. »Ach so, der Erich. Ja, Sie haben recht, der ist weg.«

»Wer hat recht? Ich habe recht«, protestierte Leopold halblaut, damit ihn nur die Umstehenden verstehen konnten. »Das ist mir gestern gleich komisch vorgekommen mit dem alten Nowotny und der Scherer-Tochter. Und als ich dann noch von dem Zwischenfall auf dem Parkplatz gehört habe, war mir alles klar.«

»Ich möchte nicht noch einmal mein Gespür fürs Kriminalistische hervorheben«, unterbrach eine nun sichtlich gut gelaunte Frau Heller, »aber als Frau hat man so seine Intuitionen. Egal, was mit dem jungen Burschen jetzt ist – er frequentiert unser Lokal ohnedies nur selten – diese Dame beim Fenster strahlt eine ganz eigenartige Aura aus. Ich könnte schwören, meine Herren, dass die Lösung des Mordfalles nur über sie führt.«

»Sie sorgt sich sehr um ihren Sohn«, sagte Korber. »Aber Vermisstenanzeige möchte sie offenbar keine machen.«

»Na klar«, raunte Leopold. »Das wäre dem Alten doch unangenehm. Könnte ihm vermutlich in seiner Position schaden.«

Juricek zuckte mit den Achseln. »Ohne Vermisstenanzeige können wir einstweilen nichts tun«, meinte er nur.

»Schade«, sinnierte Korber. »Eines weiß ich, Erich ist sehr sensibel, und gestern war er in einem beunruhigenden Zustand. Ein bisschen mache ich mir schon Sorgen.«

Juricek trank sein Glas aus, überlegte einen Augenblick, dann näherte er sich vorsichtig der Dame in der Fensterloge. Sie lächelte erneut, und ihr Blick war wieder sehr traurig. Sie schien außer lächeln gar nichts anderes zu können.

»Entschuldigen Sie, wenn ich störe, meine Dame, ich bin Oberinspektor Juricek vom hiesigen Kommissariat. Ich bin zufällig hier und habe von Ihren Problemen gehört. Ich würde Ihnen dringend raten, eine Vermisstenanzeige aufzugeben, dann können wir alle Anstrengungen unternehmen, um Ihren Sohn zu finden.«

»Sehr lieb, aber er wird schon kommen. Er ist ja schon groß, der Bub. Wie sagen die jungen Leute heute? Man darf das alles nicht so eng sehen.«

»Sie wissen nicht, wo er sich aufhalten könnte?«

»Ich habe keine Ahnung.«

»Also, wenn er nicht bald kommt, sollten Sie eine Anzeige machen. Sonst sind wir nämlich nicht zuständig«, sagte Juricek.

»Sehen Sie, mit der Zuständigkeit ist das so eine Sache«, meinte Evelyn Nowotny. »Ich bin nämlich für Dinge wie eine Vermisstenanzeige nicht zuständig, das ist einzig und alleine mein Mann. Ich zweifle daran, dass er in dieser Richtung so schnell etwas unternehmen wird. Er hat seinen Sohn schon immer für einen Versager gehalten, der es im Leben zu nichts bringt: schüchtern, Sitzenbleiber in der Schule, romantisches Traummännlein – das ganze Gegenteil vom Unternehmer, Bezirkspolitiker und Erfolgsmenschen Ferdinand Nowotny. Ich glaube nicht, dass ihm Erichs Abwesenheit besonders nahe geht.« In der Stimme der Frau schwang Resignation mit.

»Ihr Mann scheint sich gestern immerhin bereits Sorgen gemacht zu haben, lange vor Mitternacht, also zu einer Zeit, als die Lage noch gar nicht kritisch sein konnte. Erichs Freundin Isabella hat ihn nach einer Veranstaltung, bei der ich ebenfalls anwesend war, aus dem Gasthaus Beinsteiner abgeholt. Er hat das Lokal fluchtartig verlassen, und soviel ich weiß, war von Ihrem Sohn die Rede. Wissen Sie vielleicht, was es damit auf sich hatte?«

Evelyn Nowotny machte nun ein paar nervöse Züge an ihrer Zigarette. »Erich hat Isabella gestern Abend angeblich eine SMS geschickt. Es sei aus, er sei enttäuscht, und es werde etwas Furchtbares passieren.«

»Und Sie haben keine Ahnung, was er damit gemeint haben könnte?«

»Ich weiß es nicht. Ich weiß nicht einmal, ob das alles so stimmt, wie ich es gehört habe. Ich weiß nur, dass mir mein Mann verboten hat, etwas zu unternehmen.«

»Ich möchte Sie nicht beunruhigen, Frau Nowotny. Es kann nun alles einen ganz harmlosen Verlauf nehmen, die Sache kann aber einen durchaus ernsten Hintergrund haben. Daher wäre es ganz wichtig, für Sie und für uns, wenn wir allmählich herausbekämen, wie die Dinge wirklich liegen. Ich möchte nicht, dass etwas passiert und Sie sich irgendeinen Vorwurf machen müssen.«

Evelyn Nowotny lachte nur kurz bitter auf. »Welchen Vorwurf sollte ich mir machen? Ich bin offenbar für das Schicksal meines Sohnes nicht zuständig. Das ist einzig und allein mein Mann. Fragen Sie ihn doch selbst, was gestern los war. Auf Wiedersehen, Herr Inspektor!«

Sie stand auf, ließ einen viel zu hohen Geldbetrag auf dem Tisch liegen, lächelte noch einmal zu Thomas Korber herüber und verließ dann, ohne Juricek eines weiteren Blickes zu würdigen, das Lokal.

»Und? Werden Sie versuchen, ihn zu finden?«, fragte Korber den Oberinspektor, als dieser wieder an der Theke neben ihm Platz genommen hatte.

»Ich werde mich hüten«, sagte Juricek. »Sie haben den alten Nowotny doch selbst kennengelernt. Wenn sich jemand in seine Angelegenheiten einmischt und es gefällt ihm nicht, kann er sehr unangenehm werden. Ohne Anzeige ist da nichts zu machen, sonst spielt er uns mit allen ihm zur Verfügung stehenden Mitteln aus. Handhabe gegen seinen Sohn habe ich einstweilen auch keine – also werde ich wohl oder übel die Finger davon lassen.«

»Haben Sie denn keine Angst, dass Erich sich umbringt?«, versuchte Korber ihm ins Gewissen zu reden.

»Oder dass er jemand anders umbringen möchte«, meldete sich plötzlich Leopold, der von irgendwoher alles mitgehört haben musste, zu Wort. Triumphierend wachelte (winkte) er dabei mit der Banknote, die Evelyn Nowotny

207

auf dem Tisch hatte liegen lassen. »Seine Mutter, seinen Vater, seine Freundin Isabella oder was weiß ich wen, jetzt, wo er gerade so schön außer Rand und Band ist. Meine Theorie, Thomas: Alle Nowotnys zusammen in einem Haus, stell dir das einmal vor! Da sind sicher seit Jahren Mordpläne geschmiedet worden.«

»Die Möglichkeit besteht«, bemerkte Juricek trocken. »Ich habe ja nicht behauptet, dass es nicht wichtig wäre, Erich zu finden. Ich habe nur eingeräumt, dass mir einstweilen die Hände gebunden sind.«

Er machte eine kurze Pause, so, als ob er nachdenken müsste. »Könntest du mir noch einmal helfen, Leopold?«, fragte er dann.

Leopold blickte ihn treuherzig an.

»Du hast doch am Wochenende Zeit, und dein Freund Korber auch. Warum kümmert ihr euch nicht um die Sache? Denkt nach, wo sich der Kerl herumtreiben könnte und sucht ihn. Wenn es Probleme gibt oder ihr etwas herausgefunden habt, meldet euch. Ich habe genug mit dem Mordfall Niedermayer zu tun, und wer Alois Herbst angefahren hat, sollte ich auch noch herauskriegen.«

»Natürlich helfen wir dir, Richard«, sagte Leopold. Er kratzte sich am Kopf. »Ich weiß nicht, aber langsam habe ich das Gefühl, dass diese Sachen alle miteinander zusammenhängen.«

»Wie ich schon gesagt habe, meine Herren«, sprach der Herr Oberinspektor mit erhobenem Zeigefinger, »wir müssen Geduld haben und warten, wie sich die Dinge entwickeln. Langsam kommt ja ein wenig Schwung in die Angelegenheit.«

Dann zahlte auch Richard Juricek und ging seines Weges, hinaus in die mittlerweile fortgeschrittene, kalte Nacht. Am ersten Billardtisch zog Kreuzer noch immer ein Lehrspiel auf. Korber, müde und wieder einmal uneins mit sich und der Welt, sah nur kurz zu, wie die Bälle einander touchierten, dann wandte er sich ungläubig an Leopold:

»Jetzt bildet er sich ein, dass wir den Erich finden. Ja, wie sollen wir das denn machen?«

»Ich habe da so eine Idee«, meinte der Angesprochene nur kurz. »Schlaf dich aus, und komm morgen gegen Mittag wieder her. Dann erzähle ich dir alles.«

14

Der Samstag ließ sich im Café Heller oft zu einer matten Angelegenheit an. Einige Stammgäste lasen ihre Zeitung, einige Schüler traktierten das Billard, hie und da schaute ein Passant auf ein Getränk herein. Nichts Aufregendes. Vorbei die Zeiten, als es die Bewohner der Umgegend auch am Wochenende ins Kaffeehaus zog. Die einen verließen fluchtartig mit ihrem Auto die Stadt, die anderen ließen sich von ihrem Trubel aufsaugen, die meisten weigerten sich überhaupt, aus ihren heiligen vier Wänden zu kriechen. Wer als Café keine prominente Lage in den inneren Stadtbezirken hatte, schloss deshalb wie das ›Heller‹ meist schon am Samstagnachmittag seine Pforten, um am Sonntag gar nicht erst aufzumachen. Der Rauch legte sich dann auf das traditionsbeladene Mobiliar nieder, hielt seine Feiertagsruhe und erwachte, wie das gesamte übrige Lokal, erst am Montag mit dem Einschalten der Kaffeemaschine zu neuem Leben.

Frau Heller versuchte, durch ein preiswertes Mittagsmenü noch ein paar zusätzliche Gäste anzulocken. Heute gab es Wurstknödel mit Sauerkraut. Während der Zubereitung hielt sie ein kleines Plauscherl mit Leopold, der in den Zeitungen blätterte und nach Gästen Ausschau hielt, die nicht erschienen.

»So, so«, sagte sie neugierig. »Da begeben Sie sich also jetzt mit dem Herrn Korber sozusagen auf eine wichtige Mission. Wie werden Sie's denn angehen?«

»Gerade weil die Sache so wichtig ist, darf ich Ihnen darüber leider überhaupt keine Auskunft erteilen«, meinte Leopold zurückhaltend. »Wir stehen nämlich knapp vor der Aufklärung des gesamten Mordfalles, Frau Chefin.«

»Was Sie nicht sagen. Aber vergessen Sie meine Worte nicht: Diese Frau Nowotny hat etwas mit dieser Aufklärung zu tun. Es ist wegen der Aura.«

»Wissen Sie eigentlich überhaupt, was eine Aura ist?«, fragte Leopold, dem die Neugier von Frau Heller mit der Zeit auf die Nerven ging, zwischen den Seiten sieben und acht der ›Presse‹.

»Eine Aura? Ja, das ist so etwas Mystisches, Geheimnisvolles. Etwas, das man spürt, von Frau zu Frau, und von dem Sie keine Ahnung haben. Der esoterische Beweis sozusagen«, hauchte Frau Heller verklärt und rührte dabei noch einmal kurz das Sauerkraut um.

»Ich hab gar nicht gewusst, dass Sie in Ihrem Alter noch etwas spüren von Frau zu Frau«, spottete Leopold. »Aber das ist ja Ihr Hauptfehler: Sie spüren zu viel und wissen zu wenig. Auf die Art kann man die großen kriminalistischen Rätsel natürlich nicht lösen. Eine Aura ist, soviel ich weiß, die Atmosphäre oder Strahlung, die eine Person umgibt. Kommt übrigens aus dem Lateinischen.«

»Sag ich ja, sag ich ja«, erwiderte Frau Heller leicht gekränkt, aber ohne wirklich böse zu sein. »Aber reden Sie
nicht so gescheit daher, und essen Sie lieber Ihre Knödel,
bevor sie kalt werden.«

So widmete sich Leopold für kurze Zeit ganz den
fleischlichen Genüssen dieser Welt. Gerade rechtzeitig,
mit dem letzten Bissen sozusagen, kam Thomas Korber
so frisch und ausgeruht wie schon lange nicht mehr zur
Tür herein. Lag es daran, dass sich der Tag draußen zur
Abwechslung einmal mild und sonnig anließ? Jedenfalls
brachte er noch kurz bei einem kleinen Braunen ein paar
Scherze bei Frau Heller an, bis Leopold von ›Waldi‹ Waldbauer abgelöst wurde.

Draußen auf der Straße eröffnete er Leopold dann, dass
Erich Nowotny immer noch verschwunden war. »Was tun
wir also jetzt?«, fragte er unternehmungslustig.

»Ganz einfach: Wir begeben uns schnurstracks zu jener
Person, die Erich unseres Wissens nach zuletzt und in einem sehr kritischen Zustand gesehen hat, die wahrscheinlich sogar der Ursprung des ganzen Übels ist: zu deiner
Freundin Gabi Neuhold.«

Vorbei war es mit Korbers Ausgelassenheit, ent-
schwunden war die Frische aus seinem Gesicht. Er stand
auf einmal da wie jemand, dem man gerade mitgeteilt hat,
dass ihm in der nächsten Stunde sämtliche Zähne gezogen werden, die er noch im Mund hat. »Wie stellst du dir
denn das vor?«, protestierte er. »Soll ich einfach bei ihr
anläuten und sagen: ›Ich bin's, der Thomas, bitte erzähl
mir was‹?«

Leopold schüttelte nur kurz lächelnd den Kopf. »Das ist
überhaupt nicht notwendig, Thomas. Wir biegen da vorne
links ab und gehen geradewegs in den Supermarkt hinein.
Hast du denn vergessen, dass Gabi hier jeden Samstag ar-

211

beitet und sich ein bisschen Taschengeld dazu verdient? Du hast es mir doch selbst erzählt.«

Korber wirkte jetzt noch eine Spur kleiner. Daran hatte er wirklich nicht mehr gedacht. Dabei war das Letzte, was er im Augenblick herbeisehnte, ein persönliches Gespräch mit Gabi. Leopold hatte recht: Er hätte ihr eben doch nicht nachspionieren sollen.

»Kannst du dich nicht mit ihr unterhalten?«, fragte er Leopold. »Schließlich bist du ja der Detektiv.«

»Erstens: Was glaubst du, warum ich dich überhaupt mitgenommen habe? Wer hat denn eine Chance, dem Mädchen etwas zu entlocken, wenn nicht ein Pädagoge mit persönlichen Beziehungen?« Leopold ließ sich diese beiden letzten Worte auf der Zunge zergehen. »Zweitens: Ich habe da so eine Vermutung und möchte mich in der Zwischenzeit vergewissern, ob sie stimmt. Also tu mir bitte den Gefallen und bemühe dich.«

Widerwillig und mit einem unverständlichen Brummen betrat Korber hinter seinem Freund den Laden. Es war gerade wenig los. Die meisten Leute hatten sich offenbar schon am Vormittag für das Wochenende eingedeckt. Gabi stand im Mittelgang und schichtete Teigwaren ein.

Korber fasste sich ein Herz, ging auf sie zu und trällerte:

»He, Gabi!«

Gabi Neuhold gab es einen kurzen Ruck. »Ach du Schreck, was machst du denn hier?«, fragte sie. »Junggeselle braucht noch schnell etwas am Samstagnachmittag, oder wie?«

»Nein, Gabi, ich muss mit dir reden.«

»Nicht hier und jetzt, lieber Herr Professor. Wie du siehst, muss ich nämlich arbeiten. Montag in der Schule ist auch noch ein Tag.«

»Dann ist es möglicherweise zu spät«, sagte Thomas ernst.

»Zu spät? Das klingt ja direkt wichtig. Worum geht es denn?«, fragte Gabi mit Unschuldsmiene.

»Es geht um Erich Nowotny. Du weißt, er war gestern nicht in der Schule, und zu Hause war er auch nicht. Wir suchen ihn. Hast du vielleicht eine Ahnung, wo er steckt?«

»Woher soll ich denn das wissen, lieber Professor?«

Korber fiel es schwer, weiterzusprechen. »Du warst möglicherweise die Letzte von uns, die ihn gesehen hat«, sagte er. »Und ihr hattet mächtigen Streit. Erich ist regelrecht auf dich losgegangen, dann ist er verschwunden. Erinnere dich, es war vorgestern, auf dem kleinen Parkplatz bei der Alten Donau. Worum ist es denn da gegangen?«

Im Nu verwandelte sich Gabis Gesicht in eine wütende Fratze. »Was heißt da Parkplatz Alte Donau«, fauchte sie. »Woher weißt du denn das? Du hast mir nachspioniert, stimmts? Das ist doch das Letzte. Geht mir einfach nach und legt sich auf die Lauer wie ein Spanner, der liebe Professor. Weißt du was? Hau ab, bevor ich dir ein paar Freundlichkeiten ins Gesicht sage.«

»Aber Gabi, es geht doch nicht um mich, es geht um Erich. Seine Mutter macht sich Sorgen um ihn. Zwischen euch ist etwas vorgefallen, das uns helfen kann, ihn zu finden. Sei doch nicht so bockig«, machte Korber müde Versuche, Gabi zum Reden zu bringen. »Über das, was uns zwei angeht, können wir später reden.«

»Ich denke, dass ich mit dir heute überhaupt nichts mehr reden möchte«, sagte Gabi mitleidlos. »Geh, ich bin dir keine Auskunft schuldig.«

»Vielleicht doch, Fräulein Neuhold«, hörte man da plötzlich Leopold, der von irgendwo zwischen den Regalen zum Vorschein kam. »Zumindest mir werden Sie ein wenig mehr sagen müssen. Aber hier ist es doch ein bisserl ungemütlich. Warum begleiten Sie uns nicht in die kleine Konditorei an der Ecke?«

Gabi schaute Leopold nur fragend und unsicher an. Etwas von ihrer Fassade bröckelte ab. »Aber ich muss doch arbeiten«, sagte sie nur.

»Das habe ich gerade mit Ihrer Filialleiterin geklärt. Nein, nein, Sie dürfen schon mitkommen. Sie können sich jetzt Ihre *Mittagspause* nehmen, wie Sie das ja früher auch immer getan haben. Und dabei werden Sie uns reinen Wein einschenken, nicht wahr?«

Leopold hatte das Wort ›Mittagspause‹ ganz seltsam betont und erreichte damit, dass sich Gabi beinahe willenlos fügte. »Na gut«, sagte sie tonlos. »Ich hole nur meinen Mantel. Warten Sie bitte einen Augenblick.«

Korber kam aus dem Staunen nicht heraus. Das sollte die kratzbürstige Gabi sein, vor der er noch vor wenigen Augenblicken ganz klein gewesen war? Er warf Leopold einen fragenden Blick zu.

»Sei nicht so neugierig, Thomas, wirst schon noch alles rechtzeitig erfahren«, war aber einstweilen das Einzige, was er von ihm hörte.

* * *

Leopold, Thomas und Gabi saßen zu dritt an dem Tisch in der kleinen Konditorei. Jeder hatte eine Tasse Kaffee und ein Stück Mehlspeise vor sich. Gabi rührte verlegen in ihrer Schale um. Sie schien genau zu wissen, was ihr jetzt blühte.

»So eine Mittagspause ist also nichts Neues für Sie«, stellte Leopold trocken fest und nahm einen Schluck vom Kaffee.

Gabi nickte tonlos.

»Sie haben diese Pause immer bekommen, damit Sie Frau Niedermayer ihren Wochenendeinkauf hinauftragen, stimmts?«

Gabi zögerte. »Ich habe Sie selbst dabei gesehen«, sagte Leopold.

Jetzt nickte Gabi abermals. Sie schaute auf das Stückchen Sachertorte mit Schlag, das vor ihr lag. Richtig schlecht wurde ihr dabei. Ihre feinen Magennerven protestierten.

»Wollen Sie Ihrem Klassenvorstand und mir nicht mehr darüber erzählen?«, fragte Leopold.

»Sie wissen ja ohnedies schon alles«, seufzte Gabi und ekelte sich vor dem vielen Schlagobers.

»Ich weiß viel, aber nicht alles«, sagte Leopold. »Und Ihr Klassenvorstand weiß gar nichts. Also bitte, von Anfang an. Und seien Sie nicht so nervös, wir tun Ihnen ja nichts.«

Gabi überlegte kurz, dann nahm sie sich ein Herz und fing an:

»Ich arbeite in diesem Supermarkt schon seit einiger Zeit jeden Samstag. Einmal ist die Filialleiterin zu mir gekommen und hat mich gefragt, ob ich nicht einer älteren Dame helfen könne, die eingekauften Waren in die Wohnung zu bringen. Jetzt sei ohnedies nicht viel los, und die Wohnung läge gleich ums Eck. Das war eben diese Frau Niedermayer. Sie war sehr nett und freundlich, hat mir ein kleines Trinkgeld gegeben und gefragt, ob ich nicht auf ein Schalerl Kaffee bleiben möchte, das sei schon in Ordnung. Wir haben dann ein bisschen geplaudert, und tatsächlich hat auch meine Chefin gemeint, es sei schon recht, als ich nach etwa einer Stunde wieder zurück zur Arbeit kam.«

»Und daraus ist dann die kleine wöchentliche Mittagspause bei Frau Niedermayer geworden. Weil diese Frau bald einen Narren an Ihnen gefressen hatte und Sie ihr von nun an jeden Samstag die Einkäufe brachten und mit ihr tratschten«, ergänzte Leopold.

Gabi nickte. »Ja, ich glaube, sie hat mich wirklich gemocht und sich schon immer auf unsere Zusammenkunft gefreut. Unsere Gespräche wurden mit der Zeit auch immer vertraulicher. Sie fing dann an, mir ein Gläschen Wein anzubieten, aber ich musste ja noch arbeiten. Sie trank manchmal ziemlich herzhaft und wurde richtig locker.«

»Wann ist sie darauf gekommen, dass Sie und Isabella Scherer dieselbe Klasse besuchen?«

»Irgendwann einmal hat sie mich über die Schule ausgefragt. Das sei ja jetzt ganz anders als zu ihrer Zeit, meinte sie. Ja, ja, wir jungen Menschen müssten schon etwas leisten, dafür würden wir es auch einmal besser haben. Schließlich wollte sie wissen, wer meine besten Freunde und liebsten Lehrer seien. Es war alles ganz harmlos, das schwöre ich Ihnen.«

Leopold nickte nur kurz. Er unterbrach jetzt nicht. Man musste das Mädchen reden lassen.

Gabi warf einen flüchtigen Blick auf Thomas Korber. »Dich habe ich natürlich auch erwähnt. Da scherzte sie noch und meinte, sie habe dich schon öfters im Kaffeehaus gesehen. Dann fiel einmal der Name Isabella Scherer. Plötzlich war sie eingeschnappt, total von der Rolle. Das sei überhaupt nicht der richtige Umgang für mich, so ein junges Luder, das sich an ältere Männer heranmacht, womöglich noch gegen Bezahlung. Und mit dem Ferdinand Nowotny, da habe sie sogar ein richtiges Verhältnis.«

Verwirrt schaltete sich Korber ein. »Aber das Verhältnis hat sie ja mit Erich, seinem Sohn.«

Gabi schüttelte den Kopf. »Denkst du! Ich habe es ja auch geglaubt, aber Frau Niedermayer hat mir sofort widersprochen. Erich hin, Erich her, liiert sei Isabella jedenfalls mit dem alten Nowotny, ich solle mich ruhig einmal selbst davon überzeugen. Sie warte ja sogar manchmal vor dem Klub auf ihren Verehrer. So richtig aufgeregt war sie, was für ein schlechtes Beispiel für die heutige Jugend Isabella abgebe. Sie hoffte nur, dass ich meine Anständigkeit beibehalten würde.«

Jetzt konnte sich Leopold trotz Korbers Anwesenheit ein breites Grinsen nicht verkneifen.

»Vielleicht sind Sie ja gerade auf dem besten Weg dazu«, meinte er. »Aber kommen wir doch zum entscheidenden Punkt: Sie haben von Anfang an nicht geglaubt, dass Erich der Vater von Isabellas Kind ist.«

»Mich hat es ja schon gewundert, dass sie überhaupt mit ihm im Bett war«, spottete Gabi, die jetzt lockerer wurde. »Nie, nie hat sie wirklich auf seine Annäherungsversuche reagiert. Da war einfach nichts. Und plötzlich lässt sie sich was von ihm anhängen? Also, das kann mir keiner erzählen. Sein Vater ist da ein ganz anderer Typ, ein richtiger Schlawiner. Der hat sicher noch was los bei den Frauen. Und Geld natürlich auch nicht zu wenig. Ich habe ihn und Isabella nur ein einziges Mal kurz gesehen, wie sie sich in die Augen geschaut und kurz berührt haben, und gleich alles gewusst.«

»Und das mussten Sie Erich gleich auf die Nase binden? Wieso?«

»Ach, wieso, wieso! Es hat mir ohnehin sofort wieder leid getan, weil ich ihn kenne und wusste, wie er das alles in sich hineinfressen würde. Aber was sollte ich denn tun? Er hat am Donnerstag, als wir aus der Schule gingen, so geprahlt, dass er jetzt mit Isabella zusammenziehen würde, und wie er sich schon auf das Kind freue. Meinen Lebenswandel hat er im gleichen Atemzug richtig schlechtgemacht, ich sei ja nur auf Abenteuer mit Männern aus. Er war auf einmal so übernatürlich, so fern jeder Realität, und so von oben herab. Da musste ich ihm einfach meine Meinung über die ganze Sache sagen, es ging nicht anders.«

»Wie hat denn Isabella darauf reagiert?«, fragte jetzt Korber, dem bei den Worten ›Abenteuer mit Männern‹ kurz ein kalter Schauer über den Rücken gelaufen war.

»Thomas, Isabella war bei der Auseinandersetzung doch gar nicht dabei«, sagte Gabi ungeduldig. »Sie ist an diesem Tag früher aus der Schule gegangen, weil sie eine Untersuchung hatte, kannst du dich nicht erinnern? Erich wollte sie auf dem Handy anrufen, hat sie aber nicht erreicht. Da ist er mir eben wutentbrannt nachgegangen, wie er die Sache langsam geschnallt hat. Den Rest weißt du ja, weil du *zufällig* auch dort warst.«

Korber nickte verlegen. »Ja, ich weiß. Ich weiß auch, wie wild und außer sich Erich war. Seitdem ist er verschwunden, Gabi. Er hat Isabella nur eine SMS geschickt, dass etwas Furchtbares passieren würde. Wir müssen ihn finden, ehe er eine Dummheit begeht. Meinst du nicht, dass du uns dabei helfen kannst?«

»Ich wüsste nicht, wie. Ist es außerdem nicht Sache der Polizei, Erich zu finden?«

»Wenn es nur so einfach wäre«, meldete sich Leopold erneut zu Wort. »Aber die Polizei lässt sich mit der Suche noch ein wenig Zeit, weil der alte Nowotny nichts davon wissen will und recht unangenehm werden kann. Wenn Sie also eine Ahnung haben, wo er sich aufhält, sagen Sie es uns bitte, bevor es möglicherweise zu spät ist.«

Gabi zog an ihrer Zigarette. Sie wirkte immer noch ziemlich genervt. »Ich habe schon gesagt, dass es mir leid tut und vielleicht eine Dummheit war, ihn so brutal mit der Wahrheit zu konfrontieren. Er ist eben ein großes Sensibelchen. Aber wo er jetzt sein könnte, davon weiß ich wirklich nichts, da können Sie noch so oft fragen. Und jetzt möchte ich wieder zurück zu meiner Arbeit.«

»Nichts da«, sagte Leopold und zog genüsslich sein Handy hervor. »Was Sie uns jetzt erzählt haben, wird sicher die Polizei auch interessieren. Da muss Ihre Arbeit leider warten. Was Sie wissen, kann uns immerhin sogar im Mordfall Niedermayer weiterhelfen. Sie sollten nur nachdenken, ob Ihnen noch etwas einfällt. Es wäre gut für Sie, wenn Sie uns nichts verschwiegen haben.«

Leopold wählte die Nummer seines Freundes Richard Juricek, ehe er weiter auf Gabi Neuhold einredete:

»Noch eine Kleinigkeit: Man wird Sie auch fragen, wo Sie in der Nacht von Montag auf Dienstag waren. Es steht fest, dass Sie mit dem Mordopfer bekannt waren und sich jederzeit bei ihm Zutritt verschaffen konnten. Würde mich nicht wundern, wenn Sie jetzt mit zum Kreis der Verdächtigen gehören.«

»Das ist eine Unverschämtheit«, protestierte Gabi lautstark. »Weshalb hätte ich die nette alte Dame umbringen sollen?«

»Irgendeinen Grund gibt es immer. Schließlich fehlt ein Kuvert mit 5.000 Euro aus der Wohnung der Toten.«

»Ich war's nicht«, heulte Gabi. »Da können Sie noch so viele Unwahrheiten behaupten. Ich war's nicht, verdammt noch mal.«

Während sich Leopold sichtlich an Gabis misslicher Lage weidete, warfen die beiden Kaffeeschwestern am Nachbartisch giftige Blicke zu ihr hinüber. Offenbar

fühlten sie sich in ihrer behaglichen Schlagoberslaune gestört.

Jetzt meldete sich Richard Juricek am anderen Ende der
Leitung. Leopold begann, ihm kurz die neue Lage aus-
einanderzusetzen, schien dabei aber jäh unterbrochen zu
werden. Sein Gesicht verdüsterte sich.

»Richard bittet uns, sofort zu kommen«, sagte er, zu
Korber gewandt. »Und zwar nicht nur wegen der jungen
Dame da. Ein gewisser Peter Prokesch ist gerade auf dem
Kommissariat. Angeblich ein Kollege von dir. Sie haben
ihn in der Mangel, und er möchte nur in deiner Gegenwart
weitere Aussagen machen. Offenbar geht es um Erich.«

Gabi Neuhold griff sich mit der Hand an die Stirn. »Natürlich, der Prokesch«, entfuhr es ihr. »Warum habe ich
nicht gleich an den gedacht?«

* * *

Oberinspektor Juricek war es gewohnt, nur wenig von
seinen Wochenenden zu haben, wenn gerade ein Mordfall
anstand. Also ließ er es sich am Samstag Vormittag noch
gut gehen, frühstückte spät, faulenzte ein wenig; verwarf
den Gedanken, Alois Herbst noch schnell einen Besuch
im Krankenhaus abzustatten und schickte stattdessen eine
jüngere Kollegin hin; ging schließlich mit seiner Frau essen. Bei der Hauptmahlzeit jedoch war es dann soweit – es
kam der obligate Anruf von seiner Dienststelle, wie das
Amen im Gebet.

Es war immer dasselbe.

Folgendes hatte sich zugetragen:

Ein etwas nervöser, verwirrter, schwitzender Lehrer
namens Prokesch war kurz vor Mittag im Kommissariat
aufgetaucht. In sein kleines Gartenhäuschen bei der Al-

ten Donau sei eingebrochen worden. Der oder die Diebe hätten ein Fenster eingeschlagen, seien in das Haus eingedrungen und hätten neben einiger unbedeutender Kleinigkeiten – ein wenig Proviant, Getränke, eine Decke – auch seine Pistole entwendet, die er dort zu seinem persönlichen Schutz aufbewahre. Er selbst sei am Vormittag zu seinem Garten gefahren, um vor dem nahenden Winter noch einige anstehende Dinge zu erledigen, habe den Einbruch und das Fehlen der Waffe samt Munition bemerkt und sei unverzüglich hergekommen, um den Diebstahl zu melden, wie es seine staatsbürgerliche Pflicht sei. Verdacht habe er keinen.

So weit, so gut.

Bei einem Lokalaugenschein waren den Beamten allerdings einige Ungereimtheiten aufgefallen. Gewisse Dinge sprachen dafür, dass das Haus zumindest in der Nacht von Freitag auf Samstag bewohnt worden war: ein Bett, in dem offenbar vor Kurzem jemand geschlafen hatte, unter dessen Kopfpolster sich ein Pornoheft befand, und dessen Leintuch mit Samenflecken bekleckert war; leichte Spuren von Verunreinigung auf diversen Möbeln (Kaffeeränder, Brösel), obwohl jemand flüchtig bemüht gewesen war, sauber zu machen; und eine Fernsehzeitschrift, bei der das Freitagabendprogramm aufgeschlagen war.

Außerdem gab eine zufällig anwesende Nachbarin an, das Haus des Professor Prokesch – übrigens ein überaus netter und zuvorkommender, aber nicht sehr gesprächiger Mensch – am Morgen bei ihrer Ankunft noch intakt vorgefunden zu haben. Später sei der Professor mit seinem Rad eingetroffen und habe ein wenig im Garten gearbeitet. Irgendwann sei sie dann durch ein lautes Klirren aufgeschreckt worden. Als sie hinausging, um Nachschau zu halten, habe sie den Professor auf seinem Rad weg-

fahren gesehen, sich noch ein wenig über den plötzlichen
Aufbruch gewundert und dann die eingeschlagene Fens-
terscheibe an seinem Haus bemerkt. Das Ganze sei schon
etwas seltsam gewesen, aber mein Gott, sie habe sich nicht
allzu viel dabei gedacht.

Ob sie es für möglich halte, dass bei Prokesch eingebrochen worden sei? Also, jetzt frage man sie zu viel.

Prokesch konnte den Beamten kaum plausible Erklä-
rungen für all diese Dinge geben. Ob er von gestern auf
heute selbst in seinem Gartenhaus geschlafen habe? Mit-
nichten. Ob er eine Erklärung dafür abgeben könne, wie
das Pornoheft unter das Kopfpolster – und somit wohl die
Flecken aufs Leintuch – gelangt seien? Nein. Was er zur
Aussage seiner Nachbarin zu bemerken habe? Nun ja, sie
müsse sich eben bei ihrer Ankunft getäuscht haben. Das
Klirren stamme wohl von dem Glas, das er hatte entsorgen
müssen, als er das Unglück entdeckte.

Kurz und gut – viel sprach dafür, dass Prokesch den
Einbruch in sein Haus fingiert hatte. Aber warum?

Bollek, bei dem Prokesch schließlich landete und den
Juricek angewiesen hatte, aufzupassen, ›ob was reinkommt
von dem verschwundenen Nowotny-Sohn‹, ahnte etwas.
Immerhin war Erich zuletzt auf dem Parkplatz genau jener Siedlung gesehen worden, wo der angebliche Einbruch
stattgefunden hatte.

Somit stellte Bollek Prokesch die alles entscheidende
Frage:

»Kennen Sie einen jungen Mann namens Erich Nowotny?«

Prokesch tupfte sich mit einem Taschentuch die Stirn ab
und antwortete zu seinem Unglück mit »Nein.«

Daraufhin entschied sich Bollek dafür, den Lehrer nun
einem strengeren Verhör zu unterziehen, verständigte

222

vorher aber zur Sicherheit seinen Vorgesetzten. Der kam dann auch. Und ein etwas gefasster wirkender Prokesch erklärte:

»Ich sage einstweilen nichts mehr. Anwalt brauche ich keinen, aber ich bitte Sie, meinen Kollegen Thomas Korber zu verständigen. Er wird mir sicher dabei helfen, sämtliche Unklarheiten aus dem Weg zu räumen. Ich bin ihm ja auch schon einmal zur Seite gestanden. Nun bin ich, ohne zu wissen, warum, in eine verzwickte Situation geraten und benötige seinen seelischen Beistand.«

»Wenn es der Wahrheitsfindung dient«, bemerkte Juricek nur lakonisch.

Und so kam es, dass der ganze Fall wieder eine neue Wendung nahm – und der Lehrer und Personalvertreter Peter Prokesch alle Mühe hatte, aus der Angelegenheit mit einer halbwegs sauberen Weste herauszukommen.

* * *

»Schön, dass du gekommen bist, Kollege«, atmete Prokesch auf, als Thomas Korber zusammen mit Gabi Neuhold und Leopold das Dienstzimmer betrat. »Du wirst mir sicher behilflich sein können, ein kleines Missverständnis aufzuklären. Aber wen hast du denn da noch alles mitgebracht?«

»Was haben Sie mit Erich Nowotny gemacht? Wo ist er?«, fuhr ihn wie als Antwort auf diese Frage eine wieder merklich entspannte und damit umso vorlautere Gabi Neuhold an.

»Ich rate dir jetzt, die Wahrheit zu sagen, lieber Peter, wie auch immer sie lauten mag«, sagte Korber ein wenig hilflos.

»Ständig höre ich diesen unglückseligen Namen, Thomas. Man hat mir aus meinem Gartenhaus eine Pistole entwendet, das habe ich pflichtgemäß zur Anzeige gebracht. Aber die Polizei scheint mir nicht zu glauben. Man will mir da offenbar eine Sache anhängen, von der ich überhaupt nichts weiß. Ich bin am Boden zerstört.«

»Er streitet ab, Erich Nowotny zu kennen«, warf Juricek ein. »Kann das stimmen?«

»Aber Peter! Du hast Erich ja selbst unterrichtet«, schüttelte Korber den Kopf. »Das darfst du doch nicht leugnen.«

»Ich leugne es ja auch nicht«, gab Prokesch zu. »Natürlich kenne ich Erich, den Erich aus deiner Klasse, der früher einmal auch mein Schüler war. Wenn ich das zuerst nicht so betont habe, dann deshalb, weil ich überhaupt keinen ursächlichen Zusammenhang zwischen dem Fehlen meiner Pistole und ihm herstellen konnte, als mir plötzlich diese verhängnisvolle Frage gestellt wurde. Und jetzt sitze ich in der Patsche und weiß nicht, warum.«

»Dass ich nicht lache«, platzte plötzlich Gabi hervor. »Sie waren früher doch eine Art Vertrauenslehrer von Erich. Und Ihre Waffe haben Sie ihm auch gezeigt, sogar geschossen haben Sie irgendwo mit ihm damit. Sie waren mit Erich besser bekannt als mit anderen Schülern. In Ihrem Gartenhaus haben Sie Kaffee mit ihm getrunken. Jetzt tun Sie so, als ob Ihnen sein Name kaum mehr geläufig wäre. Dabei wissen Sie ganz genau, wo er steckt.«

»Moment, Moment, Fräulein Neuhold, was reden Sie da? Was soll ich wissen? Ich verstehe überhaupt nichts mehr«, ereiferte sich Prokesch und begann wieder zu schwitzen.

»Ich werde Ihnen noch einmal erklären, worum es geht«, versuchte Juricek ihn zu beruhigen. »Erich Nowotny, ein ehemaliger Schüler von Ihnen, ist seit Donnerstagnachmittag verschwunden. Allem Anschein nach kennen Sie ihn sehr gut. Zuletzt wurde Erich auf dem Parkplatz vor der Siedlung gesehen, wo Sie ein kleines Gartenhaus Ihr Eigen nennen. Er war in sehr instabilem Zustand. Er wusste, wo Sie wohnen …«

»Die beiden sind einander sogar begegnet«, erinnerte sich Korber. »Weißt du nicht mehr? Du bist gerade mit dem Rad gekommen, und Erich ging an dir vorbei.«

»Was soll das alles?«, japste Prokesch.

»Gemach, gemach«, setzte Juricek fort. »Das sind offensichtlich alles Fakten, Herr Professor. Nun kommen Sie heute daher, melden einen Einbruch und den Diebstahl Ihrer Pistole. Natürlich ergibt das alleine noch keinen logischen Zusammenhang. Aber der Einbrecher scheint es sich bei Ihnen richtig gemütlich gemacht zu haben. Und ob er überhaupt einbrechen musste, da haben wir schon unsere Zweifel. Das Fenster, durch das er eingedrungen sein soll, war nämlich angeblich noch intakt, als Sie heute bei Ihrem Häuschen eintrafen, es wurde erst später auf dilettantische Weise zerstört. Was liegt also näher, als zu denken, dass Sie, Herr Professor, Erich Unterschlupf angeboten haben, in Panik gerieten, als Sie merkten, dass die Pistole fehlte, und einen Einbruch vortäuschen wollten?«

»Gestehen Sie«, fauchte Bollek und nahm eine drohende Haltung ein.

»Ach, Bollek, ich glaube, die junge Dame – Fräulein Neuhold, nicht? – möchte eine für unsere Erhebungen im Fall Niedermayer wichtige Aussage machen. Nehmen Sie doch bitte inzwischen das Protokoll auf, das hier schaffe ich schon alleine«, sagte Juricek genervt.

Brummend wies Bollek Gabi einen Platz gegenüber einer altertümlichen Schreibmaschine an. Sie setzte sich und zwinkerte ihm aufmunternd zu.

Juricek machte mit dem Verhör weiter:

225

»Schauen Sie, Herr Professor, wahrscheinlich läuft gerade ein junger Mensch in psychisch bedenklichem Zustand mit einer geladenen Schusswaffe in der Gegend herum. Er ist eine Bedrohung für seine nähere Umgebung: seinen Vater, seine Mutter, seine Freundin, in letzter Konsequenz sogar für sich selbst. Wir vermuten, dass es so ist, aber wir können erst etwas unternehmen, wenn wir uns sicher sind. Und dazu brauchen wir jetzt eine korrekte Aussage von Ihnen, verstehen Sie?«

Prokesch rutschte unruhig auf seinem Sessel herum. Es war schwer zu beschreiben, was in diesem Moment in seinem Kopf vorging. Wahrscheinlich konnte er überhaupt keinen klaren Gedanken mehr fassen.

Prokesch, der Wirrkopf, dachte Korber und sagte:

»Du hilfst Erich und dir selbst mehr, wenn du redest, als wenn du schweigst, glaube mir.«

Prokesch zögerte noch immer. »Wenn die Sachlage nun doch ein wenig anders ist, als ich sie zuerst dargestellt habe – welche Folgen hat das für mich?«, fragte er und tupfte sich die Stirn ab.

»Wir haben noch kein Protokoll aufgenommen«, erklärte Juricek. »Vielleicht haben Sie ja in gutem Glauben gehandelt, das wäre dann nicht so schlimm. Aber langsam müssen Sie mit der Wahrheit herausrücken, Herr Professor. Meine Geduld hält sich in Grenzen.«

»Also schön«, machte Prokesch sich mit einem Seufzer Mut. »Wie Sie selbst sagten: Erich Nowotny ist ein sehr sensibler, nicht leicht zu behandelnder Schüler unserer Anstalt. Ich gewann sein Vertrauen, als es im Vorjahr alles andere als gut für ihn lief. Ich konnte ihn davon überzeugen, dass seine Schwierigkeiten nichts damit zu tun hatten, dass er ein Versager war – etwas, das er sich immer wieder einredete. Ich ging auf seine Probleme ein. Hin und wieder

226

kam er in der schönen Jahreszeit nach der Schule auf einen Kaffee zu mir ins Gartenhaus.«

»Da haben Sie ihm auch Ihre Pistole gezeigt?«

Prokesch nickte. »Im Sommer übernachten wir oft dort. Meine Frau begann sich zu fürchten. Deshalb, wie gesagt, die Waffe. Erich hat sie einmal gesehen und sich dafür interessiert. Es stimmt nicht, dass ich mit ihm Schießen war. Aber ich habe ihm erklärt, wie die Pistole funktioniert, und er wusste auch, wo ich sie aufbewahre.«

»Übernachtete Erich Nowotny von gestern auf heute in Ihrem Gartenhaus?«

»Ja. Ich führte vergangene Woche noch verschiedene Arbeiten aus, die notwendig sind, bevor der Winter kommt. Erich muss das irgendwie geahnt haben, als wir uns am Donnerstag kurz begegneten. Er kam jedenfalls gestern Nachmittag bei meinem Garten vorbei. Er wirkte unausgeschlafen, niedergeschlagen und hatte noch die Kleider vom Vortag an. Ich wusste, dass er nicht in der Schule gewesen war und fragte ihn, warum. Er sagte, er habe Probleme mit seiner Freundin und seinen Eltern, wollte mir aber nichts Genaueres erzählen. Ich lud ihn auf einen Kaffee ein. Auf einmal bat er mich, ob er die Nacht hier verbringen dürfe, er brauche die Ruhe zum Nachdenken.«

»Und Sie sind darauf eingegangen.«

»Selbstverständlich. In diesem Augenblick war Erich für mich ein Mensch in Not. Ich kenne doch seinen Vater und weiß, dass die beiden ein problematisches Verhältnis zueinander haben. Ich hielt es für eine gute Idee von ihm, die Sache, welcher Gestalt auch immer sie war, zu überschlafen. Allerdings trug ich Erich auf, sich am nächsten Tag wieder zu Hause zu melden. Außerdem bat ich ihn, möglichst unauffällig zu bleiben, damit die Nachbarn nicht registrierten, dass sich ein Fremder in meiner Hütte befand. Den Schlüssel sollte er am Morgen unter die Mülltonne mit den Gartenabfällen legen.«

»Seither haben Sie Erich nicht mehr gesehen?«

»Nein. Der Schlüssel befand sich, wie abgemacht, unter der Mülltonne, als ich heute kam, der Wohnraum war leidlich aufgeräumt, eine benützte Kaffeetasse stand im Abwasch, und Erich war fort. Zuerst sah alles ganz normal aus. Aber dann bemerkte ich die offene Lade und dass meine Pistole fehlte.«

»Daraufhin kam Ihnen die Idee, einen Einbruch vorzutäuschen.«

»Verstehen Sie mich richtig, Herr Oberinspektor«, flehte Prokesch. »Ich geriet in Panik, als mir klar wurde, dass sich Erich mit meiner Waffe aus dem Staub gemacht hatte. Das ist doch nichts Unnatürliches. Außerdem hatte ich ihm versprochen, dass niemand, vor allem sein Vater nicht, erfahren sollte, wo er die Nacht verbracht hatte. Andererseits war mir bewusst, dass ich den Einbruch melden musste. Damit geriet ich in eine moralische Zwickmühle.«

»Sie werden doch nicht so naiv gewesen sein anzunehmen, dass Erich mit der Waffe nichts vorhatte«, sagte Juricek vorwurfsvoll.

»Doch, mein Kollege ist leider so naiv und tut etwas, ehe er die Sache genau durchdacht hat«, meldete sich Korber kurz zu Wort.

Prokesch, mittlerweile ein am ganzen Leibe zitterndes Häufchen Elend, schaute ungläubig zu seinem Kollegen auf. Nur langsam registrierte er, dass dieser ihm geholfen hatte. »Danke, Thomas«, murmelte er; dann, genauso leise, in Richtung Juricek:

»Habe ich mich strafbar gemacht?«

»Mein Gott, strafbar!« Juricek schüttelte verärgert den Kopf. »Sie haben sich, mit Verlaub, geradezu idiotisch verhalten, aber wenn wir von der Geschichte, die Sie uns zu Anfang auftischen wollten, einmal absehen, muss ich zugeben, nein, strafbar haben Sie sich im Sinne des Gesetzes nicht gemacht. Eines sage ich Ihnen trotzdem: Wenn Erich mit dieser Waffe etwas anrichtet, müssen Sie das vor Ihrem eigenen Gewissen verantworten. Und das ist vielleicht die größte Strafe.«

Ungeduldig blickte Juricek hinüber zu Bollek, der mit hochrotem Kopf zwischen Gabis Augenaufschlägen versuchte, das Protokoll in die Schreibmaschine zu hämmern. »Bollek, wenn Sie fertig sind, wird es Zeit. Wir lassen eine Fahndung nach Erich Nowotny hinausgehen, dann brauchen wir noch jemanden, der die Aussage von Professor Prokesch aufnimmt, und wir verschwinden.«

»Wohin denn?«, fragte Leopold beiläufig.

Juricek konnte sich ein spitzbübisches Grinsen nicht verkneifen. »Zuerst zur Familie Scherer. Ich würde der jungen Dame gerne ein paar Fragen stellen, außerdem müssen wir für sie unter Umständen einen Polizeischutz organisieren. Vor dem Nowotny-Haus habe ich schon zwei Männer postiert, da fahren wir später hin. Das hier ist jetzt ein Einsatz, Leopold. Da kann ich dich und deinen Freund Thomas leider nicht brauchen.«

Leopold fiel die Kinnlade herunter. »Was, jetzt, wo es spannend wird, willst du uns einfach nach Hause schicken?«

»Ja, natürlich. Im Augenblick könnt ihr uns leider wirklich nicht mehr helfen. Aber ich habe ja deine Nummer. Wenn's was zu tun gibt, hörst du schon von mir.«

Juricek sah nicht so aus, als ob er von seinen Prinzipien Abstand nehmen würde. Und so schien ein ereignisreicher

Tag für Leopold und Thomas Korber ein vorzeitiges Ende zu nehmen.

15

»Verstehst du das?«, wendete sich Leopold mit noch immer nicht verflogener Entrüstung an seinen Freund. »Ich glaube, ich spinne. Da bringen wir die Polizei auf eine heiße Spur, wo sie sozusagen zwei Fliegen mit einer Klappe schlagen kann, und dann jagt man uns davon wie räudige Hunde! Ich hätte gute Lust, jetzt wirklich alles fallen zu lassen und nach Hause zu gehen.«

Er sperrte mit unruhigen, vor Aufregung zitternden Händen die Tür zu seinem Wagen auf. Korber kroch abgespannt und müde hinein. Er wirkte längst nicht mehr so frisch und ausgeruht wie noch vor einigen Stunden.

»Aber aus irgendeinem idiotischen Grund interessiert mich die Sache doch zu sehr, als dass ich den ganzen Krempel hinschmeiße«, stellte Leopold fest und nahm seinem Freund damit jegliche Hoffnung, dass es noch ein gemütlicher Abend werden könnte. Er startete das Auto.

»Was willst du denn noch unternehmen?«, fragte Korber mit offen zur Schau getragenem Desinteresse.

Leopold stieg aufs Gas. »Wir fahren zum alten Nowotny, und zwar sofort«, murrte er. »Unser Herr Oberinspektor macht einen großen Bogen um ihn, aber das ist ein Fehler. Zwei Leute zur Überwachung, dass ich nicht lache.«

»Der alte Nowotny wirft uns doch hochkantig wieder hinaus!«, protestierte Korber.

»Glaube ich nicht. Glaube ich überhaupt nicht. Wir müssen es nur schlau genug angehen. Unsere Chance ist seine Frau: Sie macht sich Sorgen um ihren Sohn. Sie hat dich deswegen angeredet, Thomas. Natürlich müssen wir sie über die neue Entwicklung informieren und ihr mitteilen, dass Erich eine Waffe bei sich hat und schon von der Polizei gesucht wird.«

»Aber wenn der alte Nowotny das erfährt, wird er ihr nie verzeihen, dass sie uns in die Familienprobleme eingeweiht hat. Und uns setzt er sowieso gleich wieder vor die Türe.«

»Das werden wir erst sehen«, sagte Leopold triumphierend, und seine Augen glänzten. »Ich glaube auf jeden Fall, dass es uns damit gelingen wird, die beiden aus ihrer Reserve zu locken. Wir öffnen das Fenster und blicken hinter die Kulissen. Wir sehen die menschlichen Abgründe, die sich da auftun. Meine Theorie, verstehst du?«

Aber Thomas Korber wollte weniger an Leopolds Theorie denken, er machte sich wirklich Sorgen um seinen Schüler Erich Nowotny, der schon zwei Nächte nicht zu Hause gewesen war und die ganze Zeit wahrscheinlich ziellos und verzweifelt durch die Straßen der Stadt trieb. Wenn es stimmte, dass es nicht sein Kind war, das Isabella unter dem Herzen trug – was musste Erich jetzt fühlen? War es Hass auf die Freundin, die ihn mit Absicht an der Nase herumgeführt hatte? Oder Ohnmacht gegenüber seinem Vater, der seinen Sohn nach seinen Wünschen zurechtzimmern wollte und immer über ihm und allen Dingen zu stehen schien, auch jetzt wieder auf höchst fatale und unglückliche Weise?

Ein anderes Buch fiel Thomas Korber ein, als er nervös auf dem Beifahrersitz hin und her rutschte: der dünne Roman ›Unterm Rad‹ von Hermann Hesse. Auch da war es ein Vater, der – zusammen mit der ganzen Gemeinde – Druck auf seinen Sohn ausübte, aus ihm einen Vorzugsschüler und Herzeigejungen machen wollte. Aber der junge Hans Giebenrath hielt dem Druck nicht stand, brach die Schule ab, begann eine Lehre, wurde immer verzweifelter und zielloser … Schließlich fiel er auf dem Heimweg von einer Feier in einen Bach und ertrank, und niemand konnte danach genau sagen, ob es nicht ein Selbstmord gewesen war.

Wozu war Erich Nowotny fähig? Zu Selbstmord? Oder gar zu Mord? Würde er irgendwo in der Gosse enden oder schließlich doch wieder in den Schoß seiner Familie zurückkehren, wie es alle von dem großen, unreifen Brummbär erwarteten?

Das Auto blieb mit einem Ruck stehen. Leopold weckte den Freund aus seinen Träumen. »Wir sind da«, raunte er. »Das Haus ist gleich da vorne, glaube ich. Und drüben rechts stehen die Schnüffler von meinem lieben Richard, die erkennt ja ein Blinder.«

»Was ist, wenn sie uns sehen?«, fragte Korber. Er hatte ein mulmiges Gefühl.

»Gar nichts, dazu sind sie ja da. Sie bekommen höchstens eine schöne, kleine Denkaufgabe. Das wird ein wenig Abwechslung in ihre eintönige Tätigkeit bringen«, sagte Leopold. Er stieg aus und öffnete seinem Freund die Tür. Gemeinsam gingen sie den Weg durch einen kleinen Vorgarten. Aus einem der Fenster schimmerte schwaches Licht.

Leopold läutete.

Es dauerte ein wenig, dann hörte man Schritte zur Eingangstüre schlurfen. Evelyn Nowotny öffnete, blick-

232

te die beiden Männer mit ihren traurigen Augen an und lächelte sogleich. »Ach, Sie sind's«, sagte sie. »Der Herr Professor und sein Freund, der Ober. Das ist aber nett, dass Sie vorbeischauen. Kommen Sie doch bitte herein.«

Sie führte Leopold und Korber durch einen langen Vorraum in ein geschmackvoll eingerichtetes Wohnzimmer. Auf einem kleinen Glastisch inmitten einer schwarzen Ledergarnitur stand eine halb volle Whiskyflasche mit einem Glas. Evelyn Nowotnys Atem roch leicht nach Alkohol. Sie schien allein zu sein.

»Setzen Sie sich. Darf ich den Herren etwas zu trinken anbieten?«, fragte sie und deutete auf das Sofa.

»Nein, danke, sehr nett«, sagte Leopold.

»Könnte ich vielleicht einen kleinen Schluck haben?«, fragte Korber.

»Aber gerne.« Frau Nowotny schenkte ein zweites Glas ein. »Sie brauchen sich übrigens nicht mehr zu bemühen, meinen Sohn zu finden. Es geht ihm, glaube ich, recht gut. Er hat mich gerade vorhin angerufen. Er wird bald wieder zu Hause sein.«

»Was hat er denn gesagt, warum er so lange weggeblieben ist?«, fragte Leopold trocken und ohne eine Miene zu verziehen. Korber stürzte sein Whiskyglas hinunter. Er fühlte sich hier sichtlich nicht wohl.

»Ach, wissen Sie, er hatte einfach Probleme«, antwortete Evelyn Nowotny. »Probleme wegen Isabella. Da geht so ein großes Kind heute eben nicht mehr zu seinen Eltern. Wir wollen für es da sein und warten darauf, ihm helfen zu können, aber es kommt nicht. Es braucht uns nicht mehr. Es muss von selbst zur Lösung seines Problems finden. Ich denke, das hat Erich jetzt geschafft.«

233

Sie fuhr mit der Hand durch ihr unfrisiertes Haar und starrte mit ihren müden, glasigen Augen geradeaus nach vorne, durch das Zimmer und ihre Gäste hindurch.

»Und wo hat er sich die ganze Zeit über aufgehalten?«, fragte Leopold unbarmherzig weiter.

Evelyn Nowotny entfuhr wieder einmal ein Lächeln. »Ich weiß es nicht. Aber es ist mir auch egal«, sagte sie. »Erich ist alt genug, um auf sich selbst aufzupassen. Die Hauptsache, er kommt wieder.«

»Es wird Sie vielleicht interessieren, dass er vorige Nacht bei einem seiner ehemaligen Lehrer geschlafen hat«, fuhr Leopold unermüdlich fort. »In einem verlassenen Gartenhaus. Er hat dort eine Pistole mitgehen lassen. Ihr Sohn ist bewaffnet, liebe Frau. Wir haben Angst, dass er eine Dummheit begeht.«

»Ach Unsinn, was sollte Erich schon mit einer Waffe.«

»Ganz einfach: jemanden umbringen. Seine Freundin Isabella vielleicht. Oder gar Sie. Oder seinen Vater. Wo ist denn eigentlich Ihr Mann? Ist er zu Hause?«

Frau Nowotny schüttelte traurig den Kopf. »Nein. Er ist in unserem – das heißt in seinem – Zweithaus am Bisamberg*. Früher haben wir dort noch die Wochenenden gemeinsam verbracht. Aber die Zeiten ändern sich. Jetzt ist mein Mann oft alleine dort – oder mit anderen Frauen. Wir führen eine moderne Ehe und vergnügen uns jeder auf seine Weise. Ich spreche dafür eben mehr dem Alkohol zu. Möchten Sie noch einen Drink, Herr Professor?«

»Nein, danke!« Korber schüttelte heftig den Kopf. ›Nichts wie raus hier‹, dachte er.

Evelyn Nowotny drückte die Zigarette, die sie vorher in hastigen Zügen geraucht hatte, im Aschenbecher aus. Der Rauch stieg langsam zur Deckenbeleuchtung hinauf.

---

* Einer der Hausberge Wiens und letzter Ausläufer des Wienerwaldes nördlich der Donau (358 m).

Evelyns verklärter Blick schaute den kleinen Wölkchen nach, bis sie sich irgendwo oben auflösten. Etwas schien ihr erst jetzt in den Sinn zu kommen.

»Komisch«, sagte sie. »Erich hat mir dieselbe Frage wie Sie gestellt, als er vorhin anrief. Er wollte wissen, ob sein Vater zu Hause ist.«

»Und was haben Sie ihm geantwortet?«, fragte Leopold und bekam dabei ganz große Augen.

»Dasselbe wie Ihnen. Dass er am Bisamberg ist.«

»Um Gottes Willen, dann dürfen wir keinen Augenblick verlieren«, meinte Leopold. »Sie wissen, welcher Art die Probleme sind, die Erich mit seiner Freundin hat?«

»Sie meinen, es ist wegen dem Kind?«, fragte Frau Nowotny ungläubig und schaute wie durch einen Schleier geradeaus. »Hat man es ihm gesagt?«

»Ja. Erich weiß um das Verhältnis seines Vaters mit Isabella und dass er nicht Vater des Kindes ist. Außerdem trägt er eine Waffe bei sich. Ihr Mann ist in höchster Gefahr. Hat Ihr Sohn einen Schlüssel zu dem Haus?«

Evelyn Nowotny nickte nur langsam und stumm. Langsam schien sie die Tragweite der Ereignisse zu erfassen.

»Wir müssen sofort los«, sagte Leopold. »Am besten, Sie kommen mit und zeigen uns, wo sich das Haus befindet. Vielleicht können wir ein Unglück verhindern.«

Evelyn Nowotny erhob sich träge vom Sofa. »Ich glaube, Sie haben recht«, sagte sie mit kaum vernehmbarer Stimme. »Fahren wir.«

Draußen, auf dem Weg zum Auto, begann sie zu frösteln. Korber legte die Hand leicht auf ihre Schulter und fragte: »Sie haben Angst um Ihren Mann, nicht wahr?«

»Nein«, schüttelte sie den Kopf. »Um meinen Sohn.«

* * *

Ferdinand Nowotny paffte an einer Zigarre. Vor ihm auf dem Tisch standen etwas Salzgebäck und eine Flasche Rotwein mit einem Glas. Im Hintergrund lief der Fernseher. Aber Ferdinand Nowotny hätte nicht zu sagen vermocht, welches Programm er gerade eingeschaltet hatte. Er war zu sehr in Gedanken vertieft.

Er war allein. Draußen lag die Dunkelheit schwer und kalt auf der Landschaft. Er dachte: ›So allein bin ich noch nie gewesen‹, und niemand wusste, ob er damit seine augenblickliche Situation meinte oder das Leben, das ihm bevorstand. Träge, beinahe willenlos saß er da und versuchte, die Bilder aus der Vergangenheit an sich vorbeiziehen zu lassen.

Wie war er in diese Situation geraten?

Er war ein erfolgreicher Bauunternehmer, ein rühriger und beliebter Bezirkspolitiker. Allerdings musste er sich eingestehen, dass er seine Familie viel zu oft so teilnahmslos betrachtet hatte wie jetzt das Geschehen auf dem Fernsehschirm vor ihm. Vielleicht lag der Grund in seiner Abneigung gegenüber allem, was schwach war. Und seine Frau Evelyn und sein Sohn Erich waren schwach.

Ja, seine Frau! Nach einigen Jahren Ehe hatte sie ihm erklärt, sie erwarte von ihm, dass er seine sogenannten beruflichen und gesellschaftlichen Verpflichtungen einschränke und mehr Zeit für sie und seinen Sohn aufbringe; sie, die wohl noch selten in ihrem Leben ihre Finger für etwas, das nach Arbeit aussah, gekrümmt hatte. Er hatte sie darauf aufmerksam machen müssen, dass es wohl sein Verdienst war, wenn sie sich nun einen bescheidenen Luxus leisten konnten.

Als Dank dafür hatte er sie wenig später mit einem anderen Mann im Bett ertappt. Dafür hatte sie zwei Ohrfeigen abkassiert und den guten Rat:

236

»Tu das ja nicht wieder, das nächste Mal könnte ich etwas in der Hand haben, wenn ich zuschlage!« Er hatte diese Drohung in seiner ersten Wut ausgesprochen, die manchmal sehr heftig sein konnte. Aber offenbar hatte sie ihre Wirkung getan.

Evelyn war eben feige. Nie wieder begehrte sie auf. Sie hatte auch keine weiteren Affären, nein, nein, davon hätte er erfahren. Nicht einmal die Scheidung wollte sie. Es schlief sich eben gut im gemachten Nest. Ruhig und gefügig lebte sie fortan so an seiner Seite – in den seltenen Fällen, wo er zu Hause war.

Dafür begann sie zu trinken. Anfangs merkte er nichts, denn wie alle, die sich aus Kummer dem Alkohol zuwenden, blieb sie ruhig, gluckerte heimlich und zog sich immer mehr zurück. Ein gemeinsames Ehebett hatten sie schon lange nicht mehr, und sein Interesse für die Familie hielt sich, wie gesagt, in Grenzen.

Aber wenn er sie zu sogenannten ›gesellschaftlichen Anlässen‹ mitnahm, war sie schon nach ein, zwei Gläsern nicht mehr zu einer zusammenhängenden Konversation fähig. Und einmal entdeckte er sie, als er spät nach Hause kam, neben einer zerbrochenen, leeren Flasche liegend, weit, weit weg von der engen Wirklichkeit, die sie umgab.

Von da an empfand er für sie überhaupt nichts mehr.

Dann kam die Sache mit Isabella. Sein Sohn, sein unfähiger Sohn, dem er unzählige Nachhilfelehrer bezahlt und dessentwegen er eine ganze Schule auf Trab gehalten hatte, der schließlich doch durchgefallen war – dieser Sohn war auf einmal verliebt. Das Mädchen war hübsch und intelligent, keine Frage. Deshalb stieg sie auch auf Erichs tollpatschige Versuche, sie für sich zu gewinnen, nicht ein.

Er begann sich nun selbst für Isabella zu interessieren. Was war das für ein Geschöpf, das Erich so durcheinander brachte, dass boshafte Zungen behaupten konnten, er wiederhole die Klasse absichtlich, um von nun an dem geliebten Wesen noch näher zu sein? Das Interesse steigerte sich rasch zur Begierde. Er war dem anderen Geschlecht nie abhold gewesen, hatte andere Frauen auch während seiner Ehe ins Bett geschleppt, aber diese Gefühle und Emotionen waren neu für ihn.

Es war ein Leichtes gewesen, sie zu erobern, eine kleine Ausfahrt zu dem Haus, ein Gläschen Sekt … Die Bilder stiegen vor seinem geistigen Auge auf, als er seinen Blick zur Schlafzimmertür gleiten ließ. Wie ein Voyeur stöberte er lustvoll in seiner eigenen Vergangenheit. Dort, auf jenem Bett, hatten sie es getrieben. Bis Isabella schwanger wurde.

Am liebsten hätte er das Kind wegmachen lassen, aber als sie das nicht wollte, sah er es ein. So etwas wie Verantwortung überkam ihn, eine Regung, die er seiner eigenen Familie gegenüber nie gekannt hatte. Und er fand Isabellas Idee blendend, sich von Erich erhören zu lassen und das Kind als seines auszugeben. Kein schwieriges Unterfangen. Es brachte außerdem für alle Vorteile mit sich: Erich durfte endlich das Gefühl haben, mit seinem geliebten Wesen verbunden zu sein. Isabella konnte ihr Kind austragen und hatte wohl finanziell für die nächste Zeit ausgesorgt – mit der Option, sich von Erich zu trennen, wann immer sie wollte, und das Kind mit sich zu nehmen. Er selbst blieb in Isabellas Nähe, ohne dass es sonderlich auffiel, und durfte hoffen, dass sein kleiner Fehltritt unerkannt blieb. Das kostete ein wenig, aber bitte. Er konnte es sich leisten.

Nur seine Frau Evelyn schien mit dem unerklärlichen weiblichen Gespür für die wirkliche Lage der Dinge Verdacht zu schöpfen.

›Es ist nicht Erichs Kind, das kannst du mir nicht vormachen‹, hatte sie gesagt.

Kurz entschlossen hatte er den Spieß umgedreht: ›Du hast recht, das Kind ist nicht von Erich. Es ist von mir. Das Mädchen und ich sind uns sympathisch, und da ist es eben passiert. Aber wenn du Erich auch nur ein Wort davon sagst, machst du ihn todunglücklich, und das willst du doch nicht. Wir müssen die Illusion bestehen lassen. Also erwarte ich, dass du dichthältst. Nicht meinetwegen, sondern wegen deinem Sohn Erich.‹

Wieder einmal wirkte die Behandlung. Evelyn Nowotny war zu keiner Reaktion fähig. Sie schluckte ihren Kummer nur mit noch mehr Alkohol hinunter. Er war froh, wenn er sie nicht zu Gesicht bekam.

Aber irgendwie musste Erich doch von den Umständen und Verhältnissen erfahren haben. Es war müßig, darüber nachzudenken, wie und von wem. Solche Dinge passierten eben, auch wenn man Ferdinand Nowotny hieß und glaubte, alles im Griff zu haben. Wie vom Erdboden verschluckt war jetzt sein Sohn, und es gab kein Lebenszeichen von ihm, außer einer SMS an Isabella. Irgendwo da draußen vegetierte er umher, Panik im Hirn, die Unreife in Person. Aber er würde zurückkommen, und niemand konnte sagen, was dann geschehen würde.

Deshalb saß er hier, der alte Nowotny, mit dem Weinglas und der Zigarre, und dachte nach. Die Bilder aus der Vergangenheit kamen und gingen. Fast wie in Trance blickte er den kleinen Rauchwölkchen nach, wie sie hinauf zum Licht strebten. Wenn ihn jemand so gesehen hätte, wie er, leicht nach vorne gerutscht, mit halb geschlossenen Augen in seinem Lehnsessel kauerte, er hätte ihn wohl in einem fortgeschrittenen Zustand der Meditation vermutet. Es waren aber nur die Bilder.

Jetzt wieder, ein äußerst unscharfes Bild genau vor ihm, Umrisse einer Gestalt. Ein Bild, das so unwirklich war, dass er sich zunächst weigerte, es als Realität anzuerkennen.

Sein Sohn Erich, mit einer Pistole in der Hand.

Er schreckte kurz auf, fasste sich aber sogleich.

»Wie bist du hereingekommen?«

»Durch die Türe, wie immer. Hast du vergessen, dass ich noch einen Schlüssel habe?«

Ferdinand Nowotny stand auf. Erich hielt die Pistole in seine Richtung. »Nicht näher kommen, bleib, wo du bist!«, keuchte er.

Ohne ein Zeichen äußerer Nervosität blieb Ferdinand Nowotny stehen. »Du stinkst. Wo bist du gewesen?«, fragte er.

»Das geht dich gar nichts an!«

»Und wo hast du die Waffe her?«

»Kann dir auch egal sein. Überhaupt: Du hast nicht mehr über mein Leben zu bestimmen. Du bist jetzt einfach ruhig, setzt dich wieder nieder und beantwortest meine Fragen. Kapiert?«

»Na schön«, seufzte Ferdinand Nowotny, »wenn du unbedingt willst.« Er nahm wieder auf der Sitzbank Platz. Er ahnte, was kommen würde: die Abrechnung. Das Chaos im Hirn seines Sohnes würde sich zu ordnen versuchen und gezielte Pfeile in seine Richtung abschießen. Die Hand mit der Waffe zitterte. Eine unreife Hand. Es war nur sein Sohn, der ihm gegenüberstand. Ruhig Blut.

Erich atmete schwer. »Das Kind ist von dir, oder?«, platzte es aus ihm heraus.

Ferdinand Nowotny nickte.

»Was zum Teufel hast du dir dabei gedacht?«, schrie der Sohn seinen Vater hysterisch an.

»Sag, musst du die Pistole ständig auf mich halten? Es ist schwer, etwas zu erklären, wenn man bedroht wird. Aber bitte, ich will es versuchen. Als ich etwas mit Isabella hatte, warst du noch überhaupt kein Thema für sie, hörst du? Kein Thema! Als es bei euch beiden funkte, war sie bereits schwanger. So, und jetzt warst plötzlich du in sie verknallt und sie in dich. Hätte ich dir da sagen sollen, von wem das Kind wirklich ist? Natürlich hättest du dich aus falschem Stolz wieder von Isabella abgewendet. Das wäre eine völlig sinnlose Aktion gewesen, ihr hättet nicht einmal die Chance gehabt, euch näher kennenzulernen. Sie will das Kind, und sie möchte es mit dir großziehen. Unsere Affäre ist ohnehin vorbei. Also: Hatte ich noch irgendein Recht, mich in die Sache einzumischen, außer euch meiner finanziellen Unterstützung zu versichern?«

Es war sehr dunkel im Zimmer. Der Kegel der einzigen Lichtquelle fiel nur schwach auf Ferdinand Nowotny, der nach außen hin noch immer völlig ruhig wirkte. Im Hintergrund flimmerte der Fernseher und gab halblaute Töne von sich. Über Erichs Wange kullerte eine Träne.

»Wenn ich irgendetwas getan habe, das dir Kummer bereitet, tut es mir trotzdem leid«, sagte sein Vater so, wie wenn er einem politischen Gegner ein kleines Zugeständnis machen wollte.

»Nichts tut dir leid«, brüllte Erich. »Es tut dir nicht leid, dass du meine Mutter betrogen hast, und es tut dir nicht leid, dass du aus mir einen Idioten gemacht hast. Du suchst bloß eine Rechtfertigung, damit du vor dir selbst nicht als das Schwein dastehst, das du bist.«

Unmerklich zuckte es in Ferdinand Nowotnys Gesicht. »Was deine Mutter angeht, darüber können wir ein andermal reden«, sagte er leise. »Im Übrigen bitte ich mir

241

einen anderen Ton aus, auch wenn du verständlicherweise echauffiert bist. Immerhin bin ich dein Vater.«

»Das ist ja eben mein Pech, dass du mein Vater bist. Ständig mischst du dich in alle meine Angelegenheiten ein. Du akzeptierst nicht, dass ich mich nicht für deine Firma interessiere und mein eigenes Leben leben möchte. Wenn ich mit meinen Problemen nicht gleich zurechtkomme, bin ich für dich ein Schwächling. Und jetzt setzt du mir noch dieses Kind vor die Nase.«

»Es soll dir, Isabella und dem Kind an nichts fehlen.«

»Außer materiellen Werten kennst du wohl nichts, oder? Geld und Erfolg sind alles, woran du denkst. Für so etwas wie Moral ist in deinem Hirn da kein Platz. Dass sich andere Menschen deinetwegen kränken könnten, ist dir noch nie in den Sinn gekommen. Mutter hast du damit fertiggemacht, sie ist nur mehr ein Schatten ihrer selbst. Aber mit mir wird dir das nicht gelingen. Ich brauche Luft zum Atmen, und wenn ich die nicht bekomme …«

Erich zielte mit der Pistole jetzt wieder auf den Kopf seines Vaters.

»Willst du mich erschießen?«, fragte der alte Nowotny, erstmals mit einem Anflug leichter Unsicherheit. »Mach dich nicht lächerlich.«

»Was heißt hier lächerlich? Du hast es erraten, ich werde dich erschießen. Ich habe in diesen Tagen jetzt viel Zeit zum Nachdenken gehabt. Ich bin darauf gekommen, dass es für niemanden ein Verlust ist, wenn es dich auf einmal nicht mehr gibt, außer vielleicht für deine Parteifreunde. Aber solange es dich gibt, fehlt mir die Kraft zum Leben.«

»Wenn du jetzt abdrückst, werde ich sterben. Gut«, sagte Ferdinand Nowotny. »Ich kann es nicht verhindern.

Aber hast du auch bedacht, dass du deine Situation damit nicht besser machst? Du kommst ins Gefängnis und dein Leben ist verpfuscht. Was ist so schön daran?«

Es war ein letzter Beschwichtigungsversuch, wie ihn jeder in einer solchen Situation unternimmt, ein Appell an die Sinnlosigkeit des Vorhabens seines Kontrahenten. Aber Erich zeigte sich noch immer unbeeindruckt.

»Was so schön daran ist?«, fragte er triumphierend. »Eben, dass du tot bist. Dann kannst zumindest du mir nicht mehr in mein Leben reinpfuschen. Du darfst noch ein letztes Stoßgebet sprechen, wenn du willst. Ich habe gehört, dass viele Menschen vor ihrem Tod beten, auch wenn sie nicht an Gott glauben.«

»Du wirst es nicht tun«, sagte Ferdinand Nowotny nur heiser.

»Warum nicht?«

»Ganz einfach: Weil du es nicht fertig bringst, wie alle anderen Dinge in deinem Leben auch. Weil du ein Schwächling bist, deshalb. Du widerst mich an.«

»Glaub ja nicht, dass du mich so von meinem Vorhaben abbringen kannst, Vater!«, keuchte Erich. Seine rechte Hand, in der er die Pistole hielt, verkrampfte sich, zitterte wieder.

»Dann schieß doch endlich, du Versager. Schieß und tu, was du nicht lassen kannst. Aber du musst schon abdrücken, wenn du einem Leben ein Ende machen willst«, sagte Ferdinand Nowotny und stand langsam wieder auf.

»Bleib sitzen!«, hörte man Erich, der irritiert einen Schritt zurück machte.

Einige Augenblicke lang hörte man dann gar nichts mehr außer den Stimmen aus dem Fernsehapparat.

Dann fiel ein Schuss.

16

Als Leopold mit dem Wagen um die letzte Kurve bog, sah er bereits das Blaulicht vor Ferdinand Nowotnys Haus. »Um Gottes willen«, schrie Evelyn Nowotny auf dem Rücksitz auf.

»Schaut nicht gut aus«, seufzte Leopold. »Schaut gar nicht gut aus.«

Alle drei stiegen ein wenig unsicher und in banger Erwartung aus dem Auto. Als sie auf das Haus zugehen wollten, deutete ihnen ein Polizist in Uniform, dass sie umkehren sollten. »Da können Sie jetzt nicht her!«, rief er ihnen zu. »Da ist polizeilich abgesperrt.«

Aus der Dunkelheit sah Leopold eine große Gestalt mit breitkrempigem Sombrero auftauchen und dem Beamten auf die Schulter klopfen. »Ist schon gut«, sagte Richard Juricek. »Die Frau ist die Mutter, und die anderen zwei können auch durch.«

Zögernd näherte sich die kleine Gruppe. Es war, als wollte man noch für einige Augenblicke die kühle Nachtluft einatmen, ehe man sich die furchtbare Nachricht anhören musste.

Juricek hatte seinen Sombrero abgenommen. »Ich habe Ihnen leider eine sehr traurige Mitteilung zu machen, Frau Nowotny«, murmelte er. »Ihr Sohn ist auf tragische Weise ums Leben gekommen. Es deutet alles auf einen Selbstmord hin. Mein herzlichstes Beileid.«

»Selbstmord?«, fragte Evelyn Nowotny mit erstickter Stimme. Dann sagte sie nichts mehr und begann nur leise zu wimmern. Ihre Knie gaben ein wenig nach, aber sie fing sich sofort wieder und lehnte sich an Korbers Schulter. Er hielt sie mit all der unbeholfenen Zärtlichkeit, zu der er in dieser Situation fähig war.

»Ja, Selbstmord«, wiederholte Juricek. Er wusste gar nicht mehr, wie oft er einem Menschen hatte beibringen müssen, dass ein anderer, geliebter Mensch auf gewaltsame Weise verstorben war – durch einen Unfall, durch Mord oder eben Selbstmord. Trotzdem hatte er dabei immer noch einen trockenen Hals und eine belegte Stimme. Es war die schrecklichste Aufgabe in seinem Polizistendasein.

»Offenbar war Ihr Sohn in einer psychischen Krise. Wir sind leider zu spät gekommen. Er suchte hier seinen Vater auf, weil er eine Unterredung mit ihm suchte, die dann so … tragisch endete. Ihr Sohn hatte eine Pistole bei sich, mit der er sich plötzlich und unerwartet in den Kopf schoss. Unsere Experten prüfen gerade alles, aber wie gesagt …«

Juricek redete und redete, zusammenhanglos, wie ihm vorkam. Er kämpfte gerade mit einem anderen, nicht minder schrecklichen Bestandteil seines Berufslebens. Ein junger Mensch war gestorben, und er musste sich insgeheim fragen, ob er es hätte verhindern können. Wahrscheinlich nicht. Als er von Isabella erfahren hatte, dass es das Wochenendhaus am Bisamberg gab, war er sofort losgefahren und hatte einen Einsatzwagen verständigt. Dennoch meldete sich sein Gewissen. Was, wenn er gleich zu Nowotnys gefahren wäre?

»Kann ich ihn sehen?«, fragte Evelyn Nowotny schluchzend.

Richard Juricek schüttelte den Kopf. »Jetzt nicht«, sagte er. »Vielleicht später. Aber es ist kein sehr schöner Anblick.« Er kannte das plötzliche Verlangen, noch einmal einen Blick auf den gewaltsam zu Tode gekommenen Angehörigen zu werfen. Es handelte sich um einen Reflex, der

245

die Betroffenen für kurze Zeit in fester Umklammerung hielt, dann meist aber wieder losließ. Was nützte es auch, einem Toten ein letztes Mal ins Angesicht zu schauen, vor allem, wenn er sich gerade vorher eine Kugel in den Kopf gejagt hatte.

»Und wo ist mein Mann?«

»Drinnen«, sagte Juricek und deutete auf das Haus. »Ich glaube, wir können jetzt zu ihm gehen. Aber niemand fasst etwas an, ohne dass ich es erlaube.«

Ferdinand Nowotny saß auf der Küchenbank, eine Beamtin neben ihm. Er blies noch immer Rauchwölkchen in die Luft und trank Rotwein. Aber er war nicht wie sonst. Er wirkte niedergeschlagen und müde. Als seine Frau hereinkam, blickte er kurz auf und räusperte sich.

»Evelyn … der Herr Oberinspektor hat es dir also schon gesagt … es war furchtbar«, stammelte er; und nach einer kurzen Pause:

»Er hat sich vor meinen Augen erschossen.«

Evelyn Nowotny löste sich plötzlich von Korber, der sie noch immer hielt, und schrie ihren Mann an:

»Du hast ihn umgebracht! Du ganz alleine!«

»Es ist nicht wahr, Evelyn.« Nowotny stützte seinen schwer gewordenen Kopf mit der linken Hand, während er versuchte, seine Frau zu beruhigen. »So verstehe doch. Ich kann mir ja deinen Zorn und deine Aufregung vorstellen. Du stehst wahrscheinlich noch unter Schock. Aber es ist einfach nicht wahr. Ich konnte ihn nicht retten. Er hat mich mit der Pistole bedroht, ich dachte schon, er macht Ernst. Dann ging alles ganz, ganz schnell.«

»Ich verstehe schon, keine Angst«, fauchte Evelyn. »Ich behaupte ja nicht, dass du ihn erschossen hast. Du wirst lachen, das traue ich dir gar nicht zu. Aber du hast ihn langsam und systematisch umgebracht, Tag für Tag, Jahr für Jahr.«

»Wie meinst du denn das?«

»Du hast versucht, ihm seinen Willen zu nehmen, so wie du es bei mir gemacht hast, hast ihn einfach niedergewalzt, wie alles, was du für schwach erachtest. Dass ich dabei schön langsam draufgehe, ist mir mittlerweile egal. Aber dass du deinem eigenen Kind nie eine Chance gegeben hast, seine Vorstellungen zu verwirklichen, dass du ihm ständig seine Träume und Illusionen weggenommen hast, dass du schließlich ihn und seine Liebe zu Isabella brutal ausgenutzt hast, das war Mord – glatter Mord.«

»Ich weiß, dass du Erich schon immer verteidigt hast. Ich gebe zu, dass ich mich ihm gegenüber nicht immer richtig verhalten habe«, seufzte Ferdinand Nowotny kraftlos. »Vielleicht war er auch sensibler, als ich gedacht hatte. Dabei müsste ein junger Mann in seinem Alter mehr aushalten. Und Isabella und ihm wäre es sicher nicht schlecht gegangen, dafür hätte ich schon gesorgt. Verzeih, wenn ich es sage, aber er hatte nicht das Recht, hierher zu kommen und seinen Vater umbringen zu wollen.«

Mit einem Schrei wollte sich Evelyn Nowotny auf ihren Mann stürzen, aber Korber hielt sie gerade noch zurück. »Lassen Sie mich los! Ich muss ihm etwas antun, diesem Scheißkerl!«, plärrte sie.

»Bitte beruhige dich, Evelyn, beruhige dich. Das nützt doch jetzt alles nichts mehr«, sagte Ferdinand Nowotny. Erst jetzt schien er Leopold und Thomas Korber zu bemerken. »Guten Abend, Herr Professor. Was machen denn Sie hier?«, fragte er und zog die Augenbrauen dabei hoch.

Juricek sah nun seine Chance, sich in das Gespräch einzumischen. »Ich erkläre Ihnen das alles später«, sagte er. »Aber zunächst habe ich noch ein paar Fragen an Sie, Herr Nowotny.«

247

»Fragen? Wieso? Ich dachte, aus der Beweislage geht eindeutig hervor, dass es sich um Selbstmord handelt. Was wollen Sie denn noch?«

»Wie gut kannten Sie Susanne Niedermayer?«

Nowotny schien die Welt nicht mehr zu begreifen. »Das … das ist doch jetzt völlig unerheblich«, protestierte er schwach.

»Ganz im Gegenteil!«, rief Leopold.

Nach einem kurzen tadelnden Blick auf seinen Freund wandte sich Juricek sofort wieder Nowotny zu:

»Darf ich Sie trotzdem bitten, diese Frage zu beantworten?«

»Ich glaube, ich habe Ihnen schon im ›Gemütlichen Floridsdorfer‹ alles dazu gesagt. Frau Niedermayer war ein geschätztes Klubmitglied, mit dem ich oft auf unseren Veranstaltungen zusammenkam.«

»Mehr nicht?«

»Ich denke nein.«

»Denken Sie bitte genauer nach. Es gab kein – wie auch immer geartetes – privates Verhältnis zu ihr?«

Ferdinand Nowotny zuckte mit den Schultern und brachte ein verkrampftes Lächeln auf seine Lippen:

»Nein, warum auch?«

»Dann darf ich Ihrem Gedächtnis ein wenig nachhelfen«, sagte Juricek. »Ich habe die Spurensicherung hier angewiesen, den Tod Ihres Sohnes *sehr* genau zu untersuchen. Wenn die Ermittler dabei irgendetwas finden – ein Haar, einen Fingerabdruck, eine andere Spur –, das darauf hinweist, dass Susanne Niedermayer hier war, wäre das nicht sehr günstig für Sie, oder?«

»Was zum Teufel gibt Ihnen das Recht …«, begann Ferdinand Nowotny, stockte dann aber. Erneut wirkte er kraftlos. Sein Kampfgeist schien ihn nach und nach zu verlassen. »Nun gut, sie war hier«, presste er heraus. »Sie … sie wollte mit mir nach Amerika fahren. Sie wissen ja, diese fixe Idee, die sie die ganze Zeit über beschäftigte. Sie ließ nicht locker, und es war schwer, sie davon zu überzeugen, dass es für mich unmöglich war, diese Reise mit ihr zu unternehmen. Ich dachte, es sei das Beste, ihr diese Tatsache in aller Ruhe mitzuteilen, also brachte ich sie einmal hierher.«

»Wann war das?«

»Das weiß ich nicht mehr so genau, vor einem Monat?«

»Es war der einzige Grund, warum Frau Niedermayer Sie besuchte? Und sie war wirklich nur einmal hier?«

»Ja, verdammt noch einmal. Worauf wollen Sie hinaus? Was hat Frau Niedermayer mit dem Tod meines Sohnes zu tun?«

Juricek überlegte einen Augenblick, ehe er die nächste Frage stellte:

»Wo waren Sie vergangenen Dienstag um etwa halb 2 Uhr früh?«

»In der Mordnacht? Was soll denn das?«, ereiferte sich Nowotny. »Wollen Sie etwa behaupten, Sie verdächtigen mich jetzt, Frau Niedermayer umgebracht zu haben? Das ist lächerlich.«

»Würden Sie meine Frage bitte trotzdem beantworten?«

»Ich habe Ihnen vor zwei Tagen anlässlich unserer Veranstaltung doch schon alles Wesentliche mitgeteilt, Herr Oberinspektor: Ich war gerade von einem Kegelabend nach Hause gekommen. Bitte nehmen Sie ein wenig darauf Rücksicht, welch furchtbaren Schicksalsschlag wir gerade erlitten haben.«

Aber Juricek ließ nicht locker. »Können Sie die Angaben Ihres Mannes bestätigen?«, fragte er Evelyn Nowotny, die sich wieder an Korber geschmiegt hatte.

Sie hörte die Frage wie von weit her. Millionen kleiner Abläufe in ihrem Gehirn versuchten gerade, ihr begreiflich zu machen, was sie in den letzten Minuten hatte erfahren müssen. Sie hatte ihren Sohn verloren.

Sie hatte, so schien es, alles verloren.

»Nein«, sagte sie mit fester Stimme. »Er ist viel später nach Hause gekommen.«

»Wann genau?«

»Ich denke, es war gegen 3 Uhr. Ich hörte ihn rumoren und Türen schlagen. Erich konnte es nicht sein, er verbrachte die Nacht bei Isabella. Irgendetwas an dem ganzen Lärm war ungewöhnlich, also ging ich nachschauen. Ferdinand rauchte, saß in der Küche und trank Weinbrand. Sein Gesicht war kreidebleich und er war alkoholisiert.«

Ferdinand Nowotny hörte den Ausführungen seiner Frau wortlos zu. »So, so, alkoholisiert«, murmelte er nur. »Und du warst nüchtern? Und hast dir die Uhrzeit gemerkt?«

»Ich habe auf die Uhr gesehen, als ich die Eingangstüre hörte«, sagte Evelyn ungerührt. »Es war laut genug. Dann hast du weiter herumgewerkt. Schließlich bist du in der Küche gesessen, weiß wie die Wand. ›Was treibst du hier noch so spät?‹, habe ich gefragt. ›Beruhige dich‹, hast du nur gesagt. ›Es ist noch gar nicht so spät. Es ist erst halb 2 Uhr. Wenn dich jemand fragt, wo ich in dieser Nacht war, sagst du, ich war um halb zwei zu Hause.‹«

»Das alles weißt du noch so genau? Beachtlich«, konstatierte Ferdinand Nowotny lakonisch.

»Sicher«, sagte Evelyn, und ihre Augen funkelten. »Ich habe es mir gemerkt, weil du ganz anders warst als sonst. Deine ganze Überlegenheit war auf einmal wie weggewischt. Weil du etwas zu verbergen hattest.«

»Glauben Sie ihr, Herr Oberinspektor?«, fragte Nowotny.

250

Juricek nickte stumm.

»Ich war neugierig, verstehst du?«, redete Evelyn weiter. »Ich wollte wissen, was es ist, das dich schwach macht. Warum sollte mich jemand fragen, wann du nach Hause gekommen bist? Warum sahst du aus wie ein Schlossgespenst? Dann fiel mir auf, dass du in der linken Hand die ganze Zeit krampfhaft ein zerknülltes Taschentuch hieltst, das blutig war. Aber es schien nicht so, als ob du irgendwo bluten würdest.«

»Ich denke, ich habe mich damals in den Finger geschnitten«, sagte Nowotny.

»Pah, Finger«, höhnte seine Frau. »Das glaube ich wirklich nicht. Du hast das Taschentuch nirgendwo hingedrückt oder darauf gehalten, du hast es einfach nur verkrampft in deiner Hand hin- und herbewegt. Und da bin ich draufgekommen, dass es nicht dein Blut war auf dem Taschentuch.«

Juricek zog die Augenbrauen hoch. Vielleicht hatte er etwas Ähnliches erwartet, vielleicht nur erhofft. »Wessen Blut war es dann?«, fragte er.

»Ich glaube, es war das Blut der Toten, dieser Frau Niedermayer«, sagte Evelyn. »Seit ich von dem Mord an ihr erfahren habe, bin ich überzeugt, dass es mein Mann war.«

»Wie kommst du dazu, so etwas zu sagen?«, polterte Ferdinand Nowotny, wirkte dabei aber irritiert und gedrückt. Es war nicht der Nowtny, der seiner Frau früher wegen einer solchen Bemerkung an die Kehle gefahren wäre.

Evelyns Kampfgeist war dafür ungebrochen. »Kannst du dich erinnern, wie ich dich am nächsten Morgen nach deinem Mantel gefragt habe?«, fragte sie selbstbewusst. »Ich habe gleich bemerkt, dass er nicht da war. Dir war

251

immer noch ganz übel. Irgendetwas von einer Putzerei *(chemische Reinigung)* hast du gemurmelt, in die du ihn gebracht hast. Aber ich wusste, dass du ihn am Vortag noch anhattest. Ich nehme an, du hast ihn entsorgt, weil da ebenfalls Blutflecken drauf waren. Und die Zeitung, in der du tags darauf in der Früh auf der Seite mit dem Mord beinahe kleben geblieben bist. Irgendwie hat mir das alles klargemacht, dass du diese Frau Niedermayer umgebracht hast. Warum, weiß ich zwar nicht, aber du hast es getan.«

Auf Ferdinand Nowotnys Stirn standen Schweißperlen. »Sie müssen entschuldigen, Herr Oberinspektor«, keuchte er, »aber meine Frau weiß anscheinend nicht mehr, was sie redet. Der Selbstmord unseres Sohnes hat ihr einen großen Schock versetzt.«

»Es sind in der Tat schwere Anschuldigungen, die Sie da gegen Ihren Mann vorbringen«, sagte Juricek. »Sind Sie sicher, dass alles so war? Und können Sie es auch beweisen?«

Evelyn nickte. »Ich habe noch immer das Taschentuch«, sagte sie, als ob es die selbstverständlichste Sache auf der Welt wäre. Sie wirkte jetzt vollkommen nüchtern. »Habe ich das vorhin nicht erwähnt? Jedenfalls ist es bei mir zu Hause, und Sie können es gerne untersuchen, ob das Blut darauf von der Toten stammt.«

»Das Taschentuch?«, fragte Ferdinand Nowotny ungläubig.

»Jawohl, das Taschentuch. Das hättest du dir nicht gedacht, wie? Offensichtlich ist es dir hinuntergefallen, ohne dass du es bemerkt hast, und da lag es eben unter dem Küchentisch, als ich später noch einmal nachschauen ging und du schon eingeschlafen warst. Ich habe es eingesteckt. Zuerst war mir die Sache egal, und ich dachte auch an Erich, aber jetzt, wo er tot ist …«

»Also bitte«, sagte Nowotny mit einer auffordernden Handbewegung. »Das Taschentuch ist da, das Taschentuch mit den Blutflecken. Das behauptet zumindest meine Frau. Sie können also gehen, es sich holen und in aller Ruhe untersuchen. Wahrscheinlich werden Sie mir jetzt noch mitteilen, dass alles, was ich ab nun sage, gegen mich verwendet werden kann, und dass es mir freisteht, einen Anwalt zu konsultieren.«

»Herr Nowotny«, sagte Juricek eindringlich. »Wenn es das Taschentuch gibt, dann sind Sie dran, das wissen Sie genauso gut wie ich. Und warum sollte Ihre Frau lügen? Sie sind's gewesen. Sie haben kein Alibi, und es gibt einen Beweis. Warum also noch um den heißen Brei herumreden? Es wäre für uns alle am besten, wenn Sie ein umfassendes Geständnis ablegen würden. Sie zögern die Sache sonst nur weiter hinaus, und niemand hat etwas davon. Sie haben Frau Niedermayer erschlagen, nicht wahr?«

»Ja«, kam es mit einem großen Seufzer aus Ferdinand Nowotnys Brust. Er war am Ende seiner Kräfte. Die dramatischen Ereignisse der letzten Stunden hatten tiefe Spuren in seinem Inneren hinterlassen. Mit zitternder Hand nahm er zwei hastige Züge von seiner Zigarre. »Sie haben wohl recht«, murmelte er dann. »Ich sollte Ihnen alles von Anfang an erzählen. Lassen Sie mir dann meine Ruhe?«

Juricek nickte. »Aber mitnehmen müssen wir Sie schon.«

»Ich weiß«, seufzte Nowotny.

* * *

»Damit von Anfang an alles klar ist: Frau Niedermayer hatte sich in mich verschaut, nicht ich mich in sie«, begann Ferdinand Nowotny. »Aber Gelegenheit macht Diebe. Isabella Scherer, mit der ich, wie Sie wissen, eine Zeitlang ein Verhältnis hatte, stand gerade am Beginn ihrer Liaison mit meinem Sohn. Wir konnten uns nicht mehr so oft sehen, ohne dass es aufgefallen wäre. Andererseits war Isabella für mich wie ein Jungbrunnen gewesen. Sie förderte mein Verlangen, machte wieder einen richtigen Mann aus mir, und daraus entsprang die Lust nach sexueller Betätigung.«

»Tu bloß nicht so, als ob du irgendwann kein Verlangen nach anderen Frauen gehabt hättest«, zischelte Evelyn böse. Juricek bedeutete ihr, ihren Mann nicht zu unterbrechen.

Ferdinand Nowotny atmete kurz tief durch. »Darf ich weitermachen?«, fragte er in die Runde, und es schien ihn dabei gar nicht zu stören, dass auch Leopold und Thomas Korber seinen Ausführungen zuhörten. Er hielt eine Rede vor Publikum, sicherlich das letzte Mal für einige Zeit. Er schien jetzt befreit genug, sich darauf zu konzentrieren, dass es eine schöne Rede wurde. Juricek nickte ihm kurz zu.

»Schön und gut, Susanne – Frau Niedermayer – machte sich schon seit geraumer Zeit an mich heran. Sie kam mit ihren vagen Amerikaplänen, die sie anscheinend bei all ihren Annäherungsversuchen ins Treffen führte, auch zu mir. Sie könne sich durchaus vorstellen, mit so einem gewandten und weltoffenen Mann wie mir zu fahren, sagte sie. Mit der Zeit wurde sie immer zudringlicher. Nur wenige Leute im Klub könnten sich so eine Reise leisten, meinte sie. Offensichtlich wusste sie auch, dass es mit meiner Ehe nicht zum Besten stand. Eines Tages lud ich sie hierher zu mir ein, um die ganze Sache zwanglos zu besprechen. Als sie da war, genügten zwei Gläser Wein, um sie gefügig zu machen. Sie war ausgehungert und wollte einen Mann.

254

Ich hätte es damals bei dem einen Mal belassen sollen. Aber es machte Spaß, Susanne war überhaupt nicht prüde und tat Dinge, die ich ihr niemals zugetraut hätte. Ich möchte jetzt nicht ins Detail gehen, aber wir sahen uns öfter, als gut für mich war, entweder hier, oder spätabends, etwa nach dem Kegeln, auch in ihrer Wohnung, damit niemand etwas bemerkte.

Offenbar entstand für sie dadurch ein Grad an Vertrautheit, der sie immer zudringlicher machte. Immer wieder fing sie von Amerika zu reden an. Sie gab einfach keine Ruhe. Ich solle das junge Mädchen – Isabella – vergessen und mit ihr fortfahren, sagte sie. Davon wusste sie also auch. Die Sache wurde immer mehr zu einer fixen Idee. Sie wollte unsere Reise sogar schon im Klub ankündigen, ohne dass ich eingewilligt hatte. Nur mit Mühe konnte ich sie beruhigen und immer wieder vertrösten. Ich erklärte ihr, dass sie die Sache eine Menge Geld kosten würde, aber sie meinte, das könne kein allzu großes Problem sein.

Schließlich rief sie mich plötzlich am Montagnachmittag an, sagte, sie habe jetzt alles beisammen, und wir bräuchten nur noch eine Reiseroute und einen Termin festzulegen. Es gelang mir am Telefon nicht, ihr beizubringen, dass eine Amerikareise in absehbarer Zeit für mich völlig unmöglich war. Sie wurde nur wütend. Also vereinbarte ich mit ihr, nach unserer Kegelpartie noch schnell auf einen Sprung bei ihr vorbeizuschauen. Ich hoffte, sie würde sich bis dahin beruhigen.

Aber Susanne hatte getrunken, diesmal offensichtlich mehr als sonst. Sie war aufgewühlt, weil sie von einem Angeheiterten bis zu ihrer Wohnung verfolgt worden war. Außerdem hatte sie mittags eine Auseinandersetzung mit ihrer Schwester wegen des Geldes gehabt. Sie redete bereits ein wenig unzusammenhängend. Triumphierend zeigte sie mir das Kuvert mit den Scheinen. Dann schenkte sie mir ein Glas Wein ein und meinte, wir müssten feiern, dass es mit unserer Reise doch noch klappte. Ich rauchte nervös eine Zigarette. Noch einmal sagte ich ihr eindringlich, dass ich ihr nie versprochen hatte, mit ihr nach Amerika zu fahren, und dass ich so etwas derzeit weder konnte noch wollte.

Sie lachte mir nur ins Gesicht, aber auf eine ordinäre, schäbige Art, die ich so bei ihr noch nie bemerkt hatte. Was ich mir einbilde, ihr jetzt so einfach abzusagen, wo sie alles so perfekt organisiert habe. Da müsse sie es sich schon überlegen, ob es nicht an der Zeit sei, meine Affäre mit einer Gymnasialschülerin offenzulegen. Und noch viel mehr würde es die Leute interessieren, was ich mit ihr so alles getrieben habe. Sie könne jederzeit meine Neigungen betreffende Details schildern. Wie wäre es, wenn sie pikante Einzelheiten an eine Zeitung weitergeben würde? Ob ich mir *den* Skandal leisten könne?

Es war einfach widerwärtig. Mir kam mit einem Mal die Galle hoch. Es war nicht nur, was sie sagte, sondern vor allem die Art, wie sie es sagte, die mich zur Weißglut trieb. Sie stand da wie eine alte, besoffene Schlampe, der es nur darum ging, im Dreck eines anderen Menschen zu wühlen, und mir war klar, dass sie mit ihren Drohungen Ernst machen würde. Es wollte mir nicht in den Kopf, dass ich so dumm und unvorsichtig gewesen war, mich so einem Menschen auszuliefern. Sie ekelte mich an.

Für einen kurzen Augenblick drehte sie sich um. Plötzlich hatte ich einen Aschenbecher in der Hand, aber nicht den kleinen, in dem ich meine Zigaretten ausgedrückt hatte, sondern den großen, schweren aus Bleikristall, den sie immer auf dem Kästchen neben dem Fernseher stehen hatte. In meiner Wut schlug ich ihr damit auf den Kopf. Sie knickte ein und fiel zu Boden. Ich wusste sofort, dass sie tot war.«

Hatte Susanne Niedermayer jene Gewalt verspürt, vor der sich Evelyn Nowotny gerade noch rechtzeitig geduckt hatte? Niemand vermag es zu sagen. Ferdinand Nowotny hielt kurz inne, wie ein Vortragender, der bei einem dramatischen Moment unterbricht, um seine letzten Worte auf alle Anwesenden einwirken zu lassen. Es war mucksmäuschenstill.

»Was taten Sie dann?«, fragte Juricek schließlich.

»Ich war schockiert, Herr Oberinspektor. Glauben Sie, ich hatte die Absicht, die alte Dame zu erschlagen? Ich zitterte am ganzen Körper. Hunderte Gedanken gingen mir durch den Kopf, aber alle lösten sich sofort wieder auf, ein Nebelschleier schien mein Gehirn zu umhüllen. Das erste, woran ich mich wieder erinnern kann, ist, dass ich die blutverschmierte Mordwaffe instinktiv in ein großes Stofftaschentuch einwickelte. Danach wusch ich die zwei Weingläser und den anderen Aschenbecher ab und tat die Zigarettenkippen in eine Papierserviette, die ich einsteckte. Bei alledem musste ich aufpassen, dass ich nicht noch mehr Spuren hinterließ, als ich zu verwischen versuchte. Ich fühlte mich zwar wieder stocknüchtern, wusste aber, dass ich es nicht war.

Ich entsorgte schließlich den großen Aschenbecher und die Serviette mit den Zigarettenkippen in der Alten Donau. Dann fuhr ich nach Hause. Dort merkte ich, dass sich auch auf meinem Mantel Blutflecken befanden. Ich legte ihn also in den Kofferraum meines Wagens, um später zu entscheiden, was ich damit tun sollte.

Mir wurde übel. Ich habe Ihnen ja schon gesagt, dass ich kein kaltblütiger Mörder bin, Herr Oberinspektor. Ich nahm mir also eine Flasche und ein Glas und begann zu trinken. Das Taschentuch hatte ich dabei um meine linke Hand gewickelt, wie ein Beruhigungsmittel. Irgendwie war ich es die ganze Zeit nicht losgeworden. Interessant, nicht? Es klebte förmlich an mir, bis der Alkohol und die vorangegangenen Ereignisse ihre Wirkung zeigten und mich der Schlaf überfiel. Dann ist es wohl zu Boden gefallen. Und du hast es wirklich aufgehoben und bis jetzt aufbewahrt, Evelyn?«

Ferdinand Nowotny richtete diese Frage an seine Frau, ohne ihr dabei ins Gesicht zu sehen.

»Worauf du dich verlassen kannst«, sagte sie mitleidlos. »Glaub ja nicht, dass es einen Sinn hat, auch nur irgendetwas von deinem Geständnis zu widerrufen, wenn du wieder klarer denken kannst.«

»Schade«, meinte Nowotny nur lakonisch. »Als ich hörte, dass dieser Besoffene als Hauptverdächtiger ausgeforscht war, dachte ich schon, ich würde ungeschoren davonkommen. Schließlich wusste ja niemand von meiner kleinen Liaison mit Frau Niedermayer – soweit hat sie dichtgehalten, solange sie auf ihre Amerikareise hoffen durfte. Aber c'est la vie, wie der Franzose sagt. Ich nehme an, Sie wollen mich jetzt mitnehmen, Herr Oberinspektor?«

»Gleich«, sagte Juricek. »Nur eine Frage habe ich noch: Haben Sie das Kuvert mit dem Geld auch eingesteckt?«

Ferdinand Nowotny blickte einen Augenblick lang erstaunt auf, dann schüttelte er den Kopf und sagte mit einem ironischen Lächeln:

»Aber nicht doch, Herr Oberinspektor. Was hätte ich mit den paar Scheinen schon anfangen sollen?«

17

Oberinspektor Richard Juricek stand draußen in der Kälte, die Hutkrempe tief ins Gesicht gedrückt, und atmete die frische Nachtluft ein, während sich der Streifenwagen mit Ferdinand Nowotny in der Dunkelheit verlor. Es fiel ihm noch immer schwer, sich an die Ruhe zu gewöhnen, die unmittelbar auf die Anstrengung und den Wirbel der Aufklärung eines Verbrechens folgten. In solchen Augenblicken tat sich in seinem Inneren eine große Leere auf, und er war froh, als er Leopold an seiner Seite auftauchen sah.

»Du machst dir Vorwürfe, nicht?«, hörte er wie aus weiter Ferne.

»Ja«, sagte Juricek. »Ich hätte vielleicht ein Menschenleben retten können. Irgendwie gehört das ja auch zu unserem Aufgabengebiet dazu. Aber meistens gelingt es uns nur, die Verbrecher zu fassen und nicht, Verbrechen, Unfälle oder Selbstmorde zu verhindern. Jetzt haben wir einen Mörder, aber haben wir irgendjemanden damit glücklicher gemacht? Es ist ein Scheißberuf, das kannst du mir glauben.«

»Selbst wenn wir Erich gerettet hätten – hätte er nicht jederzeit wieder versuchen können, sich oder jemand anderen umzubringen? Wer hätte ihm den Halt gegeben, den er gebraucht hätte?«

»Ich weiß es nicht, und ich will mir darüber auch nicht den Kopf zerbrechen. Ich habe eine falsche Entscheidung getroffen, damit muss ich fertig werden. Aber hätte es nicht Isabella Scherer genauso treffen können? Und wer konnte wissen, dass es dieses Wochenendhaus hier gibt, der alte Nowotny ausgerechnet heute hierher kommen und Erich das noch vor uns herausfinden würde? Wir sind immer noch oft eine Spur zu spät dran, trotz aller technischen Neuerungen. Wir sind eben Menschen und machen Fehler. Nur, dass unsere Fehler gewaltige Auswirkungen haben können.«

»Immerhin hat der Tod seines Sohnes Nowotny irgendwie zur Aufgabe gezwungen.«

»Das ist die makabre Ironie an der ganzen Sache. Es wäre wohl schwer gewesen, ihn zu überführen, solange seine Frau noch hinter ihm stand. In Verdacht hatte ich ihn ja schon längere Zeit: Er war so ziemlich der Einzige aus Frau Niedermayers Bekanntenkreis, der sich eine Amerikareise leisten konnte, also war ich mir sicher, dass sie ihn darauf angesprochen hatte. Alois Herbst kam vielleicht auch noch in Frage, aber spätestens seit ich ihn nach seinem kleinen Unfall sah, schied er für mich als Täter aus. Er ist tatsächlich schon etwas senil und derart unordentlich, dass er am Tatort jede Menge Spuren hätte hinterlassen müssen.«

»Apropos Herbst – Weißt du schon etwas Genaueres, was ihm passiert ist?«

»Ja«, nickte Juricek und schmunzelte dabei ein bisschen. »Heute Vormittag war er endlich so weit, dass wir etwas aus ihm herausgebracht haben. Ich habe diesmal eine junge Kollegin bei ihm vorbeigeschickt, da war er gleich viel gesprächiger. Der alte Herbst hatte sich offenbar an Isabella Scherer herangemacht. Er kannte sie ja, denn durch ihre Liaison mit Ferdinand Nowotny war sie immer wieder vor dem Gasthaus Beinsteiner aufgetaucht. Susanne Niedermayer hatte sich ein paarmal bei Herbst darüber beschwert, dass Isabella älteren Herren zugetan sei. Wir wissen, wen sie damit meinte, aber in Unkenntnis der tatsächlichen Lage dachte Herbst, das eröffne ihm Chancen auf ein Stelldichein zu zweit.

Herbst näherte sich dem Mädchen daraufhin und machte ihm ein eindeutiges Angebot. Isabella lehnte natürlich ab. Als er meinte, sie solle sich nicht so zieren, sie treibe es ja auch mit anderen älteren Männern, dachte Isabella wiederum, Herbst wisse über ihr Verhältnis zu Ferdinand Nowotny Bescheid. Sie bekam es mit der Angst zu tun, ging zum Schein auf Herbsts Offerte ein und vereinbarte mit ihm einen Treffpunkt in der Nähe seiner Wohnung. Gleichzeitig bat sie ihren Bruder, mit ihr zu kommen und den alten Geilspecht ein wenig einzuschüchtern. Als es dann am Donnerstag noch einmal so neblig war, dass man kaum die Hand vor den Augen sehen konnte, wartete Isabella auf der einen Straßenseite, und als Herbst die Straße überquerte, wurde er von ihrem Bruder angefahren. Ein paar massive Drohungen reichten dann aus, um Herbst einen gewaltigen Schrecken einzujagen, sodass er von einer Anzeige absah und uns über den Tathergang im Dunkeln ließ – bis heute Morgen, dank meiner jungen Kollegin und ihrem Charme.«

»So hat er also seine Schrammen abbekommen. Und ich dachte schon, er wusste etwas und versuchte, den Mörder zu erpressen.«

»Nein, nein, der wusste gar nichts«, seufzte Juricek. »Aber das war eben auch ein Grund, dass ich zuerst zu den Scherers gefahren bin. Der junge Mann, übrigens schon als Raufbold aktenkundig, war sofort geständig. Nur macht das Erich auch nicht mehr lebendig.«

Juricek hatte die ganze Zeit über Leopold noch nicht in die Augen gesehen. Er stand da, den Blick nach vorne gerichtet, die Hände auf dem Rücken verschränkt, und starrte in die Dunkelheit. Er hatte geahnt, dass die Ereignisse ihre eigene Dynamik bekommen würden, dabei aber unterschätzt, wie wenig Einfluss er letztendlich auf ihren wichtigsten Teil haben würde.

Er hätte ein junges Leben retten können, das wär's gewesen.

»Und wie geht es jetzt weiter?«, fragte Leopold und riss ihn damit aus seinen Gedanken.

»Ganz einfach: Wir holen uns erst einmal das Beweisstück Nummer eins, das Taschentuch. Dann haben wir alles unter Dach und Fach, falls Nowotny auf die Idee kommen sollte, etwas an seinem Geständnis zu widerrufen. Außerdem sind wir gerade dabei, die Schwester seiner Frau herzuholen, damit sie heute Nacht ein wenig auf Evelyn aufpasst.«

»Viel wird er ja nicht bekommen, fürchte ich.«

»Das kannst du laut sagen. Mit einem geschickten Anwalt wahrscheinlich nur ein paar Jährchen. Die Firma leitet in der Zwischenzeit irgendein Freund von ihm, und das Geld für seine Frau und das Kind ist pünktlich auf dem Konto. Dann kommt er wieder heraus, und es ist nicht allzu viel passiert. Nur in der Politik kann er sich nicht mehr wichtig machen.«

Leopold dachte kurz nach. »Eine Frage musst du mir noch beantworten«, sagte er dann. »Wo ist das Kuvert mit dem Geld jetzt wirklich abgeblieben?«

Juricek zuckte mit den Achseln. »Frag mich morgen«, sagte er. »Ich glaube, heute bin ich zu keinem vernünftigen Gedanken mehr fähig. Wahrscheinlich hat es Nowotny irgendwie aus Gewohnheit eingesteckt und mitgenommen und rückt nun nicht damit heraus, weil er Angst hat, sonst des Raubmordes angeklagt zu werden. Ich muss das noch überprüfen. Aber im Augenblick ist es nicht so wichtig.«

»Und ob es wichtig ist«, protestierte Leopold entrüstet. »Da sieht man wieder, wie ihr bei der Polizei arbeitet. Kaum habt ihr durch Zufall ein Verbrechen aufgeklärt, lasst ihr die ganze Sache schon liegen und stehen, und unsere

Gertrud Niedermayer kann sich ihr Geld aufzeichnen*. Nein, nein, das kommt überhaupt nicht in Frage. Wir stellen den feigen Räuber.«

Seine Augen funkelten dabei, als begänne die Hatz auf den Mörder von neuem.

* * *

Es war Montagmittag, und die Sonne lachte angenehm mild vom Himmel herunter, so als ob der Frühling ins Land einkehren wollte, noch ehe es Winter war. Leopold und Richard Juricek betraten noch einmal das Haus, in dem Susanne Niedermayer eine knappe Woche zuvor erschlagen worden war. Das dunkle Gemäuer war noch immer von demselben feuchten Mief wie damals durchdrungen, diesmal nur überlagert von einem penetranten Gulaschgeruch.

Juricek und Leopold stiegen langsam die Stufen zum ersten Stock hinauf. Der Gulaschgeruch verdichtete sich. Sie läuteten zweimal an der Tür rechts vom Stiegenaufgang, gegenüber der Mordwohnung.

Frau Ivanschitz öffnete. »Oh, der Herr Kriminalinspektor«, sagte sie ein wenig überrascht, während sie den Kopf zur Türe hinaushielt. »Und der Herr Kaffeehausober. Was verschafft mir die Ehre?«

»Wir wollten nur noch einmal kurz bei Ihnen vorbeischauen«, sagte Juricek. »Dürfen wir?«

»Aber ja, kommen Sie nur herein«, deutete die Ivanschitz ein wenig zögerlich und machte die Tür weiter auf. »Der Herr Berger ist auch da, den kennen Sie ja bereits vom letzten Mal.«

Berger saß in der Küche und löffelte gerade genüsslich einen Gulaschteller aus. Die letzten Reste putzte er mit

---
* Hier umgangssprachlich für: Sie wird es nie wieder sehen.

einer knusprigen Semmel weg. »Mahlzeit, die Herren!«, rief er Juricek und Leopold entgegen. »Da staunen Sie, dass Sie mich hier sehen, was? Aber seit die selige Frau Niedermayer nicht mehr ist, gehe ich bei Frau Ivanschitz in die Kost. Von irgendetwas muss der Mensch ja leben. Und Frau Ivanschitz kocht ausgezeichnet, fast noch besser als ihre Vorgängerin. Da tut es nichts zur Sache, dass sie auch ein bisschen mehr dafür verlangt.«

Frau Ivanschitz errötete leicht. »Na, so viel ist es nun auch wieder nicht«, sagte sie. »Aber es wird ja ständig alles teurer. Dafür wird bei mir alles ganz frisch gekocht, und ich verwende nur die besten Zutaten. Der Herr Berger hat mir ja so leid getan nach dem unglücklichen Todesfall. Ganz alleine ist er auf einmal dagestanden. Da habe ich mir gedacht, zu Mittag kann es zu zweit auch ganz gemütlich sein, wo doch mein Mann immer erst spätabends heim zum Essen kommt.«

»Und das Geschirr ist auch kein Problem«, beteuerte Berger. »Seit voriger Woche hat Frau Ivanschitz eine Geschirrspülmaschine, die nimmt ihr eine Menge Arbeit ab.«

»Ein Schnäppchen«, meinte Frau Ivanschitz bescheiden. »Ein wirklich sehr günstiges Angebot.«

»So wie die neue Waschmaschine«, ergänzte Berger. »Jetzt bekomme ich auch meine ganze Wäsche gewaschen.«

Nur ganz, ganz kurz und für alle anderen kaum merkbar warf ihm die Ivanschitz jetzt einen bösen Blick zu. »Lassen Sie doch, Herr Berger«, sagte sie. »Das interessiert die Herren sicher nicht. Weswegen sind Sie nun eigentlich gekommen? Wegen dem Mordfall? Der ist doch schon aufgeklärt, wie ich in der Zeitung gelesen habe. Das hat ja ein ganz furchtbares Ende genommen. Aber man kann heutzutage eben niemandem mehr trauen, nicht einmal einem Bezirkspolitiker.«

»Sie haben recht, wir kommen noch einmal wegen des Mordfalles«, sagte Juricek. »Es gibt da noch ein paar kleine Ungereimtheiten.«

»Es geht ums Geld«, kam es plötzlich von Leopold.

»Um welches Geld?«, fragte Frau Ivanschitz mit deutlich zur Schau gestellter Überraschung.

»Um das Geld, dessentwegen Sie einen Freund von mir ohne jegliche Anhaltspunkte des Mordes beschuldigt haben«, sagte Leopold.

»Vielleicht erinnern Sie sich an das Kuvert mit den 5.000 Euro, das Frau Niedermayer bei sich hatte«, erklärte Juricek. »Das Geld ist noch immer nicht aufgetaucht. Nowotny hat zwar gestanden, Frau Niedermayer erschlagen zu haben, aber er bestreitet heftig, dass er sich des Kuverts bemächtigt hat. Und jetzt fragen wir uns, wo das Geld geblieben ist, verstehen Sie?«

»Und Sie glauben ihm?«, fragte Frau Ivanschitz mit verachtendem Blick. »Solche Menschen lügen doch schon, wenn sie den Mund aufmachen.« Wieder gab sie dabei eine Probe ihrer schrillen Stimme.

»Das kann man wohl sagen. Wir sind sehr enttäuscht darüber, von wem heutzutage unsere politischen Anliegen vertreten werden«, ergänzte Berger.

»Auf der Bank hat er das Geld jedenfalls nicht«, konstatierte Juricek. »So viel steht fest.«

»Aber ich bitte Sie, wer legt sein Geld heutzutage schon auf die Bank?«, meldete Berger sich erneut zu Wort. Er schien in der neuen Umgebung richtiggehend aufzutauen. »Die Zinsen, die man dafür bekommt, sind ja geradezu lächerlich. Die Banken haben es sich gar nicht verdient, dass sie mit unserem Geld arbeiten dürfen. Schauen Sie sich die Frau Ivanschitz und mich an: Wir behalten unser Erspartes nach gutem, altem Brauch zu Hause. Da haben wir zwar nicht viel davon, aber sonst auch niemand. Und so wird es der alte Nowotny wohl auch halten und das Geld irgendwo bei sich verstecken.«

Erneut schien es, als ob Frau Ivanschitz' Augen mit irritiertem Leuchten in Richtung Berger blicken würden.

»Ich werde Ihnen jetzt erzählen, wie die Sache gewesen ist«, sagte Leopold plötzlich. »Frau Ivanschitz, Sie können sich doch sicher noch an vorige Woche erinnern, als die Polizei auf unseren Anruf hin kam und der Ihnen so sympathische Inspektor mit dem roten Kopf darüber verärgert war, dass die Türe zu Susanne Niedermayers Wohnung offen stand. Die Türe klemmte. Ist das richtig?«

»Ja, natürlich. Aber in welchem Zusammenhang …«

»Sie haben in der Mordnacht zuerst meinen Freund Wanko und sein auffälliges Verhalten beobachtet. Das hat Ihnen keine Ruhe gelassen. Darum waren Sie in der Folge besonders wachsam. Ich weiß nicht, ob Sie gesehen haben, wer kurze Zeit später zu Susanne Niedermayer kam, oder ob Sie nur ein dumpfes Geräusch hörten, das Sie misstrauisch machte. Jedenfalls ahnten Sie, dass etwas nicht in Ordnung war. Sie gingen hinüber und klopften bei Frau Niedermayer an. Nichts rührte sich. Aber Sie merkten, dass die Türe offen war und klemmte, genau wie bei mir, weil dem Mörder in der Eile nicht aufgefallen war, dass er sie zu wenig zugezogen hatte. Sie gingen also hinein und entdeckten die Leiche. Gleichzeitig sahen Sie auch irgendwo das Geldkuvert liegen.«

Maria Ivanschitz machte Ansätze zu einem Protest, aber Juricek bedeutete ihr, sie möge ruhig sein.

»Sie haben nur kurz überlegt, das Kuvert dann aber an sich genommen. Viel Skrupel werden Sie dabei nicht gehabt haben. Das Geld hätte ja auch der Mörder einstecken können. Sie mussten nur Ihre Spuren verwischen, um nicht selbst in Mordverdacht zu geraten. Das taten Sie mit einer solchen Gründlichkeit, dass auch vom wirklichen Täter praktisch jede Spur fehlte – wenn man sieht, wie es in Ihrer Wohnung blitzt und blinkt, sicher keine Schwierigkeit für Sie. Und meinen Freund Stefan stellten Sie dann als Hauptverdächtigen hin, weil Ihnen seine Eskapade sehr gelegen kam. So konnten Sie die Polizei geschickt von sich ablenken, leider aber auch vom tatsächlichen Mörder.«

Jetzt konnte sich die Ivanschitz nicht mehr zurückhalten. »Das ist ja unverschämt!«, schrie sie, und ihre Stimme überschlug sich dabei mehrere Male. »Muss ich mir solche Grobheiten von diesem ungehobelten Kerl wirklich anhören, Herr Polizeiinspektor? Und noch dazu in meiner eigenen Wohnung?«

»Ich fürchte, Sie müssen«, seufzte Juricek. »Es macht nämlich einen kleinen Unterschied, ob Ferdinand Nowotny Susanne Niedermayer unbedacht im Zorn erschlagen hat, oder ob ihn der Staatsanwalt wegen Raubmordes anklagen kann. Und 5.000 Euro sind schließlich auch kein Pappenstiel. Also interessiert es uns sehr, wer das Geld genommen hat, und wir haben uns die Frage gestellt: Warum sollte sich ein Mann wie Nowotny, dem es finanziell an nichts fehlt, mit diesem Betrag bereichern wollen?«

»Warum nicht? Diese Politiker sind doch alle skrupellos«, gab Berger wieder ungefragt seinen Senf dazu.

»Eben. Und wir sind auf einmal die Dummen, nur weil wir vis-à-vis von einem Mordopfer wohnen«, sagte Maria Ivanschitz. »Dabei habe ich meine Pflicht getan und alles ausgesagt, was ich wusste. Ein wenig täuschen kann sich jeder Mensch.«

»Ich habe hier ein Schriftstück, das es mir erlaubt, mich ein wenig in Ihrer Wohnung umzusehen«, fuhr Juricek mitleidlos fort. »Am besten, Sie zeigen mir, wo Sie Ihr Geld für gewöhnlich aufbewahren, dann bringen wir die ganze Sache hinter uns, ohne bei Ihnen eine allzu große Unordnung zu hinterlassen.«

Das Wort ›Unordnung‹ verfehlte seine Wirkung auf Maria Ivanschitz nicht. »Ich weiß zwar nicht, was Sie das angeht«, sagte sie beleidigt, »aber bitte. Sie können sich mein Erspartes gerne ansehen. Es ist ja kein Verbrechen, wenn man ein paar Geldscheine bei sich in der Wohnung liegen hat. Da können Sie mir keinen Strick draus drehen. Herr Berger, Sie sind mein Zeuge, dass es sich bloß um das bisschen handelt, das sich unsereins auf die Seite legen kann.«

»Jawohl«, nickte Berger bereitwillig.

Daraufhin verschwand die Ivanschitz kurz im Wohnzimmer, wo sie aus ihrem Geheimversteck einen gelben Umschlag hervorzauberte, der eine ganze Reihe Banknoten, hübsch gebündelt und nach Wert sortiert, enthielt. »So«, sagte sie nur und knallte den Umschlag auf den Küchentisch. »Das ist mein Notgroschen für alle Fälle. Bitte sehr, bedienen Sie sich. Aber zuerst sagen Sie mir, was Sie mit dem Geld überhaupt beweisen wollen.«

»Dass Sie das Kuvert mit den 5.000 Euro gestohlen haben«, entgegnete ihr Juricek seelenruhig. »Ich muss das Geld leider als Beweismaterial beschlagnahmen. Ich vermute, dass sich auf einigen, wenn nicht auf allen Scheinen die Fingerabdrücke finden werden, die wir suchen.«

Maria Ivanschitz lächelte kurz überlegen. Sie hatte das Gefühl, die Situation jetzt im Griff zu haben. »Natürlich sind meine Fingerabdrücke drauf«, sagte sie. »Ich hab das Geld ja in der Hand gehabt. Das ist doch logisch.«

Juricek winkte ab. »*Das* ist logisch, da haben Sie recht. Aber Ihre Fingerabdrücke suchen wir ja nicht, sondern die von Susanne Niedermayer oder ihrer Schwester Gertrud. Und wenn die da drauf sind, ist es das gestohlene Geld.«

»Das ist auch logisch«, entfuhr es Leopold.

»Ich muss Sie leider bitten, mit mir zu kommen und auf dem Kommissariat eine Aussage zu machen«, sagte Juricek. »Je eher Sie dabei die Wahrheit sagen, desto besser für Sie.«

Einige Augenblicke lang stand Maria Ivanschitz regungslos da, überlegte, versuchte, den Kern dessen, was sie soeben gehört hatte, zu begreifen. In ihrem geplagten Hirn ging es ein wenig durcheinander, der Schweiß brach ihr aus. Schließlich stützte sie sich auf den Küchentisch und begann hemmungslos zu weinen.

»Wie eine Diebin wird man hier gebrandmarkt, wie eine gemeine Diebin«, schluchzte sie, und wieder überschlug sich ihre penetrante Stimme. »Dabei war die Susanne Niedermayer ja schon tot. Was nutzte ihr das Geld dann noch? Ich wollte es niemandem wegnehmen, so glauben Sie mir. Dass es bei Ihren Ermittlungen so wichtig sein würde, das habe ich ja nicht gewusst.«

»Erstens: Das Geld gehört jemandem, wie Sie ja wohl mittlerweile wissen, nämlich Gertrud Niedermayer, Susannes Schwester«, berichtigte Juricek. »Zweitens: Wegen Ihrer Geldgier haben Sie einen unschuldigen Menschen des Mordes verdächtig gemacht. Und drittens: Sie hätten nicht mit der Wimper gezuckt, wenn man Ferdinand Nowotny einen Raubmord angehängt hätte.«

»Charakterlich einwandfrei«, ergänzte Leopold schadenfroh.

»Ich schwöre Ihnen, ich wollte das Geld ja zurückgeben«, sagte die Ivanschitz verzweifelt. »Mein Mann hat mich auch dazu gedrängt. Aber ich hatte dabei immer die Angst, in Mordverdacht zu geraten. Jeden Tag habe ich es mir vorgenommen, aber letzten Endes … habe ich dann doch die Spülmaschine gekauft und nachher die Waschmaschine. Mein Gott, das lässt sich doch wieder alles in Ordnung bringen, oder?«

»Vollständig nicht«, meinte Juricek. »Aber wenn Sie den ausstehenden Betrag rasch an Gertrud Niedermayer zurückzahlen, könnte sie immerhin auf eine Klage verzichten. Trotzdem: Ein Verfahren wird Ihnen nicht erspart bleiben. Also bitte, kommen Sie jetzt mit.«

Immer noch schluchzend, aber mit spürbar zur Schau getragenem Stolz schlüpfte Maria Ivanschitz in ihren Mantel. Berger, der die ganze Zeit stumm und fassungslos zugehört hatte, stand langsam auf und schaute Leopold hilfesuchend an.

»Ich hab kein Glück mit meinen Köchinnen«, sagte er nur.

»Bei uns im Kaffeehaus gibt's einen Tagesteller. Würde mich sehr freuen, Sie demnächst begrüßen zu können«, versuchte Leopold ihn aufzumuntern.

Aber Berger trabte nur kopfschüttelnd hinter den anderen auf den Gang hinaus, wo es noch immer nach Gulasch roch.

18

Wieder klingelte es einige Male, ehe sie abhob.

»Frau Gertrud?«

»Ach, Sie sind's, Herr Leopold. Schön, von Ihnen zu hören.« Die Stimme am anderen Ende der Leitung klang entspannt und locker.

»Ich wollte mich nur erkundigen, ob … na ja, ob Sie schon alles erfahren haben.«

»Sie meinen bezüglich des Todes meiner Schwester? Ja, natürlich. Die Polizei war schon da, und Zeitungen gibt es ja schließlich auch noch. Eigentlich ist es furchtbar, wie Susanne ums Leben gekommen ist, finden Sie nicht? Ich meine damit, dass sie durch eine Summe all ihrer Schwächen gestorben ist: ihren ewigen Traum von Amerika, ihre plumpen Versuche, sich Männer zu angeln, letztlich auch ihre immer größer gewordene Vorliebe für den Alkohol. Das stimmt mich ein bisschen traurig, auch wenn wir uns in letzter Zeit nicht mehr viel zu sagen hatten. Aber jeder hat das Recht auf seine eigenen Vorstellungen vom Leben, und wahrscheinlich hat halt alles so kommen müssen.«

»Sie wissen auch, was mit Ihrem Geld geschehen ist?«

Gertrud lächelte kurz. »Ja, man hat mir gesagt, dass ich es wiederbekommen werde. Und ich weiß, dass Sie dabei mitgeholfen haben. Vielen herzlichen Dank! Aber es ist nicht so wichtig für mich. Wenn Susanne eine schöne Reise damit erlebt hätte, wäre es mir natürlich lieber gewesen, obwohl sie mir das Geld auf eine wirklich primitive Art abgeluchst hat. Und ein bisschen was hab ich ja noch auf der Seite.«

»Alois Herbst geht es auch schon besser. Ich glaube, er kann das Spital demnächst verlassen.«

»Das freut mich aber für ihn. Nur: Da wird nichts mehr draus, Leopold, verstehen Sie? Das ist ein für allemal vorüber. Man muss die Vergangenheit ruhen lassen, sonst lässt sie einen selbst nicht in Ruhe.«

Es entstand eine kurze Verlegenheitspause, ein paar Sekunden nur, ehe Leopold die nächste Frage stellte:

»Und Sie selbst kommen gut zurecht? Wie geht es Ihnen alleine in dem großen Haus da draußen?«

271

»Leopold, Leopold«, sagte Gertrud und wirkte dabei richtig aufgeräumt, »Sie machen sich ja richtig Sorgen um mich. Das ist schön, wenn manchmal noch an einen gedacht wird. Aber es geht mir gut. Ich habe ein paar Freunde und Bekannte, mit denen ich hie und da etwas unternehme, nicht allzu viele, aber wer hat die schon in der heutigen Welt. Es genügt mir. Manchmal bin ich auch gern alleine. Ich habe mich einfach daran gewöhnt.«

Schade, dachte Leopold. Er sagte:

»Wenn Sie sich einsam fühlen, kommen Sie doch einmal bei uns im Kaffeehaus vorbei.«

»Danke für das Angebot! Das werde ich machen, Leopold, wirklich.«

Leopold war so in das Gespräch vertieft, dass er seine Chefin nicht bemerkte, die mit hochrotem Kopf auf ihn zugestürmt kam. »Telefonieren während der Dienstzeit, na, ich danke«, kam es von ihr mit ungewohnter Strenge. »Vielleicht sogar noch mit einem Frauenzimmer. Oder ermitteln Sie schon in Ihrem nächsten Mordfall? Wenn Sie nur die Güte hätten, in der Zwischenzeit eine Bestellung bei den paar Herrschaften aufzunehmen, die so ungeduldig in Ihre Richtung schauen. Dann können Sie mir ja sagen, ob Sie auf die Arbeit hier noch Wert legen oder nicht.«

Das war ein sicheres Zeichen, dass ihn der Alltag eingeholt hatte. »Ich muss jetzt Schluss machen, Frau Gertrud«, hauchte er in den Hörer. »Bis bald.« Und für den Rest dieses Dienstagvormittages setzte er wieder Schaumhäubchen auf diverse Kaffees, trug Kipferln zu mürrischen Zeitungslesern und kassierte von einer falschen Frau Hofrat 3 Euro 50 – ohne Trinkgeld.

›Alles Menschen, die hierher kommen, weil sie es alleine zu Hause nicht aushalten‹, dachte er kopfschüttelnd und hoffte, dass es Gertrud Niedermayer wirklich so gut ging, wie sie ihm gegenüber behauptet hatte. Er hatte in letzter Zeit zu viele Leute kennengelernt, die mit ihrem einsamen Leben nicht mehr zurechtgekommen waren.

* * *

»Entschuldige, dass ich dich gestern Abend nicht im Kaffeehaus besucht habe, aber das war, glaube ich, mein schrecklichster Tag als Lehrer überhaupt«, sagte Korber in Richtung Leopold, während sie gemeinsam um die Ecke bogen und ihre Schritte in Richtung Heurigenlokal ›Fuhrmann‹ lenkten. »Ich konnte einfach nur mehr nach Hause gehen und mich ins Bett legen. Die Sache hat mich ganz schön mitgenommen. Wenn du in die Klasse gehst, erkennst du sofort an den Gesichtern, was los ist. Du musst ihnen etwas mitteilen, was sie ohnedies schon wissen. Kaum einer sagt etwas, alle hängen nur so herum und schauen dich an, als wärst du schuld am Tod des armen Erich. Irgendwie versuchst du, wieder alles auf eine normale Ebene zu bringen, aber es gelingt dir nicht. Was du auch tust, es ist nur peinlich. So sitzt du da, und die anderen sitzen da, und alle warten darauf, dass die Zeit vergeht.«

»Was hätten sie auch sagen sollen, die jungen Leute?«, fragte Leopold. »Denen ist der Tod noch nicht oft über den Weg gelaufen. Aber plötzlich ist er da und nimmt sich einen aus ihrer Mitte, wenn auch einen Außenseiter. Natürlich sind sie sprachlos.«

»Bis auf Gabi. Die hat recht auffällig gelitten. Aber das liegt wahrscheinlich an ihrem Hang zum Dramatischen.«

»Oder daran, dass die junge Dame Schuldgefühle hat. Apropos Gabi: Spukt sie immer noch in deinem Hirn herum?«

273

Korber schüttelte den Kopf, schwieg aber, um anzudeuten, dass er über dieses Thema nicht reden wollte.

»Und Isabella?«

»Die war natürlich nicht da, aber derzeit sieht es so aus, als ob sie das Kind trotz allem bekommen möchte. Wird auch nicht leicht werden für sie in den nächsten Wochen.«

»Komm«, sagte Leopold, »und hänge keinen trüben Gedanken mehr nach. Die Sache ist vorbei. Gleich können wir gemütlich ein Gläschen trinken. Ich muss ohnehin noch die Tatsache feiern, dass ich der Ivanschitz eins auswischen konnte.«

Beide betraten die Heurigenschänke, die jetzt, am frühen Nachmittag, noch etwas leer wirkte. Sie nahmen an einem Tisch an der Seite des Schankraumes Platz und bestellten Wein und Mineralwasser. Eine Weile sprach keiner etwas, so als ob sie sich erst an die Umgebung gewöhnen müssten, dann sagte Korber:

»Es ist schon komisch, aber irgendwie hat das mit deiner Theorie doch gestimmt.«

»Sag ich ja, Thomas, sag ich ja. Wir alle können uns gar nicht vorstellen, was in den Hirnen der sogenannten ›normalen‹ Menschen vor sich geht, welcher Hass und welche Ängste sich da über Jahre hindurch aufstauen. Nach außen hin alles in Ordnung, aber wenn man genauer nachschaut ... Da bleibt dann kein Stein mehr auf dem anderen, und es *muss* geradezu zu einem Verbrechen kommen. Na ja!«

Sie nahmen beide ihr Weinglas und prosteten sich zu, dann machte jeder einen großen Schluck. So sehr sie sich auf den Nachmittag gefreut hatten, schien sich irgendwie doch kein richtiges Gespräch zwischen ihnen entwickeln zu wollen. Thomas Korber wirkte immer noch gedrückt und nicht sehr redefreudig.

»Jetzt mach doch nicht so ein Gesicht, Thomas«, versuchte Leopold noch einmal, seinen Freund aufzuheitern. »Deine Klasse wird sich schon wieder beruhigen, verlass dich drauf. Natürlich sind sie jetzt alle fertig, aber es sind ja junge Menschen, die müssen schon noch ein bisserl Gefühl in sich haben. Wirst sehen, sie werden sich fangen und die Matura bestehen. Was die Isabella Scherer angeht – die schafft das, die hat die nötige Härte dazu. Und mach dir bloß keine Vorwürfe, Thomas, du hast alles im Griff! Wenn ich da an deinen Kollegen Prokesch denke … der hat's auch noch nicht ausgestanden … Sag, hörst du mir überhaupt zu?«

Korber war offensichtlich durch einen Herrn abgelenkt, der zwei Reihen weiter schräg hinten saß und ihn nervös zu mustern schien. Der Mann starrte in seine Richtung, aber irgendwo verlor sich sein Blick im rauchigen Dunst des Schankraums und glitt ziellos an ihm vorbei. Wollte er etwas? Oder sah Korber nun schon an allen Ecken Gespenster?

»Ja, ja, red ruhig weiter, ich hab nur für einen Augenblick gedacht …«, sagte er.

»Ich glaube, das Denken überlässt du für die nächste Zeit besser mir«, unterbrach ihn Leopold. »Und jetzt hör zu: Weißt du, was schön wäre? Wenn wir zwei einmal gemeinsam in Urlaub fahren könnten, wir beide ganz allein, nur ein paar Tage. Ich kenne da ein ruhiges Fleckerl …«

Ein neuer Gast betrat das Lokal. Der einsame und unsicher in die Weite schielende Herr winkte ihm freudig erregt zu:

»Servus, Stricker Edi!«

»Servus, Raimund«, polterte ihm Stricker entgegen. »Ich hoffe, du hast noch nicht lange auf mich gewartet. Ja aber schau, unser Herr Professor ist auch schon da, und ganz pünktlich. Hat sich nicht getraut, unsere kleine Kartenpartie zu vergessen, was? Sie dürfen sich dafür auch aussuchen, wo Sie sitzen wollen, Professor. Aber herüber zu uns müssen Sie sich schon bemühen. Zum Plaudern mit Ihrem Freund haben Sie später auch noch Zeit. Jetzt wird erst einmal geschnapst, und zwar auf Teufel komm raus!«

Korber fiel es wie Schuppen von den Augen. Dienstagnachmittag. Der Dreierschnapser. Natürlich!

Am liebsten wäre er in den Erdboden versunken. Warum hatte er nur vorige Woche diese dumme Zusage gemacht, die er im Grunde nie hatte einhalten wollen? Und warum war er jetzt, zum kritischen Zeitpunkt, überhaupt da?

»Schauen Sie, meine Herren …«

Es war nur ein Versuch.

»Ich hoffe, Sie haben genug Geld eingesteckt«, dröhnte der Stricker Edi. »Wir spielen nämlich das Bummerl[*] um einen Liter.«

Da war nichts zu machen. Also auf in den Kampf. Die Hölle waren 20 Spielkarten und 66 Augen[*] beim Gegner.

Leopold wusste, dass er die gemütliche Plauderei mit seinem Freund jetzt vergessen konnte. Er wusste ferner, dass Thomas Korber für Stricker und seinen die Weite des Raumes mit starren Augen durchdringenden Partner ein leichtes Opfer sein würde. Deshalb musste er eingreifen.

»Meine Herren, lest ihr denn keine Zeitung?«, fragte er in die überraschte Runde. »Da hat sich ein Schüler aus der Klasse von Professor Korber unter tragischen Umständen das Leben genommen, und ihr wollt mit ihm Karten spielen. Ihr wisst ja gar nicht, was er in den letzten Tagen mitgemacht hat. Natürlich ist er heute ziemlich indisponiert. Und ihr habt nichts anderes im Kopf, als ihm das Geld aus

---

[*] Spieleinheit beim Schnapsen.
[*] Erforderte Punktzahl zum Gewinn eines Einzelspieles.

276

der Tasche zu ziehen. Das lasse ich einfach nicht zu, meine Herren. Aber wenn ihr es mit mir aufnehmt …«

Raimund und Edi wechselten einen fragenden Blick miteinander. Ein dritter Kartenspieler war noch immer besser als kein dritter Kartenspieler, auch wenn bezweifelt werden musste, dass Leopold sich willig zur Schlachtbank führen lassen würde.

»Na gut!«

Das Spiel begann. Korber nahm sein Glas, setzte sich neben seinen Freund und schaute zu. Immer wieder trank er einen kleinen Schluck. Er verfolgte die Partie wie in Trance. Er sah, wie die Karten geklopft wurden, die drei Spieler heftig gestikulierten, Weinflaschen und Gläser auf den Tisch kamen. Er hörte Lachen, lautstarke Diskussionen und das Anstoßen der Weingläser. Zu all dem fühlte er sich in einer angenehmen Distanz, die ihn keine Zusammenhänge mehr erkennen ließ.

Er verlor jegliches Zeitgefühl und war in diesem Augenblick glücklich.

ENDE

*Weitere Krimis finden Sie auf den
folgenden Seiten und im Internet:
www.gmeiner-verlag.de*

Pierre Emme
Ballsaison

*329 Seiten, 11 x 18 cm, Paperback.
ISBN 978-3-89977-744-4. € 9,90.*

Wenige Tage vor Beginn der Fußball-Europameisterschaft 2008 wird der Schiedsrichter Arthur Mellnig in einem Schlafwagen in Zürich ermordet aufgefunden. Am Sitz der UEFA in Nyon herrscht große Aufregung: Mellnig wollte den Funktionären über einen streng vertraulichen, äußerst besorgniserregenden Vorfall berichten, der die gesamte EM gefährden könnte. Wer wusste davon?
Auch die Deutsche Nationalmannschaft scheint in Gefahr: Zunächst verzögert sich der Abflug der Mannschaft von Frankfurt nach Wien wegen eines verdächtigen Gepäckstücks. Dann wird in der Nähe ihres Quartiers ein schwer verletzter Mann entdeckt, der wenig später stirbt. Und mittendrin steckt wieder einmal Wiens skurrilster Kriminologe Mario Palinski …

Friederike Schmöe
Pfeilgift

*278 Seiten, 11 x 18 cm, Paperback.
ISBN 978-3-89977-756-7. € 9,90.*

Privatdetektivin Katinka Palfy braucht eine Auszeit. Sie nimmt deshalb in den Haßbergen bei Bamberg an einem Kurs in Bogenschießen teil. Mit Paula Stephanus, einer anderen Teilnehmerin, freundet sie sich an. Nach einer durchzechten Nacht liegt Paulas Mann Hagen tot im Wald: Sein Brustkorb wurde von einem Pfeil durchbohrt. Laut Obduktion starb er einen langsamen, qualvollen Tod, verursacht durch das Pfeilgift Curare.
Während die Polizei den Mörder jagt, bittet die verängstigte Paula Katinka um Schutz. Doch auch Paula ist verdächtig, immerhin wollte sie sich von Hagen trennen. Und von seinen Geschäften mit verbotenen Substanzen weiß sie auch mehr, als gesund für sie ist …

Wir machen's spannend

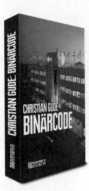

Christian Gude
Binärcode
....

279 Seiten, 11 x 18 cm, Paperback.
ISBN 978-3-89977-762-8. € 9,90.

Hauptkommissar Karl Rünz gerät auf einer Brachfläche im Norden Darmstadts in einen Hinterhalt. Ein Unbekannter fällt einem Scharfschützen zum Opfer und beinahe hätte es auch ihn erwischt.
Kaum aus dem Krankenhaus entlassen, steht Rünz vor zwei existenziellen Fragen: ›Werde ich wirklich mit Nordic Walking anfangen?‹ und ›Wer hat diesen dicken Italiener ermordet?‹ Und dann ist da noch dieses rätselhafte, verschlüsselte Signal aus dem All, auf das er sich keinen Reim machen kann..

Ulrike Blatter
Vogelfrau
....

278 Seiten, 11 x 18 cm, Paperback.
ISBN 978-3-89977-761-1. € 9,90.

Ob Kommissar Erich Bloch ahnt, auf welch gefährlichem Terrain sich seine Tochter Eva seit einigen Wochen bewegt? Aber für Privates hatte dieser Vollblut-kriminalist noch nie viel Zeit und gerade jetzt hält ihn ein äußerst verworrener Fall in Atem: Professor Hoffmann, ein bekannter Wissenschaftler, der seit Jahren mit archäologischen Sensationsfunden für Schlagzeilen sorgt, wurde ermordet im Archäologischen Landesmuseum Konstanz aufgefunden. Erschlagen mit einer Steinzeitaxt. Der einzige Mordzeuge ist ein Mops – und der schweigt, naturbedingt, hartnäckig.

KRIMI IM GMEINER-VERLAG

Wir machen's spannend

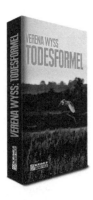 

Verena Wyss
Todesformel

....

327 Seiten, 11 x 18 cm, Paperback.
ISBN 978-3-89977-749-9. € 9,90.

Die Anwältin Jennifer Bach lebt in Basel. Oft fährt sie nach Hochberg, einem beschaulichen Dorf in den schweizerischen Jurahöhen, um ihre mütterliche Freundin Alja Berken zu besuchen und die Natur zu genießen. Doch die idyllische Landschaft trügt, denn längst hat das Böse auch hier sein Netz gespannt.
Nach und nach erkennen die Frauen die Gefahren, die auf sie lauern. Zunächst findet Alja eine mysteriöse CD-ROM in einem toten Briefkasten, dann wird nachts in Jennifers Haus eingebrochen. In einem Garten taucht eine Hand auf, ein Mann wird erschossen. Immer tiefer geraten die Frauen in das Räderwerk von Wirtschaft, Politik und Verbrechen. Bis sie schließlich erkennen, dass sie einen Schlüssel besitzen, der mehr ist als eine bloße Formel.

Jochen Senf
Knochenspiel

....

278 Seiten, 11 x 18 cm, Paperback.
ISBN 978-3-89977-763-5. € 9,90.

Unvermittelt wird Fritz Neuhaus, ein Zyniker mit ausgeprägten Schnüfflerqualitäten, in einen Strudel gefährlicher Ereignisse gezogen: Im Gebäude des »Radio Berlin Brandenburg« übergibt ihm ein Fremder sechs Chipkarten verschiedener Krankenkassen. Warum, erfährt Neuhaus nicht. Doch bereits am nächsten Morgen erhält er einen »Hinweis«: Ein Schlägertrupp klingelt ihn aus dem Bett, der deutlich an den Karten interessiert ist. Und Fritz Neuhaus hat noch immer keine Ahnung, worum es eigentlich geht.

Wir machen's spannend

Ihre Meinung ist gefragt!

Mitmachen und gewinnen

Als der Spezialist für Themen-Krimis mit Lokalkolorit möchten wir Ihnen immer beste Unterhaltung bieten. Sie können uns dabei unterstützen, indem Sie uns Ihre Meinung zu den Gmeiner-Krimis sagen!

....

Senden Sie eine E-Mail an gewinnspiel@gmeiner-verlag.de und teilen Sie uns mit, welchen Krimi Sie gelesen haben und wie er Ihnen gefallen hat. Alle Einsendungen nehmen automatisch am großen Jahresgewinnspiel teil. Es warten ›spannende‹ Buchpreise aus der Gmeiner-Krimi-Bibliothek auf Sie!

Die Gmeiner-Krimi-Bibliothek

Wir machen's spannend

Das neue Krimijournal ist da!
2 x jährlich das Neueste aus der Gmeiner-Krimi-Bibliothek

*ISBN 978-3-89977-950-9
kostenlos erhältlich in
jeder Buchhandlung*

In jeder Ausgabe:

- Vorstellung der Neuerscheinungen
- Hintergrundinformationen zu den Themen der Krimis
- Interviews mit den Autoren und Porträts
- Allgemeine Krimi-Infos (aktuelle Krimi-Trends, Krimi-Portale im Internet, Veranstaltungen etc.)
- Die Gmeiner-Krimi-Bibliothek (Gesamtverzeichnis der Gmeiner-Krimis)
- Großes Gewinnspiel mit ›spannenden‹ Buchpreisen

KRIMI IM GMEINER-VERLAG

Wir machen's spannend

Alle Gmeiner-Autoren und ihre Krimis auf einen Blick

Anthologien: Mords-Sachsen 2 (2008) • Tod am Bodensee • Mords-Sachsen (2007) • Grenzfälle (2005) • Spekulatius (2003) **Artmeier, H.:** Feuerross (2006) • Katzenhöhle (2005) • Schlangentanz • Drachenfrau (2004) **Baecker, H-P.:** Rachegelüste (2005) **Bauer, H.:** Fernwehträume (2008) **Beck, S.:** Totenklang (2008) • Duftspur (2006) • Einzelkämpfer (2005) **Blatter, U.:** Vogelfrau (2008) **Bode-Hoffmann G./Hoffmann M.:** Infantizid (2007) **Bomm, M.:** Notbremse (2008) • Schattennetz • Beweislast (2007) • Schusslinie (2006) • Mordloch • Trugschluss (2005) • Irrflug • Himmelsfelsen (2004) **Bosch van den, J.:** Wassertod • Wintertod (2005) **Buttler, M.:** Dunkelzeit (2006) • Abendfrieden (2005) • Herzraub (2004) **Clausen, A.:** Ostseegrab (2007) **Danz, E.:** Nebelschleier (2008) • Steilufer (2007) • Osterfeuer (2006) **Detering, M.:** Puppenmann • Herzfrauen (2007) **Dünschede, S.:** Solomord (2008) Nordmord (2007) • Deichgrab (2006) **Emme, P.:** Ballsaison (2008) • Tortenkomplott • Killerspiele (2007) • Würstelmassaker • Heurigenpassion (2006) • Schnitzelfarce • Pastetenlust (2005) **Enderle, M.:** Nachtwanderer (2006) **Erfmeyer, K.:** Todeserklärung (2007) • Karrieresprung (2006) **Franzinger, B.:** Jammerhalde (2007) • Bombenstimmung (2006) • Wolfsfalle • Dinotod (2005) • Ohnmacht • Goldrausch (2004) • Pilzsaison (2003) **Gardein, U.:** Die letzte Hexe – Maria Anna Schwegelin (2008) **Gardener, E.:** Lebenshunger (2005) **Gibert, M.** Nervenflattern (2007) **Graf, E.:** Elefantengold (2006) • Löwenriss • Nashornfieber (2005) **Gude, C.:** Binärcode (2008) • Mosquito (2007) **Haug, G.:** Gössenjagd (2004) • Hüttenzauber (2003) • Tauberschwarz • Riffhaie • Tiefenrausch (2002) • Höllenfahrt (2001) • Sturmwarnung (2000) **Heim, U.-M.:** Das Rattenprinzip (2008) • Totschweigen (2007) • Dreckskind (2006) **Heinzlmeier, A.:** Bankrott (2006) • Todessturz (2005) **Imbsweiler, M.** Bergfriedhof (2007) **Karnani, F.:** Turnaround (2007) • Takeover (2006) **Keiser, G.:** Apollofalter (2006) **Keiser, G./Polifka, W.:** Puppenjäger (2006) **Klausner, U.:** Die Pforten de Hölle (2007) **Klewe, S.:** Wintermärchen (2007) • Kinderspiel (2005) • Schattenriss (2004) **Klingler, E.:** Königsdrama (2006) **Klugmann, N.:** Die Tochter des Salzhändlers (2007) • Kabinettstück (2006) • Schlüsselgewalt (2004) • Rebenblut (2003) **Kohl, E.:** Willen los (2008) • Flatline (2007) • Grabtanz • Zugzwang (2006) **Köhler, M.:** Tiefpunkt • Schreckensgletscher (2007) **Koppitz, R. C.:** Machtrausch (2005) **Kramer, V.:** Todesgeheimnis (2006) • Rachesommer (2005) **Kronenberg, S.:** Weinrache (2007) • Kultopfer (2006) • Flammenpferd • Pferdemörder (2005) **Kurella, F.:** Das Pergament des Tode (2007) **Lascaux, P.:** Salztränen (2008) **Lebek, H.:** Schattensieger • Karteileichen (2006) • Todesschläger (2005) **Leix, B.:** Waldstadt (2007) • Hackschnitzel (2006) • Zuckerblut • Bucheckern (2005) **Mainka, M.:** Satanszeichen (2005) **Matt, G./Nimmerrichter, K.:** Schmerzgrenze (2004) • Maiblut (2003) **Misko, M.:** Winzertochter • Kindsblu (2005) **Puhlfürst, C.:** Rachegöttin (2007) • Dunkelhaft (2006) • Eiseskälte • Leichenstarre (2005) **Senf, J.:** Knochenspiel (2008) • Nichtwisser (2007) **Seyerle, G.:** Schweinekrieg (2007) **Schmitz, I.:** Mordsdeal (2007) • Sündenfälle (2006) **Schmöe, F:** Pfeilgift (2008) • Januskopf • Schockstarre (2007) • Käfersterben • Fratzenmond (2006) • Kirchweihmord • Maskenspiel (2005) **Schröder, A.:** Mordsgier (2006) • Mordswut (2005) • Mordsliebe (2004) **Schuker, K.:** Brudernacht (2007) • Wasserpilz (2006) **Schneider, H.:** Ernteopfer (2008) **Schulze, G.:** Sintflut (2007) **Schwab, E.:** Angstfall (2006) • Großeinsatz (2005) **Schwarz, M.:** Zwiespalt (2007) • Maienfrost • Dämonenspiel (2005) • Grabeskälte (2004) **Steinhauer, F.:** Menschenfänger (2008) • Narrenspie (2007) • Seelenqual • Racheakt (2006) **Thömmes, G.:** Der Bierzauberer (2008) **Thadewaldt, A./Bauer, C.:** Blutblume (2007) • Kreuzkönig (2006) **Valdorf, L.:** Großstadtsumpf (2006) **Vertacnik, H.-P.:** Abfangjäger (2007) **Wark, P.:** Epizentrum (2006) • Ballonglühen (2003) • Albtraum (2001) **Wilkenloh, W.:** Feuermal (2006) • Hätschelkin (2005) **Wyss, V.:** Todesformel (2008) **Zander, W.:** Hundeleben (2008)

Wir machen's spannend